温　泉　権

温泉権

川島武宜著

岩波書店

まえがき

本書は、故川島武宜先生の温泉権に関する研究論文のうち主要なものを収録したものである。川島先生は、巻末の「川島武宜の温泉権論について」の中でものべたように、その生涯にわたる多面的な研究史の中でも、特に晩年においては、亡くなる直前まで温泉権の研究に情熱を燃やし、私たち後輩を集めて研究会を続けておられた。先生は、この情熱のゆえに、すでにその著作集第九巻の中に、これら主要論文を収録したにかかわらず、この第九巻の論文のうちから入会権に関する部分を除いて、温泉権についての論文だけをまとめた一冊の単行書を出版することを、生前に企画しておられた。

しかし、不幸にして先生は、この企画を実現できないままに亡くなられた。おそらく、先生は、私や潮見との共著や共同調査報告書はあるものの、先生個人としての、温泉権のみを扱った単行書はなく、また、温泉権の学術書が、古いものは別として、現代に通用するものは全く世に存在しない、という現状に鑑み、あえて本書の公刊の必要性を痛感されていたのであろう。岩波書店も、生前の先生のこの熱意に賛同して、本書の出版を引き受けて下さった。

先生が亡くなられてから、私は本書の出版についての後始末を岩波書店から依頼された。その残された原稿は、右の著作集第九巻の論文を、さらに若干補筆あるいは訂正したものとなっている。しかし、このうち、原論文の本筋に関係しない部分については、私の責任においてカットし、むしろ、できるだけ原論文を忠実に再生することにした。あるいは先生に叱られるかもしれないが、後学の読者のためには、引用する場合など、その方が便利で混乱しないと考えたからである。ただ明らかに誤植と分かる部分、及び文章の意味が不明ないし不正確と思われる部分については、先生の意図を汲んで最低限の補正を生かした。

また先生の温泉権論も、この三〇年間に若干の変化・発展をとげている。原論文の執筆時期ごとに順を追って整理すれば、その変化のプロセスを追うのには便利であろう。しかし、本書では、問題ごとに整理した方が、現在の実務にたずさわっている読者には利用しやすいと考えて編集した。

そこで、全体を四部に分けて構成した。第一部は、温泉権とは何ぞや、という基礎理論にかかわる論文である。第二部は、近代以前から伝統的に存在する旧慣温泉権と近代法との関係を分析した論文である。第三部は、近現代にわたって明治期以降に展開している近代的温泉権を含めて、温泉権の譲渡、担保、温泉供給契約、その物権的性格と明認方法等の法実務的問題点を明らかにした論文である。第四部は、現在各地で話題となっている温泉の集中管理に含まれる法律論を展開した論文である。巻末の「解題」は、先生が著作集のために執筆されたものである。

なお本書は、川島温泉権論の集大成であるため、論文相互の間では多少の重複が見られるが、これを再整理することは著者でなければできないので、そのままにした。その代わり、全体を見渡すのに便利なように、「川島武宜の温泉権論について」を付したので、それを参考にしていただきたい。

本書が、全国の温泉地で温泉権に関する紛争の予防、処理、あるいは契約の作成などにたずさわっている温泉業者やその団体、地方自治体、弁護士、学者、裁判官などに広く読まれることを期待したい。いくつもの判決や事例研究を収録しているのも、そのためである。

最後に、亡き川島先生に代わり、本書の出版に努力していただいた岩波書店の皆さんに心から感謝する。

一九九三年一〇月

渡辺洋三

目　次

I 基礎理論

温泉法学への序説

第一章　問　題

一　わが国民は、温泉に入浴することを愛する点では世界の諸民族中でも特にユニークであり、特に近年において温泉に対する権利(以下、これを「温泉権」と呼ぶ)は経済的・社会的重要性を高めるに至っている。それなのに、温泉権をめぐる法律関係はきわめて不明確なままに放置されている。かつて清水澄博士は「鉱泉法の制定を望む」と題する論説で温泉についての立法の必要を主張されたが、(1)それ以来すでに二十数年を経ているにかかわらず、制定されているのは、主として温泉の掘さくに対する行政的取締を内容とする温泉法(一九四八年)だけであって、博士が要望されたような・温泉に対する権利関係——すなわち、温泉権——を内容とするものではない。温泉権に関するいくつかの判決はあるが、それとても数は少なく断片的であって、それらを綜合して、温泉権について幾分なりとも体系的な法的規制の現状を構成することは、現在でもなお不可能である。

(1)　清水澄「鉱泉法の制定を望む」温泉二巻六号一九三一年。

このように立法が立ちおくれたことの主な原因は、次の諸点にある。すなわち、——

第一に、温泉権の現実の慣行の多くは、今日のいわゆる「近代的」な法体系・法観念(2)——特に近代的私有財産制度・私的所有権——と全く異質的な明治以前の法体系・法観念——ゲヴェーレの体系、現実の物的支配事実を中心とする権利秩序——のもとにおいて成立したものであり、それが、多くの変化を経ながらも基本的にはその特質を維持しながら今日に至っていること。私は、このような慣行を「旧慣」と名付け、近代法体系のもとでその所産としてまたその構成部分として成立するに至っているところの慣行(「近代法的」慣行)と区別することにする。旧慣上の温泉権と近代法との関係は、種々の点で入会権と近代法との関係に類似している。このような権利を、民法という近代法の体系とどのように調和させるべきかは、きわめて困難な種々の問題を含んでいる(このことについては後に述べる)。

(2) ここで「近代法」というのは、「資本主義社会に特有な私有財産制度(その原型は、外界の有体物に対する私所有権の制度)の上に立脚する権利規範の体系」を意味するものとする。

第二に、温泉権の旧慣が、右のような性格に対応して、現実の自然的諸条件・社会的＝経済的諸条件の制約ないし規制のもとに多様な地方差をもつに至っていること。この点でも、旧慣上の温泉権は入会権に似ている。入会権の地域的多様性に当面して民法典起草者はその内容を具体的に規定することができず、わずか二箇条の条文(第二六三条・第二九四条)で、「各地方ノ慣習ニ従フ」と規定せざるを得なかったのであるが、旧慣上の温泉権についても同様に統一的規定を設けることの困難があったのであり、今日もなおそうである。旧慣上の温泉権については、今もなお、その多様な内容はほとんど明らかにされていないのである。

第三に、旧慣上の温泉権は、明治以後の社会的＝経済的変化に対応し——これに規定されて——、また明治初年に導入された近代法体系の影響をうけて、解体・変化の過程をたどってきていること。この点でもまた入会権と同様である。旧慣上の温泉権は、その権利内容(利用のしかた、管理のしかた)においてのみならず、その権利主体の性質・構造(部落集団・町村・財産区・組合・個人・会社等)においても、深刻な変化を経ており(その詳細については後述する)、しかもそれは多種多様である。

第四に、明治になって導入された近代法体系のもとで、近代法的な権利としての温泉権やその取引が数多く発生してきていること。言うまでもなく、これらは旧慣温泉権とは異質のものである。そうして、立法の困難は、この二種の異質な権利を統一して規制するという点にあるのである。すなわち、旧慣上の権利は、異質な近代法の体系の中で存続するためには、近代法の基本的諸原理を否定しなければならないのであり(たとえば、土地の所有権がその土地の上下に及ぶという原則は、旧慣温泉権については否定されなければならない)、また近代法的原理と妥協して調整されるためには、それに関連してきわめて困難な問題を派生させるのである(たとえば、旧慣温泉権の取引については、今日の取引社会ではもはやゲヴェーレの原則だけでは不十分であり、近代的な法原則の貫徹を必要とするのであるが、そのためには公示方法の技術的問題が解決されることを要する)。

第五に、このような権利型態の複雑性は、権利主体者の利害の複雑性にほかならないのであり、それらの利害の対立が統一的立法にとって大きな障害となっていること。旧慣温泉権の主体だけをとってみても、一方には、旧来の入会的(入浴)部落集団や、多かれ少なかれこれと結びついた旅館営業者の利害があり、他方には、部落集団の統制の及ばない・しかも強大な政治力を動員し得る・巨大な観光資本の利害が、これと対立する。また近代的土地所有権の効力を主張して源泉を掘さくする者の利害と、数世紀にわたる旧慣によって温泉を支配する者の利害とが対立する。それらの利害は県段階・国段階で種々の政治力と結びついて温泉権の立法化の試みに対し発言する可能性を含んでおり、立法を高度に政治問題化させ、所管事務官僚の仕事を困難にし、むしろ彼らの意気を沮喪させている。

二　しかし、それにもかかわらず、温泉の法的規制は今日ますます必要となっている。その理由は、主としてつぎの諸点にある。——

第一に、旧慣上の温泉利用は、元来は、地域社会(村落)の住民によって共同体的に支配され、その秩序はその地域社会集団の内部統制によって維持されてきた。ところが、村落集団の旧来の秩序は、日本経済の発展過程にまきこまれるにしたがって解体し、また明治以後の町村制も、結局はこの村落集団の旧来の秩序の解体を促進し、その結果、集団内部における村落集団自身の社会統制の機能は多かれ少なかれ無力化の途をたどってきた。したがって、それに代わるものとして、国家法による規制が必要となっている。

第二に、温泉の利用関係に、村落集団外の人々が参加するようになり、温泉利用関係そのものが村落集団の社会統制の及ぶ範囲から逸脱するに至った。このこともまた、温泉に対する旧来の社会統制を無力化する方向に作用した。したがって、それに代わるものとして、国家法による規制が必要となっている。

第三に、今日では、源泉そのものが資本的企業によって開発され、温泉の権利関係が初発から近代法の体系の中で近代法の観念をもって展開している場合が少なくない。これらは、はじめから近代的な法的規制を受けるに適したものであり、且つそれを要求するものである。

今日、温泉に関する多くの争訟が各地に発生している。このことは、温泉に関する権利関係がもはや旧来の社会統制の手段ないし機構では処理され統制され得ない段階に立ちいたったことを、実証しているのである。

だが、それらの争訟を解決するための規準が制定法とか判例とかの型態ではほとんど与えられていない現在においては、温泉権に関する現実の具体的な規範関係が明らかにされることを必要とする。また、実際に温泉を自ら利用し、或いは他人に利用させ、或いはこれを売買したり担保にしたりする者は、将来争訟となった場合に国家法の平面ではどのような権利関係として承認されるであろうか、を明らかにしておく必要にせまられる。しかし、これらの問題については従来ほとんど研究されていない。われわれは、本書(『温泉権の研究』一九六四年勁草書房)において、これらの問題に一とおりの解答を与えたいと念願しているのである。

三　しかし、われわれの興味は、そのような実際上の問題につきるのではない。と言うよりは、むしろわれわれがかつて『入会権の解体』(3)を研究するにあたってもっていたのと同様の理論上の問題のほうが、より多くわれわれの興味をひくのである。前近代的な権利関係は、近代的な権利の体系ないし法の生成・導入によってどのような変化(解体)をとげるのか、その変化(解体)の過程においてこの両種の権利の体系はどのように相互に作用するのか、そこでは近代法は政治権力を背景として前近代的な権利に対しどのような機能をいとなむのか、近代法の体系のもとで旧慣上の権利を承認しつつこれを規制することはどのような法技術上の問題ないし困難を生じさせるか等の問題は、われわれに理論上の興味をそそってやまないのである。本稿はそれらの問題にも焦点をおいているのである。

(3) 川島・潮見・渡辺編『入会権の解体I』一九五九年岩波書店、『同II』一九六一年。

四 また問題は、せまい意味での法的規制のみではない。温泉行政もまた右のような事情に対応して再検討されねばならないであろう。今日に至るまで、温泉は、県段階では医薬行政の部門に属せしめられ、その権利関係に関係する行政は単に医薬行政に附随して行なわれているにすぎない。しかし、温泉が高度に財産的価値をもち温泉権の売買や担保が行なわれて当事者間のみならず第三者に対する関係においても複雑な関係を生じている今日において、このような行政組織が時代おくれになっていることは、言うまでもないところである。後述するように、県が管理する温泉台帳に権利変動の第三者対抗要件としての効力を認めようとする見解もあらわれているが、温泉台帳は法務専門家によってでなく医薬行政の一部門として所管されており、その事務機構の末端である保健所では温泉台帳の重要性については しばしば(常に、と言うのではないが)きわめて無関心であり(元来、温泉台帳そのものが権利関係公示のためのものではないのである)、その記載は権利関係の実態をはなはだしく反映していないのである。また温泉掘さくに関する温泉行政——温泉法に関する——も、医薬行政の一部門とされているが、これは地下資源の保全やその配分と同時に温泉権という私法上の権利にも関するものであって、これまた然るべき専門職の所管とされるべきである。このような事情の結果、温泉権の実態の把握もおのずから十分におこなわれておらず、温泉権にかかわる温泉行政が場あたり主義になるのもまたやむを得ないと言うべきである。厚生省は今日至急に温泉行政のあり方について根本的に検討を加える必要にせまられている、と私は考える。

第二章　道具概念と用語

一　道具概念の構成と用語の確立

温泉に対する権利関係の実態を明らかにし、また現行民法のもとにおいてこれらを処理するための法的判断規準を明らかにするにあたって、われわれはそもそもの始めにおいて特有の困難に遭遇する。それは、右の諸問題を取扱うための道具としての用語ならびに概念がまだ十分に構成されていない、ということである。というのは、温泉は、権利の客体として特殊な――一般の有体物とは異る――自然的属性を有し、またそれをめぐる権利関係は近代法以前の権利体系と近代法の権利体系との両者にまたがって存在し、それゆえ、既製の民法用語や概念をそのまま用いるだけでは不十分であるからである。われわれは、温泉に対する権利関係の実態を調査する過程で、すでにこの問題の重要性と困難性とに気づき、その解決に努力せざるを得なかった。われわれは、調査の過程における試行錯誤をとおして、ともかくも基本的な――それなしにはもともと調査を行なうことができない――用語と概念との構成を行なったが、これはまだ試みの域を超えるものではない。しかし、以下の叙述ならびに分析ではこれを用いることとするので、ここに簡単に述べておくことにする。これらはすべて、今後の研究を通じて、また同学の方々の御教示により、修正さるべきことが期待されるのである。

二 「温　泉」

温泉とは何か。日常用語では、入浴できる程度の温度を有する状態で天然に存在する水（H_2O を主成分とする液体）であろう。しかし、地下に存在する、或いは地上に湧出する水であって、単に灌漑用・発電用・動力用に供せられるのではなくてその成分（含有物質）または温度のゆえに特殊の利用価値を——したがって、通常はそれに基く交換価値をも——認められるものは、すべて——日常用語としての「鉱泉」であると「温泉」であるとを問わず——ほぼ同じ法＝権利関係として処理してよいように思われるので、われわれは、これをひろく「温泉」と呼ぶこととする。われわれのいわゆる「温泉」は、右のごとき特殊の利用価値——したがって、交換価値——をもつという点に重点をおくものであり、大体において温泉法にいわゆる温泉（以下、これをかっこつきで、「温泉」という記号で表示することにする）に該当するが、かならずしもそれと同一に帰するわけではない。すなわち、温泉法にいわゆる「温泉」とは、「地中からゆう出する温水、鉱水及び水蒸気その他のガス（炭化水素を主成分とする天然ガスを除く）で、別表に掲げる温度又は物質を有するものをいう」（二条）のであるが、たとえ温泉法の別表が規定する温度（25°C 以上）や物質を有しなくても——たとえば 24°C の水で、しかも別表物質の含有量が少なくても——社会がこれに温泉としての価値を認めてこれを利用管理しまた取引するなら、私法の平面では、これに対する権利を問題とすべきであるからである。また、温泉法にいわゆる「温泉」は、前述のように地上に「湧出する」ものを意味しているが、地上に湧出しないものでも、人の支配に属する場合には権利の客体として保護される必要を生じ得るのであるから、私法の観点からは、地上湧出を温泉という概念の要素とする必要はない。温泉法は湧出・掘さくを中心として行政的規制をおこなうことを目的とするものであって、私法上の処理とはその観点を異にしているのである。ただし、私法の平面においても、温泉は液状にあるもののみを指すものとすべき理由はなく、ガス状にあるものでも、前述のごとき利用価値・交換価値のゆえに人の管理支配の客体となるものは、液状にあるものと同様に取扱うのを至当とするように思われるので、さしあたりは温泉の概念には、温泉法の温泉概念におけると同様に、ガス状にあるものをも含ませるものとしておきたい、と考える。

三　温泉に対する権利の諸態様

1　温泉に対する現実的支配と観念的支配――泉脈・泉源・湯口・源泉

右のような意味での温泉に対して、事実としての人の管理支配は、どのようなしかたで及ぼされるか。これには二つの型態を区別することができる。その一つは、温泉に対して人が現実支配を及ぼしている場合(現に利用・処分しているか、或いは欲するときは直ちに利用・処分し得る程度の支配状態があること)である。地上に湧出している温泉に対しては、このような支配が一般に可能であるが、まだ地上に湧出していない温泉に対しては一般には不可能であり、ただポンプ等の設備で地下温泉に支配を及ぼしている場合にのみ可能であるにすぎない。そうして、未だこのような現実支配の客体となっていない温泉を、泉脈(4)或いは泉源と呼ぶこととして、現実支配の対象となっている、或いはなり得る温泉から区別することとする。そうして、温泉が湧出して人の現実支配に帰属して利用・処分され得る状態を湯口或いは源泉(6)と呼ぶこととする。一般に、近代法以前の権利の体系においては、客体に対する現実支配と結びついてのみ権利としての保護が承認されたのであるが、(7) 温泉に対しても同様であったことは、別に述べるとおりである(前掲『温泉権の研究』四〇八頁以下参照)。

(4) 地下の泉脈に対しては独立の権利を認め得ない旨を判示した神戸地方豊岡支部昭和一三年二月七日判決法律新聞四二九五頁と、これを認める余地がある旨を判示した福岡高裁昭和三一年一一月八日判決下民集三一五頁とがある。詳細については川島「近代法の体系と旧慣による温泉権」法学協会雑誌七六巻四号四二六頁、川島著作集第九巻三〇二頁。

(5) 「温泉源」ということばをこの意味に使うのは、温泉法第二条である。

(6) 従来は「湯口」という用語がひろく民間に使われているようである。「源泉」という用語は、「泉源」という用語とまぎらわしいが、泉という字は地上に水が湧出している個所を指すもののごとくであるから(泉ということばに相当する fountain, fontaine という英・仏語も同様である)、一おう「湯口」と同意義を示すことばとして用いてよいと思う。

(7) いわゆるゲヴェーレ Gewere の体系である。川島「所有権の『現実性』」『近代社会と法』一七一頁以下、著作集第七巻三一六頁以下参照。

温泉に対する支配事実のもう一つの型態は、温泉に対して右に述べたような意味での現実支配を及ぼすことなしに、しかも一種の管理支配を及ぼす場合、である。それは、社会の承認によって成りたつ観念的な支配である。地下鉱物に対する鉱業法上の権利はその例である。温泉に対してそのような権利が成立することを、論理的に不可能とする理由は存しないのみならず、むしろ、所有権を純粋に観念的な権利として承認する近代法のもとにおいては、温泉に対する観念的な権利こそが近代法の基本的な権利型態だ、と言うべきである。

2 地下泉脈に対する権利

地下泉脈に対する支配は、国家法においてはどのような権利として処理され、また構成されているか。

近代法においては、土地に対する私的所有権は、「土地の上下に及ぶ」のを原則とするから(民法第二〇七条)、地下の泉脈は所有権の客体たる土地の一部を構成するものとされ、したがって、土地所有権から分離した独立の権利として、地下の泉脈ないし泉源に対する権利(所有権)が承認されることはない。ただし、土地所有権からこれを除外する旨を規定する特別法がある場合には、それに対して独立の権利が成立し得ることは言うまでもない(旧鉱業法のもとにおいては、地下鉱物を「国有」とする旨の規定があった)。しかし温泉については、そのような特別の規定はないのである。

行政法学者のあいだには、地下の温泉を公物と解し、温泉利用権を、国家の許可によって成立する公物使用権として構成する見解がある。(8) しかし、外界的自然たる客体に対しては、第一次には、包括的な支配を内容とする私的権利(所有権)を承認し、その客体に対する他のあらゆる権利は、この私的権利の主体の同意を条件として、その私的権利から派生するものとしてのみ承認する、という近代法的私有財産制度の大原則のもとにおいては、私的所有権の客体の一部を法律の規定なしにそれから除外することは、許されないはずであり、(9) 少なくとも現行の憲法のもとでは、右のような公法学者の見解は承認され得ないものと考える。

(8) 美濃部達吉「温泉専用権の性質と之を第三者に対抗する要件」国家学会雑誌五五巻四号五三〇頁以下、同「判例に見はれたる水法」法律時報三巻七号五頁以下、杉山直治郎「温泉権の本質」温泉一〇巻一三号三二頁以下、竹下利右衛門「温泉に関する法律的研究」『司法研究』九四頁、原竜之助『公物営造物法』七〇頁。

(9) 旧憲法下における解釈論として、この趣旨を認めるのは、清水澄「鉱泉法の制定を望む」温泉二巻六号所収、武田軍治「地下水利用権論」法学協会雑誌五〇巻四号六五五頁。

なお、近代法の成立以前のゲヴェーレの体系においては、現実の支配事実に即して権利としての保護が与えられるのを原則としたから、地下泉脈に対する支配は、その泉脈を含む土地(特に地表)の所有権とは別の独立の権利として承認されていた。すなわち、或る村落の住民が一つの団体(地域共同体)として一定地区内に湧出するすべての温泉を共同の所有物として「総有」的に管理＝利用する場合には、現実的には、現に地上に湧出してその現実支配に帰した温泉のみが現実に権利客体となっているのであるが、同時に、当該地域で将来地上に湧出するであろうところのすべての温泉に対しても支配を及ぼすことが潜在的に(可能性として)承認されていたのである。これは、一般に個々の人間の個別労働によってでなく天然に産出される物に対しては個人の支配(ひろい意味での所有)を承認せず、その物の存在する地域の住民の共同の支配(ひろい意味での所有)とする、という旧来の慣行秩序の一部分であったのである。

3　湯口(源泉)に対する権利――「湯口権」

湯口(源泉)に対する支配は、どのような権利として処理されまた構成されているか。言うまでもなく、湯口を支配することは、そこから湧出している温泉を支配することにほかならない。そうして、温泉に対して人が現実支配を及ぼすのは、まず湯口においてである。この意味において、湯口を支配する権利(湯口権)を第一次温泉権と呼ぶこととする。

湯口権の内容は、単に温泉の採取・利用・処分を目的とする権能(温泉そのものの利用権能)だけに尽きるのではない。湯口の支配は、そのなかに、増掘したり浚渫したりポンプを設置したり等の方法によって温泉の湧出そのものを増加したり、或いは湯口をふさいで温泉の湧出を減少させたり停止したりすること、すなわち温泉の湧出そのものをコントロールすること、を含んでいる(大分地裁昭和三六年九月一五日判決(『下民集』一二巻九号二三〇九頁)は、湯口権を、「湧出温泉につき増掘浚渫ないしは引湯などの利用をなし得る」権利だ、と概念規定している)。要するに、湯口権は湯口に対する包括的支配権である、ということになるのである。そうして、近代法においては、すべての外界的有体物の上にまず全包括的な私的支配権が成立するのを原則とするから、近代法においてはこの第一次温泉権は、私的所有権をモデルとして、それと同一カテゴリーの権利として承認し(意識し)また構成することに傾き、またわが国においても事実においてそうである。したがって、このような近代的私所有権との類比において、第一次温泉権を温泉所有権と呼ぶことができる。また事実において、人はしばしば第一次温泉権を温泉の所有権と呼んでいる。

温泉湧出個所が存在する地盤(源泉地盤・湯口地盤)に対する権利(特に所有権)は、湯口権とは観念的に区別される。また、温泉湧出個所において温泉を採取・利用・処分するための物的設備(採取設備と呼ぶことにする)に対する権利(特に所有権)も、湯口権とは観念的に区別される。そこで、これら三種の権利——湯口権と湯口地盤権(特に湯口地盤所有権)と採取設備権(特に採取設備所有権)——の関係がどうであるか、が問題となる。近代的所有権は客体に対する全面的・包括的な支配権であるから、湯口地盤に対する近代的所有権は、当然に湯口に対する支配権を包含する(すなわち両者は同一に帰する)のを原則とする。しかし、湯口支配の経済的利益は大きく、これを湯口地盤の経済的利益から独立して取扱う社会的経済的需要がつよい場合が多い。その結果、現行民法の近代的所有権制度のもとでも、実際の社会生活では湯口支配権を独立の権利として取扱っている場合が多く、そうして近代的所有権制度に適応するために湯口地盤一坪、二坪、三坪等を分筆登記して、湯口地盤所有権を媒介として湯口権を国家法の平面で独立させる、という技術がおこなわれている。しかし、さらに、このような分筆された湯口地盤所有権からも分離した独立の権利として湯口権が取扱われている温泉地もあるのであり、そうして裁判所はこの事実に法的承認を与えるに至っており(前述の大分地裁昭和三六年九月一五日判決参照)、この事実は、経済的需要が国家法の機能をいかに変化させるものであるか、という問題に関連してきわめて興味ある例証を提供しているのである。

また、湯口地盤の所有権が明治初年に国有とされたのちにも、社会生活の実際においては湯口権のみは依然として民有として意識された場合が多く、その場合には、湯口地盤に対する国(後には天皇)の私的所有権と民有湯口権との調整の手段として、湯口地盤の「利用契約」(温泉採取契約)、採取設備の「利用契約」等が締結されるに至った場合が多かった(後述)。要するに、国家法における権利の体系と・温泉をめぐる現実の権利の体系(それは、社会的経済的利益ないし需要をより直接に反映する)と・のあいだにずれがあり、そのずれとそれを調整する機構とを理解するには、そのための道具概念として、右の諸種の権利を観念的に分離することが、必要となるのである。

4 温泉に対する物権的支配と債権的支配

近代法は、近代的所有権に基礎をおいて、外界の物に対する権利を物権と債権とに峻別して構成するのを原則としている。そこで、このような権利の体系の中で、温泉に対する支配はどのように構成されるべきか、が問題となる。近代的私所有権制度のもとにおいては、温泉に対する第一次の支配権は、土地的所有権の効果(その権能の一部)として処理され構成されること、しかし同時に、それは、近代的私有財産制度(その典型としての私的所有権制度)をいわば「原型」として、湯口に対する独立の権利として、所有権と同性格の包括的支配権として、承認される傾向があること、については前述したとおりである。また、ゲヴェーレ的権利秩序の一部であったところの「旧慣による湯口支配」は、旧慣上の諸制約(たとえば、地域共同体の規制)を伴うところの一種の物権として、判例の上で承認されていることも、後述するとおりである。

だが、他人の所有する湯口地盤において温泉を利用する権利が、近代法的体系にいわゆる物権であるか債権であるかは、どのようにして決定されるべきであるか、かならずしも常に明瞭ではない。論理的可能性としては、そのような温泉利用は、湯口地盤所有者との契約にもとづく債権的利用権としても、或いは独立の物権的利用権としても、構成されまた処理され得るのである。前掲の大分地裁昭和三六年九月一五日の判決は、別府市地方の温泉権を「湧出温泉につき増掘浚渫ないしは引湯などの利用をなし得る直接排他的な支配権」(すなわち、一種の物権)として説明し(10)、

「この権利はその鉱泉地と離れた独立の財産権であることは当裁判所に顕著な事実」だ、と言っている。しかし、「裁判所に顕著な事実」としての「直接排他的な支配権」とは、如何なるものを意味するのであろうか。

言うまでもなく、物権を「直接排他的な支配権」として定義することは、物権を債権から区別するために民法学で常に用いられる説明であるが、そのような説明は、ここでの問題の解決には役立たないのである。というのは、民法学で物権を「直接排他的な支配権」として定義し或いは説明するのは、民法上すでに物権として規定されて物権であることが明らかである権利について、その特色を述べるためであり、したがってそのような「概念構成」は、具体的な法律問題の解決をみちびき出すための規準なのである。ところが、右の判決が当面した問題――そうして、今ここでわれわれが提起している問題――は、これとは異っている。すなわち、それは、存在Seinの平面においてどのような事実――観察可能の事実――が有る場合には、民法上「直接排他的」ということばで構成されているような権利として承認してよいか、という問題(法的価値判断の前提問題としての、事実判断のためのframe of reference)なのである。

ここには、今後の実態調査のための準備作業として、また裁判における判断のための参考資料として、私の一おうの考えを述べておくことにする。

第一に、温泉に対する何らかの支配が有る場合に、それを「権利」として承認すべきかどうか、がそもそも問題となる。法社会学においては、「権利」とは、次のごとき社会現象として考えてよいであろう。すなわち、(a)一定の利益の享受(ここでは温泉の管理・利用・処分)が、社会の中で多かれ少なかれの人々によって「正当」と認められ(評価)、利益享受行為に対する妨害が不正当視される――正当視および不正当視を「意味」するところの・人々の反応(社会学にいわゆるsanctions)が存在する――、という社会的事実がそれである。ここに、私が「多かれ少なかれの人々」と言うのは、(イ)およそ事実としての社会現象においては、例外のない・すべての人々の行為というものは、実際にはほとんど有り得ないこと、および(ロ)経験科学たる法社会学においては、或る事実が単に「有る」か「ない」かが問題なのではなく、「どれだけ有るか」という量が問題なのであり、そうしてその存在する量に対応して事実が承認されねばならないのであるから、権利性も、前述のごとき反応の量に対応して量的な存在として承認さるべきであるからである。[11]

(10) この判決がこれを直截に「物権」だと言わないのは、おそらく民法第一七五条の規定を考慮したものと推測されるのであり、その真意は、これを「物権」として——少なくとも「物権」と同様に——取扱うべきものとするにあったはずである。

(11) 川島「法規範の『当為性』の経験科学的意味」日本法社会学会編『法社会学の諸相』一九六一年四三頁以下、同「温泉権の売買とその公示方法」温泉工学(温泉工学会発行雑誌)第一号一九六三年三八頁参照。

第二に、権利が「直接排他的」であるということは、観察され得る事実としては何を意味するか。そもそも、「直接的支配」ということばは、裁判所における紛争処理のしかたに関して物権の特色を言いあらわすためのことばであって、「債権」を、「物に対する支配をするために必要な他人の行為を要求することを内容とする権利」として構成するのに対するものである。そうしてそれは、対象物の利益を享受するのに他人の同意を要しないということ(したがってその所有権者が変っても、利益享受は権利として存続し得るということ)を示しているのである。ところで、このことばは、或る権利が「直接的」支配を右のような意味で内容とする、ということを法律上承認した上で、個々の具体的の場合にその権利の保護についていかに処理すべきかを示す手段であって、そのような権利を法律上承認すべきかどうか、ということがそもそも問題となる場合には、右の「直接的」支配ということばは問題を示しているのであって、解答を示しているのではないのである。また「排他的」支配というのは、権利内容たる利益享受を妨害(特にその権限である場合をのぞいて)するすべての第三者に対して——すなわち、その利益享受を与える義務を負う特定人(債務者)に対してだけでなく——妨害排除(利益享受を可能ならしめるべきこと)を請求し得る、という権能を指示することばであって、これまた右の「直接的」支配ということばと同様であり、或る利益享受を「排他的」権利として承認すべきかどうかが問題となっている場合には、「排他的」支配ということばは問題を示しているだけであって、解答を示しているのではないのである。

要するに、「直接排他的」支配という構成概念は、すでに「物権」として法律上承認されている権利を、具体的な紛争が存在する場合にどのように処理(保護)すべきか、を言いあらわすためのことばであって、どのような社会的事実がある場合にこれを物権として保護すべきかを示すことばではない。したがって、あたかも「直接排他的」支配権が社会的事実として存在するかのごとき言い方を前掲の大分地裁判決がしているのは、ほんとうは、意味をなさない、と言うべきである(ただし、判決理由の説得の技術として有用である、ということは別問題である)。したがってまた、法社会学の立場においても、社会的事実としての或る利益享受が「直接排他的」であるかどうか、を問題とすべきではないのである。同様の理由で、社会的事実としての或る利益享受が「物権」か「債権」かということを論ずることもまた、法社会学においては意味がない。「物権」か「債権」かという区別は、国家法の平面(国家権力のサンクションという社会的反応の平面)での判断規準であって、なまの社会的事実の平面においては、当初の相手方以外の者に対しても利益享受を主張し得るか(それが正当視されるか)、当初の相手方以外の第三者の妨害に対して妨害排除を要求し得るか(それが正当視されるか)については、社会的事実は種々の程度の差をもって現われるからである。

もちろん、法解釈学の立場において、或る温泉支配を物権もしくは債権と認めるべきかどうかは、重大な実際上の問題であり、そこでの問題は、「物権」または「債権」の何れかの二者択一にかかわるのである。しかし、この問題に対しては、法解釈学においても判例においても、まだ解答は与えられていない。それは、或る意味においてはむしろ当然である。現実の社会的事実としては種々の多様な量的事実においてあらわれてくる現象を、「全」か「無」かの二者択一のカテゴリーの何れかに属せしめて処理するための規準を見出すことは、しばしばきわめて困難であり、そのゆえにこそ「物権」の種類をあらかじめ限定して法律で規定しておくという、いわゆる物権法定主義(民法一七五条)があるのである。最良の方法は立法による解決であるが、それが実現するまでは、法解釈上のこの困難な問題を避けることができない。その解決としては、個別的事情の解決の積みかさねによって一般的規準の形成をまつほかはないであろう。

(川島武宜・潮見俊隆・渡辺洋三編『温泉権の研究』一九六四年勁草書房)

温泉権に関する基礎的諸問題

一　温泉権にかかわる基本的概念

1　問　題

わが国民は温泉の利用(特に入浴)につよい関心ないし執着をもち、温泉に対する私法上の権利関係は以前から実際上しばしば問題とされてきた。しかし、温泉に対する法規としては温泉法(昭二三法一二五)があるだけであり、そうして、これは温泉の掘さくおよび利用に関する行政的監督ないし取締を内容とするものであって、温泉に対する私法上の権利関係を規定する法律は、今日まで全く存しないのである。

思うに、このように温泉についての私法上の立法が立ちおくれたことの理由は、次の点にあるであろう。すなわち、従来各地に存在した温泉に対する権利関係には、近代的な法体系や法観念とは異質的な・明治以前の法体系や法観念に由来するものが多いこと、しかもその内容は多様な地方差をもっていること、さらにまた、それらの権利関係は、明治以後の社会的・経済的・政治的変化に対応して――これに規定されて――、そうして特に明治初年に導入された近代的私所有権制度――言いかえれば、それに基礎をおく近代法体系――の影響をうけていちじるしい変化の過程をたどってきていること、しかもそれらの権利関係とならんで、近代法体系のわくの中で近代的権利としての温泉権も発生し、また温泉に対する権利の近代法的な取引も数多く行なわれるに至っていること、さらにまた、温泉権をめぐって種々の利害が対立していること、等の諸事情のゆえに、これを立法化することが困難であったからであろう、と思われるのである。(1) しかも、一般に訴訟することを好まないわが国民の傾向と、さらにまた上述のような温泉の権利関係にのこっている前近代的性格と、のゆえに、温泉に関する私法上の紛争が裁判所にもち出されることが少ないので、温泉に関する私法的権利関係は判例の上でもきわめて僅かしか明らかにされていない。要するに、温泉に関する私法関係は未だほとんど明確にされておらず、僅かに若干の学者がそれに言及しているにとどまっている。

それゆえ、温泉に対する私法的権利関係に関する基本的な概念構成も、未だ十分に論議されていない。しかし、温泉は、第二次大戦後のわが国の経済成長の影響の下に、高い経済的価値をもつに至り、温泉についての経済取引は頻繁となり、温泉をめぐる私法的紛争も激増し、裁判所に争われる事件の数も増加してきているように思われる(戦前の争訟については統計がないので、正確な比較をすることは困難であるが)。しかし、紙面が制限されていて、ここではその詳細を論ずることはできないので、基本的な問題点について解説を試みるにとどめる。

2　私法上の権利の客体としての「温泉」

(1)　温泉法にいわゆる温泉と、私法上の温泉

温泉法は、「地中からゆう出する温水、鉱水及び水蒸気その他のガス(炭化水素を主成分とする天然ガスを除く)で、別表に掲げる温度又は物質を有するもの」を「温泉」という、と規定している(同第二条)。しかし、(a)地下に存在し

又は地上に湧出する水(H_2O を主成分とする液体)のうち、特に「温泉」として、そうでない「水」に対するのと異る私法的権利関係を認めるべき対象は、通常は上述の温泉法の規定が定める「温泉」に該当するであろうが、両者が常に全く同一に帰着しなければならぬわけではない、と考える。たとえば、かりに温泉法別表の定める温度(25°C以上)または成分を有しない天然水であっても、社会がこれに「温泉」としての特殊の利用価値——したがってまた、交換価値——を認めてこれを利用・管理・取引する場合には、私法の平面では一般の天然水(たとえば、ただの井戸水や川の水)に対するのとは異る特殊の権利関係をこれについて認めるべきであろう、と考えられるからである。(b)また、温泉法にいわゆる「温泉」は、前述したように地上に「ゆう出する」ものに限られているが、たとえ地上に湧出していなくても人の支配に属するものは、権利の客体として保護されるに値する(あるいは、必要がある)ことがあり得るのであるから、私法の観点からは、「地上湧出」ということを温泉の概念に含めるべきではないであろう。

要するに、私法上の概念としては、「その温度または成分のゆえに社会がこれに『温泉』としての特殊の利用価値——したがって、交換価値——を認めるところの天然水(人が温度または成分を人工的に加えたのでない状態における水)」を意味するものとすべきである。

(2) 私法上の特別の権利関係の客体としての温泉

温泉に対する私法上の権利関係が独自のカテゴリーとして取り扱われることを要するのは、温泉が地中に在るか、あるいは地上に在るとしても未だ土地から分離されて独立の動産とされるに至らないか、の何れかの状態に在る場合に限られる。たとえば、びん入りの鉱水のごとく、温泉が独立の動産とされるに至った場合には、その温泉は一般の液体たる動産(たとえば、びん入りのビールやサイダー等)と同様に法的に処理されればよいのであり、私法上これを特に「温泉」として処理する必要は存しないからである。

そこで、独立の動産となるに至らない状態における温泉を、私法上の権利関係との関連でさらに次のごとく区別することができる。すなわち、温泉が地中に在り、これに対し未だ人が現実に物理的支配を及ぼしていない場合には、そのような温泉を「泉源」あるいは「泉脈」と呼び、これに対し、温泉が、未だ土地から分離されていないが、何時でも人がこれを土地から分離し得る状態に在る場合には、そのような温泉を「源泉」と呼ぶこととし、源泉の所在する場所を「湯口」と呼ぶこととする(これらの概念構成は、かつて私が川島ほか編『温泉権の研究』八頁で試みたものを多少改めたものであり、それと同一ではない)。

3 温泉に対する権利

(1) 温泉権

土地所有権についての伝統的な法理論によれば、土地から分離されない水は土地の一部であり、土地所有権の客体に包含されるのであって、土地所有権とは別の独立の物権がそれに対して成立する余地はない。そうして、温泉以外の一般の水については、まさにそのように解されている。[2] もっとも、温泉についても同様に解し、温泉利用権は、温泉が採取される土地の所有権の行使にほかならない、という学説がある。[3] しかし、温泉については、このような法理論はあてはまらない。すなわち、温泉に対しては、その存在する土地の所有権とは別の独立の権利(「温泉権」)が成立する、ということが、判例および多数学説によって承認されているのである(後述二以下を参照)。

(2) 旧慣温泉権と近代法的温泉権

温泉権については、二つのものを区別すべきである。その一つは、明治初期における私有財産制度(その典型・原型は私的所有権制度である)の導入によって確立された近代法の体系のわくの外において、近代法以前的な権利のわくの中での慣習によって成立して今日に至っている温泉権であり(これを「旧慣による温泉権」あるいは「旧慣上の温泉権」と呼ぶこととする)[4]、もう一つは、明治期に確立された近代法の体系のわくの中で近代法的な権利関係として成立した温泉権(これを「近代法的温泉権」と呼ぶこととする)[5]である。この二種の権利のあいだには、相互的な影響・移行があり、したがって、しばしば両者のあいだの差異は流動的であるが、まさにそのような問題を正しく理解するためには、この両者の歴史的な・したがってまた原理的な・差異を理解することが必要であると考える。したがって、温泉権についての以下の説明もこの二つの差異から出発することにする。

二　泉源ないし泉脈に対する権利

1　公物使用権説

公法学者のあいだには、温泉を採取し利用する権利を、地下に在る公物たる温泉(すなわち、地下泉源ないし水脈)の使用権(公法上の権利)として構成する見解が支配的であった[6]。そうして、戦後においても行政庁はこの見解に立脚しているのではないかと思われるふしがある。温泉の在る都道府県知事宛の昭和二三年八月二六日厚生省衛発一一六号通達は、温泉法の実施について「留意すべき事項」の一つとして、地方庁に温泉台帳を備え付けるべきことを要請したが、その中で次のごとく述べている。「温泉に関する行政の基礎として、又、将来温泉権設定の場合に備え、温泉台帳を整備し……。」

しかし、外界的自然たる客体に対しては第一次には包括的な支配を内容とする私法上の権利(私所有権)を承認し、その客体に対する他のあらゆる権利は、この私的権利の主体の同意を条件として、その私的権利から派生するものとしてのみ承認する、という近代法的私有財産制度のもとにおいては、私的所有権の客体の一部を法律の規定なしにそれから除外することは許されないはずであり[7]、少なくとも現行の憲法の下においては上のような公法学者の見解は承認され得ないものと考える。戦後の福岡高裁昭和三一年一一月八日判決(『高民』九巻一一号六五三頁)は、温泉法第四条の定める源泉掘さく許可の法律上の効力の問題としてではあるが、この問題を同様に解して次のごとく判示している。「……温泉法の定める知事の許可は、決して地下の源泉を以て土地とは別箇の一種の公物と認め、その掘さくの許可を以て、新に源泉使用の特別の権利を創設しようとするものではなく……。」

2 旧慣温泉権

地下泉脈に対して私法上の温泉権が成立するか。近代法以前のケヴェーレの体系においては、現実の支配事実に即して権利としての保護が与えられるのを原則としたから、地下泉源(泉脈)に対する事実上の支配が在る場合には、その泉源を含む土地(特に地表)の所有権とは別の独立の権利がこれに対して承認されていた、と考えられる。すなわち、仲間的共同体(オットー・ギールケのいわゆるGenossenschaft)としての性質を有する村落共同体(Gemeinde)[8]は、その共同体所有地とかその共同所有地の自然的生産物とかを「総有」していたのと同様に、ひとしく天然の産出物であるところの温泉をもその地域の住民の共同の支配(総有)の客体としていたものと推測されるのであり、兵庫県の城崎温泉や愛媛県の道後温泉において最近まで残っていたところの、温泉の個人的掘さくおよび使用を禁止して地域内のすべての温泉を共同体住民の総有的利用に開放する慣行は、そのような地下泉脈に対する共同体の総有的支配の例証だと考えられる。(9) しかし、裁判所はこのような権利を認めていない。城崎温泉については、村落共同体は地下泉脈に対する排他的な温泉権を主張したが、裁判所はそれを否定したのである(神戸地豊岡支判昭一三・二・七『新聞』四二四九号五頁)。

3 近代法的温泉権

近代法のわくの中で、地下泉脈に対する物権的支配が承認されるであろうか。地下泉脈に対する所有権を認める学説もあるが、(10) 地下の泉脈は、いわゆる止水であろうと流水であろうと、地下に在るかぎり、これに対して現実の支配を及ぼすことは原則として不可能であり、また地下の水が流水であろうと止水であろうと地上における空気のごとく不断に流動しているのであって、権利客体としての特定性を欠くから、これに対して近代法上の「所有権」が成立する余地はない。また地下泉脈は、民法上、その所在する土地の所有権に包含されるから(民法第二〇七条)、土地所有権の支配からこれを除外する旨の「法律」の規定がないかぎり(鉱業法第二条・第三条は、このような趣旨の規定の例であるが)、或いは特にそのような慣習法が存在するのでないかぎり、これに対して独立の物権の成立を認めることは許されない、と言うべきであろう。このことを論じた判決は見当らない。城崎温泉に関する前掲の神戸地裁豊岡支部昭和一三年判決は、地下泉脈に対する旧慣上の温泉権が存在しないことを述べたものであって、近代法のわくの中での問題を論じたものではない。

三　源泉ないし湯口に対する権利

前述したように、源泉は、何時でも人が支配する(特に、採取し利用する)ことができる状態にある温泉であり、実際には、地上に湧出している温泉や、地下に入れられたパイプによって採取され得る状態に在る温泉、などがこれに属する。このような状態に在る温泉に対しては物権的な支配権を承認してこれに法的保護を与える必要があり、判例および学説はこれを承認している。これについては、場合を分けて考察する必要がある。

1　旧慣源泉権

旧慣により一定の主体が源泉に対し排他的に支配することは、源泉の存する多くの土地で見出されるところであり、判例はこの旧慣を承認してその支配を独立の権利として保護している。

(1)　物権法定主義との関係

まず第一に問題となるのは、民法第一七五条および民法施行法第三五条が定める物権法定主義のもとにおいて、このような権利を「物権」として承認することができるのか、ということである。もしこれらの諸規定を厳格に解するなら、民法その他の法律に定められているもの以外の物権を承認することは、不可能だと言うべきであるが、山林原野に対する入会権のみならず種々の用水や温泉に対する旧慣上の支配の基礎となっている経済的・社会的諸関係を、明治の改革は廃止し得なかったのみならずむしろ温存したのであり、いわばその不可分の附属物とも言うべき旧慣上の支配をも、民法においては入会権として(第二六三条・第二九四条)、さらに判例では入会権以外の諸種の旧慣上の支配権をも、物権として承認してきたのである(ただし、時には、実際には存在する入会権や永小作権を否認することもあったが。たとえば大判大正六・二・一〇『民録』二三輯一三八頁)。そうして、判例は旧慣上の源泉権を、源泉地盤の所有権とは別の独立の物権として承認してきたのである。[11] しかし、そのような結論は明らかに民法や民法施行法の前掲諸規定と矛盾するので、裁判所は、旧慣上の源泉権を承認する場合にはこれらの諸規定との関係に言及せず、単にそのような権利を認める「地方慣習法」が存在するとか、そのような権利があることは「当裁判所に顕著」だ、という理由づけを判示するにとどまっている(後述の注(15)に掲げる諸判決における理由づけ参照)。

学説も一般に民法第一七五条に違反しないと解しているが、その理由づけにおいては必ずしも一致しない。多くの学者は、このような旧慣上の物権を承認することが「実際上必要」だということ、あるいは民法第一七五条や民法施行法第三五条は旧来の権利関係を「一応整理統一すること」を目的とするものにすぎないということ、を理由とするが、[12] 慣習法によって新たな公示方法が生成しているならば、慣習法上の物権を承認しても、民法第一七五条の基礎にある物権公示の原則に矛盾しない、という説明もある。[13]

しかし、民法および民法施行法との関係での正当化の方法としては、私は次のごとく説明することを提案したい。すなわち、明治維新の諸改革は、旧来の社会組織――特に村落共同体――を全く廃止する意図はもっておらず、むしろそれを温存することを前提としてなされたものであったから、それと結びついた旧慣上の権利を廃止するのでなくむしろ存続させる政策的意図をもっていたのであり(入会権については各地方の慣習によるべきものとした民法の規定(第二六三条・第二九四条)は、この趣旨のあらわれにほかならないものと、見ることができる)、したがって用水や温泉に対する権利関係も、法例第二条にいわゆる「法令ニ規定ナキ事項」と認めるべきであり、それに関する慣習は「法律ト同一ノ効力ヲ有ス」ると解すべきである。(14) それゆえ、この権利が慣習にしたがって法的保護を受けるべきものであることは、明らかである。

(2) 物権としての特質

第一に、旧慣源泉権は本来ゲヴェーレの体系の中で現実の管理・支配の事実に即して権利として存在してきたのであるから、そのようなゲヴェーレ的慣習を「法律ト同一ノ効力ヲ有ス」るものとして承認する以上(法例第二条)、それを独立の物権として承認するのは当然と言うべきである(裁判所も、「当裁判所に顕著」な「地方慣習法」とか、「慣習法」とか、あるいは単に「当裁判所に顕著」とか、のことばで説明している)。なお判決の中には、これが物権であることを理由づける手段として、これが「直接排他的」な支配を内容としているということを述べるものがあるが、(15) これは何を意味するのか問題である。少なくとも源泉権は、特定の人に対する請求を内容とするのではないという点では「直接的」であるが、後に述べるように旧慣上の源泉権は、私的所有権を原型とするような意味での包括性を有せず、したがって時には他の重畳的な源泉権者の並存をも許すという点では、温泉所有権とも言うべき近代法的源泉権に比べてその排他性には限界があることに注意すべきである。

第二に、旧慣源泉権は、以上のごとき歴史的背景のゆえに、後述する近代法的源泉権のごとき包括的な内容を有する権利ではなく、それぞれの慣習により本来的に限定された内容をもっているのが普通である(近代法的な用語で表現するなら、それは本来的に種々の物的負担を負っているのが原則であった)。それゆえ、旧慣源泉権は「温泉所有権」ということばで呼ばれるのに適しないのである。

しかし第三に、このような権利は、近代法の体系の中に編入されることにより、多かれ少なかれ近代法的財産権(近代法上の私的所有権)の原理の影響をうけて、その慣習に変化をもたらしているようである。そのもっとも顕著な事例は、旧慣源泉権の主体が第三者と契約を締結して分湯したり配湯したりする場合（入会権における「契約利用」に相当する）であって（分湯および配湯については、後述四参照）、その法律関係は近代法上の契約関係にほかならない。

⑶　権利主体

徳川期においては、一般に、源泉は、地元の村落共同体の総有に帰し、村落共同体の構成員（その意味については、入会権について説明したところを参照されたい）は自由に入浴したり洗濯用に使用したりすることができたようである（このことは、近時まで――今日でもなおそうであるが――の慣習から推測することができる）が、時には――多くは、いわゆる封建的農民解放、したがって村落共同体の仲間的構造の成立がおくれて名子・被官的隷属関係が残存しているところにおいて――、村落住民の中の支配者（地頭・親方層）の単独所有もしくは合有（Eigentum zur gesamten Hand）に帰し村落民はその支配者たる源泉権者に対する隷属関係の反射として温泉を利用したにすぎない場合もあった（その典型的な例は、群馬県の伊香保である）。[16] そうして、その場合には、それら隷属者の温泉利用権は、明治以後の社会的・経済的・思想的変化の中で変質して、源泉権者に対抗しうべき独立の温泉利用権に転化した場合もあるのではないか、と推測される（右の伊香保について、前橋地判昭三一・七・一七『下民集』七巻七号一九三二頁は、旧隷属民の引湯利用を、源泉権者に対抗し得べき独立の権利として承認している）。なお、旧慣温泉権の主体は、明治以後の近代化の過程の中で多かれ少なかれ変化・解体の過程をたどり、また源泉地盤の所有権者としての政府ないし御料管理当局の圧力のもとに変形を余儀なくされてきている。[17]

⑷　権利内容

旧慣源泉権の内容は慣習によって定まっており、各地の慣習を明らかにすることによって具体的に明らかとなる。

その詳細については、後述するところに譲るが、多くの温泉地に共通の問題点として、次の二つを指摘しておこう。すなわち、第一に、旧慣源泉権についてはほとんど常に地元部落住民の入浴等の共同利用権とそのための共同施設とが存在するということ、また第二に、ここでも入会権におけると同様に、源泉の存在する地盤の所有権が明治初年の官民有区分によって官有とされ、またその中の重要なものはさらに天皇有とされることによって、源泉に対する旧慣上の権利が源泉地盤の管理当局（たとえば、帝室林野局とか営林署・林野庁等）の圧力のもとに多かれ少なかれ変形を余儀なくされてきたということ、が注目されるべきである。

2　近代法的源泉権（温泉所有権）

(1)　成　立

従前には管理・支配がなかった源泉に対し、近代法体系（特に民法）の下で、旧慣上の権利主体（特に仲間的共同体たる村落共同体）でない権利主体（個人・会社・民法上の組合等）が管理・支配を開始する場合には、近代法的源泉権が成立する。(i)源泉に対し、すでに旧慣上の管理・支配があった場合には、それに基いて承継取得が行なわれたとしても、それによって新たな近代法的源泉権が成立したものと観念してその法的関係を処理すべきでないことは、言うをまたない。(ii)また、村落共同体のごとき旧慣上の権利主体が源泉に対し新たに管理・支配を開始した場合には、あたかもそのような主体が新たに山林原野に対し所有権を取得した場合と同様に、たとえ近代法体系が制度上確立された後（特に民法典制定後）であっても、その権利主体の構造に規定されて総有的な権利関係を生じ、その権利内容は当該の共同体の内部秩序によって決定されるべきである（たとえば、新潟県の赤倉温泉は、明治以後に赤倉村によって管理・支配されるようになったものであるが、その権利関係に関する慣習は非近代法的な総有的なものとして、長いあいだ存続してきている)。

実際には、近代法的源泉権のほとんどすべては、人工掘さくによって成立している。幼稚な道具による手掘りの段階をこえた人工掘さく技術の成立と、それを実行するための資本の投下、という事情が、近代法的源泉権の成立の事実上の基礎条件であった。

(2) 物権としての独立性

源泉に対する近代法的な管理・支配の主体は、その成立のはじめ(すなわち、掘さくの時)から、源泉の所在する土地(源泉地盤)の所有者とは別の主体である場合が多いのみならず、当初においてはこれら両者の主体が同一であっても後になって源泉に対する管理・支配が源泉地盤の所有者とは別の主体に譲渡される場合も少なくない。このような事実は、源泉の掘さくが多額の資本を要すること、および源泉自体が高額の商品価値を有すること、によって言わば必然的に発生したものであり、したがって、このような実際の事情を法の次元にも反映させて、近代法的源泉権を、源泉地盤の所有権とは別の独立した物権として承認すべきものと考える。しかし、裁判所の見解は必ずしも明らかでなく、別府の掘さく源泉については大分地裁判決(18)はこのことを肯定しているが(ただし、同地の掘さく源泉については旧慣温泉権の慣習の影響があることが推測され、また裁判所も旧慣温泉権と別異の取扱をすることを避けるという政策的考慮をしたであろうことも推測される)、福岡県二日市の事件では、福岡高裁判決(昭三一・一一・八『下民集』七巻一一号三一五六頁)は、「多年の慣習によってその地方の温泉……について独占権を保有する慣習法が成立している地方においては、温泉に関する権利は土地所有権より分離されて温泉利用権ともいうべき一種の慣習法上の物権をなす」と言ってこのことを承認しながら、当該事件で争われた二日市温泉については「かような地方的慣習法の成立していることを認めるに足るべき証拠は全くない」と判示した。私はこの後者の判決の上述のごとき法律論、すなわち、源泉権が独立の物権であるためには「多年の」慣習が必要であるという点、また「独立権」が慣習法によって生ずることを要するという点、には賛成し得ない。源泉権が独立の物権として認められるべきであるのは、前述したような経済的必要によるのであって「多年の」慣習を要するものではないと認むべきであり、またこれを独立の「物権」と認めたからとて、そこから直ちに、同事件の争点であったような近接地点での源泉掘さくの禁止請求を常に容認すべきだ――同判決のいわゆる「独占権」がある――という結論が論理上必然的に生ずるわけではないからである。なお、この判決に対しては上告がなされ、最高裁判所もこの判決を支持して上告を棄却したが[19]、上告審での争点は温泉法第三条第二項および第四条の解釈ならびに近接地点での源泉掘さくが権利濫用となるかどうかに関するものであり、判旨は直接には上記の問題にふれていないので、それについては最高裁判所の判例はまだ明らかでない、と認めるべきである。

ところが、他方において、実際には、一部の人々は、源泉地盤所有権と源泉権とを不可分のものとして意識しているようである。これと右の裁判所の見解ないし処理とをどのように関係づけるべきか、ということが問題となる。私は次のごとく考える。――源泉地盤のほとんどすべては、一坪か二坪(広くても五坪くらい)の「鉱泉地」という名目の土地に分筆されており、その所有名義人は源泉権者と同一である場合が少なくない。しかし、「鉱泉地」の分筆は、源泉権者が源泉権を公示するためにあるのではなく、徴税当局が源泉地盤から特に高額の税金を徴収するために設けられた制度であり、したがって源泉地盤の所有名義人の表示は、租税負担者を表示するためのものであって、私法上の取引関係において源泉権者を公示するためのものではないのである。ところが他方では、源泉権は高い資本的ないし商品的価値を有しており、経済的には源泉権が主であって源泉地盤所有権は従たる意義しか有せず、その結果、源泉権を取得しようとする者は自ら源泉地盤の所有権を取得しないで掘さくする場合が多く、また源泉権のみが取引の客体となる場合が多いので、源泉地盤の所有者と源泉権者とが一致しない多くの場合を生ずるに至っている。それゆえ裁判所はこの事実の前に目をふさぐことができず、源泉権を源泉地盤の所有権とは別の独立の権利と認めるに至った。その結果、本来は源泉権者に対して課せられるべきはずの税金が、事実においては、源泉権者でない者に課せられている場合があり、「鉱泉地」における所有権者の表示は単に徴税上の便宜のために(源泉権者を表示する信頼すべき制度がほかにないから)存在する結果となっているのである(実際には、鉱泉地所有者と源泉権者とのあいだで鉱泉地税の償還を約している場合が多い)。

源泉権を、源泉地盤所有権とは別の独立した物権と認めることは、土地所有権の効力は土地の上下に及ぶという民法第二〇七条と、物権法定主義を規定する民法第一七五条ならびに民法施行法第三五条と、矛盾しないか。ここでは、旧慣源泉権を法例第二条で正当化したのと同じ解釈論で処理することはできない。というのは、ここでは徳川時代からの遺制を一定の限度で承認するという政策論が問題となるのではないから、それに基いて源泉権を「法令ニ規定ナキ事項」だと構成することはできないからである。それにもかかわらず問題は或る意味では共通している。すなわち、源泉権は高い資本的ないし商品的価値をもっており、これを法律上承認しないわけにはいかないのに、これについて全く規定がないのであるから、源泉権は法例第二条にいわゆる「法令ニ規定ナキ事項」に該当し、したがってこれについて慣習がある場合にはその慣習は「法律ト同一ノ効力ヲ有ス」ると認めるべきであり[20]、したがってこれを独立した物権として承認することは民法第一七五条に矛盾しないと言うべきである。

(3) 所有権的性質

財産的価値を有する客体に対してはまず第一次的に包括的な全面的支配権(その原型・典型は有体物に対する私的

所有物権である)が成立するものとし、他の一切の権利関係はその包括的権利の主体の同意によってそれから派生する第二次的のものとする、という近代の私有財産制度のもとにおいては(そのわくの中では)、源泉に対する権利も、まず第一次的に、源泉に対するあらゆる権能を含む包括的全面的な支配権(「所有権」に類似する権利)として承認される。この意味において、近代法的源泉権を「源泉所有権」あるいは「温泉所有権」と呼ぶことができる。

このことを判決は次のように言う。「……大分県別府市地方においては湧出温泉につき増掘浚渫ないしは引湯等の利用をなし得る直接排他的な支配権が温泉権又は鉱泉権と称せられ……る地方慣習法の存することは当裁判所に顕著な事実である。[21]」言うまでもなく、上述の文言は、客体の利用に必要な一切の行為をなし得ることを認める趣旨であり、処分権能の存在はもとより自明視されているのであるから(上述の事件では、源泉権の譲渡の有効性が自明視され、それを前提とした上で妨害排除とか温泉台帳への登載請求権が問題とされているのである)、源泉権が「所有権」を原型とする一種の包括的物権として承認されていることは、明らかである。

四　第二次的利用関係(分湯と配湯)

近代法的源泉権は所有権と同型の包括的物権であり、したがってその権利者以外の者による温泉の利用は、源泉権者の同意にもとづいてのみ、第二次的に源泉権から派生した権利関係(第二次的利用関係、第二次的温泉権)として成立するのは、当然である。

第二次的利用関係の法的型態には種々のものがある。その一つは、源泉権者がその管理・支配する温泉の一部(通常、その源泉から採取される温泉の総量の「何割」とか、総量を一定の口数に分割してその「幾口」とか、また時には「一分間何リットル」とか、というような規準で表示される)の管理・支配を他の者に譲渡する場合(分湯と呼ぶことにする)であり、他の一つは、単に特定の量の温泉を動産として一定の導管施設により継続的に配給する(あたかも水道の水を配給する場合と同様に)ことを約する場合(配湯と呼ぶことにする)である(なお、引湯ということばは、温泉を或る個所から他の個所に導管によって移動させる、という場所的移転のみを意味するものとして、上記の「分湯」と「配湯」から区別したい)。

(1) 分　湯

分湯においては、譲渡人の源泉権の客体そのものが削減されるのであるが、この場合にもその法的形式には二つのものが区別される。一つは源泉権そのものの分割であって、譲受人は譲渡人とともに共同の源泉権者となる(通常、「温泉権の共有」と呼ばれるが、正確に言うなら「源泉権の準共有」と呼ばれるべきである)。準共有には共有の規定が準用されるべきであるが(民法第二六四条)、源泉権について分割請求の自由を認めるべきではない、と考える。分湯のもう一つの法的形式は、譲受人が源泉そのものに対して譲渡人と同じ資格で管理・支配の権能をもつのでなく、基本的には譲渡人のみがその権能を有し、譲受人はたかだか限られた範囲の権能を源泉そのものについて有するにすぎない場合であって、これは源泉所有権に対する一種の他物権的利用権である。一般的に言うなら、源泉権の一部譲渡が、永代にわたる確定的なものとして約定される場合には、源泉権の共有という形式をとるのが最も自然であるが、温泉の永代の利用権を設定する場合にあっても源泉の管理・支配を従来の源泉権者が留保する意図を有する場合には——そのようなことは、将来増掘やポンプの増力等によって採取量を増加させた場合に、その増量分は、源泉権そのものを留保した従来の源泉権者に帰するという点で、実益がある——、源泉権の共有を生じさせないで他物権的利用権の形式をとるべきことになるのである(したがって、この場合には、利用権の内容は、毎分何リットルというふうに、具体的な定量で表示されるのが普通である)。

(2) 配　湯

源泉権者(配湯義務者)が配湯を受ける権利者(配湯権利者)に対し導管施設によって温泉を継続して供給する債務を負う法的関係(債権契約)(通常、配湯期間が契約で限定されている)を、配湯と名づけることは、上述したとおりであるが、これを、上述した分湯と区別する実益は、実際には乏しいであろう。配湯が第三者により妨害された場合には、配湯権者は配湯義務者に対し、その妨害を除去して配湯すべきこと(すなわち、債務の内容たる特定給付の履行)を請求し得ることは当然であるが、そのほかに、導管施設によって現実に配湯し得べき事実状態が作りだされている場合には、配湯権者は、配湯を妨害する第三者に対し妨害の停止を請求し得る、と解すべきであり、また、配湯請求権のごとき継続的債権関係は、後述するように、一定の「明認方法」(導管施設はその典型的なものと解する)をそなえることにより第三者に対抗し得べきものとなる、と解すべきだからである。

五　温泉取引の公示方法

1　対抗要件の必要性

かつて民法施行以前の判例は、これを不要と解した。大審院明治二八年(一八九五年)二月六日判決(『民録』明治二八年自一月至六月八三頁)は、山形県の上の山温泉で源泉地盤譲受人が旧慣源泉権の譲受人(どちらも同一の者から別々に譲り受けている)に対し源泉利用の停止を請求した事件において、原告を敗訴とした控訴審の判決(一審判決では原告勝訴)に対する上告を棄却し、次のごとく判示した。「……本訴採酌権(源泉権)ノ如キハ登記ヲ経サルモ法律上之ヲ無効トスヘキ法文ナキノミナラス登記法中斯ノ如キ物権ヲ登記シ得ヘキ規定ナシ故ニ原院カ採酌権ニ付キ登記ヲ経スシテ単ニ私署証書ノミヲ以テ売買シタルモノト地所ニ付キ登記ヲ経テ売買シタルモノト其効力カ同一ト看做シ之カ年月ノ前後ニ依リ其優劣ヲ判定シタルモノナレハ原判決ハ相当ニシテ不法ノ点ナシ。」この判決は民法施行以前のものであるが、問題の所在は民法施行の前後で基本的には変わっていないと考えられる。

同じ趣旨の判決は、民法施行後にもくり返された。すなわち、東京控訴院昭和一〇年(一九三五年)七月一七日判決(『法律新聞』三八七三号五頁)は浅間温泉の事件において傍論として(同事件では、対抗問題における「第三者」でない者との間で旧慣源泉権が問題となっていた)上述と同一趣旨を述べ、また東京控訴院昭和一四年(一九三九年)一〇月一六日判決(『法律新聞』四五一七号一二頁)は、同じく浅間温泉で、まさしく対抗問題における「第三者」との関係で旧慣源泉権が争われた事件において、「右権利(湯口権と称する源泉権)変動ヲ以テ第三者ニ対抗スルニ付公示方法其ノ他特別ノ方式ヲ履践スルコトヲ要スル旨ノ規定ナキカ故ニ右権利ノ変動ハ其レ自体何人ニ対シテモ対抗シ得ルモノト謂フヘク」と判示した。

ところが、この判決の上告事件において、上告人は、立木や果実の取引の場合における明認方法についての判例を援用した。そうして、大審院はこの上告理由を容れて、上述の判例を変更したのである。すなわち、大審院昭和一五年九月一八日判決(『民集』一九巻一六一一頁)は、「……然レトモ既ニ地方慣習法ニ依リ如上ノ排他的支配権ヲ肯認スル以上此ノ種権利ノ性質上民法第一七七条ノ規定ヲ類推シ第三者ヲシテ其ノ権利ノ変動ヲ明認セシムルニ足ルヘキ特殊ノ公示方法ヲ講スルニ非サレハ之ヲ以テ第三者ニ対抗シ得サルモノト解スヘキコトハ敢テ多言ヲ俟タサルカ故ニ原審ハ更ニ此ノ点ニ付キ考慮ヲ払ヒ右地方(浅間温泉)ニ在ツテモ例ヘハ温泉組合乃至ハ地方官庁ノ登録等ニシテ右公示ノ目的ヲ達スルニ足ルヘキモノ存スルヤ否ヤ或ハ尠クトモ立札其ノ他ノ標識ニ依リ若クハ事情ニ依リテハ温泉所在ノ土地自体ニ対スル登記ノミニ依リ第三者ヲシテ叙上権利変動ノ事実ヲ明認セシムルニ足ルヘキヤ否ヤニ付須ク審理判断ヲ与ヘサルヘカラサル筋合ナリトス」と判示し、原判決を破棄し、事件を原審に差し戻した(以上の諸判決の詳細については、川島ほか編『温泉権の研究』五〇六頁以下参照)。

それ以来この判決を否定した判例は現われておらず、したがって、少なくとも旧慣源泉権の取引については明認方法がなければ第三者に対抗し得ない、ということが判例上確定していることになる。しかし、近代法的温泉権についても別異に解する必要はない。何故かと言うと、近代法的温泉権の方が旧慣源泉権よりも商品性が高く、取引流通の客体とされる可能性も多く、公示方法を必要とする程度も高い、と考えられるからである。また、源泉権のみならず、他物権的利用権についても、また債権的利用権についても、明認方法なくして第三者にこれを対抗することを認むべきでなく、また明認方法さえ備わっているならこれを第三者に対抗することを許すべきである。したがって、右の判決が判例として妥当する範囲は、すべての温泉権にわたる、と解してよいと考える。なお、すべての学説は右の判決を支持しており、且つそれが先例として妥当する範囲を特に問題としておらず、右の判決がすべての種類の温泉権について判例として妥当することを当然視しているようである(22)。

2 明認方法

では、温泉権変動の明認方法は、具体的にどのようなものであるか。上述したように、昭和一五年判決は、いくつかの方法を明認方法として示唆しただけで、その判断を原審に任せたのであるが、同事件は差戻審において和解となったもののごとくであり、ついにこの点の判決に至らなかった。その後、温泉権に関する争訟は多くなったが、今日までのところ、この問題についてはまだ判例は見あたらないのである。

下級審判決の中には、この問題に言及したものがあるが、それは単に傍論として言及したにとどまり、明認方法によって訴訟の勝敗が決せられた事件はない。県等の地方庁の温泉台帳に温泉権の変動を登載することはその物権変動を第三者に対抗する要件だ、という法律論を述べた判決がある。すなわち、大分地裁昭和三一年(一九五六年)八月九日判決(『下民集』七巻八号二一五一頁)、同昭和三二年(一九五七年)二月八日判決(『下民集』八巻二号二四一頁)、同昭和三六年九月一五日判決(『下民集』一二巻九号二三〇九頁)がそれである(なお、大分地裁昭和二九年(一九五四年)六月二八日判決『下民集』五巻六号九八五頁(温泉組合の台帳に関する)および福岡高裁昭和三四年(一九五九年)六月二〇日判決『下民集』一〇巻六号一三一五頁はこれを否定に解している)。しかし、右の昭和三一年判決は、抽象論としては、対抗要件として何らかの「公示方法」が必要である旨を説示するが、当該の事件ではそれについての主張・立証がなかったというだけであり、また右の昭和三二年判決は、抽象論としては、県の温泉台帳への登載を対抗要件とする旨を説示するが、同事件では対抗問題を生ずべき「第三者」との関連が問題とされたのではなかったのであり、また右の昭和三六年判決は、温泉権を取得した者が温泉台帳上の名義人に対し、台帳上の名義変更の申請手続に協力すべきことを請求した事件であって、「第三者」への対抗が問題となった事件ではなく、判決はその請求を容認するにあたって、「(温泉台帳への登載は)恰も物権につき登記をうけるのに類似した事実上の公示作用を営んでいる」と言うだけであり、しかもこれは傍論である。そうして、逆に、同じく別府温泉に関する事件について、右の福岡高裁昭和三四年判決は、「(県の温泉台帳の制度は)温泉の濫掘防止や公衆衛生保健に関する取締等を主たる目的とするものと認められ、本件温泉所在地方(別府)において右台帳の記載をもって温泉に関する権利変動の公示方法とする一般慣行の存する事実は未だ認められない」と言っているのである（『下民集』一〇巻六号一三一七頁）。なお、私の知るかぎりでは、府県の温泉台帳は源泉所有権のみを登載するのであって、第二次温泉権たる他物権的温泉利用権や債権的温泉利用権を登載していないのであり、その点でもこの台帳制度が公示方法として果たし得る機能はきわめて限定されたものでしかあり得ないことを、忘れてはならない。

しかし、そもそも、前掲の大審院昭和一五年判決が示唆する諸々の明認方法は何れも、実際には明認方法であるのに必要な性質をそなえているとは考えられないのである。すなわち、府県の温泉台帳という制度は、温泉の権利関係を公示する目的でつくられたものではなく、単に「将来温泉権設定の場合に備え」且つ「温泉の現況の把握に努め」るためのものであって（府県庁に温泉台帳を備えつけることを指示した厚生省公衆衛生局長通達（昭和二三年八月二六日厚生省衛発一一六号）の説明）、わたくし自身の調査によると、この台帳が権利の実態を反映している程度は一般にはなはだ低く、厚生省や府県庁は、これが対抗要件として取り扱われることは迷惑だと感じているのである。また各地の私的団体たる温泉組合の台帳がより一そう不完全なものであることは（きわめて少数の例外を除き）、これまた周知のとおりである。昭和一五年判決が示唆する「立札其ノ他ノ標識」（武田前掲一七六頁以下は、これを対抗要件とすべきことを主張される）も、実際には取引の実態を反映する程度は低く、また同判決の示唆する源泉地盤についての登記という方法も、温泉権が源泉地盤から独立して取引される慣行が普遍化している現状においては、到底明認方法とはなし得ない(23)。

温泉権変動の明認方法について私は次のごとく考える。そもそもいくつもの判例が明認方法として承認してきたものは、何らかのしかたで土地に定着している物について取引をしようとする者が、その取引客体の存在する現地に赴き権利客体を自ら調査するのを常とする実際上の慣行がある場合に、その者が現地に赴いた時にその権利関係を識別する手がかりとなるのに適したもの、であった。そうして、山林の取引については立札を立てるという方法がかなり広く行なわれているが、明認方法は必ずしもそれに限らず、果実や桑葉については、引渡があり且つ「引渡アリタル事ヲ他人ヲシテ明認セシムへキ方法」が講ぜられていることを要求し（大判大正五・九・二〇『民録』二二輯一四四〇頁、同大正九・五・五『民録』二六輯六二二頁）、また立木については、「山林内ニ小屋炭竈其他製炭用ノ設備ヲ為シテ製炭ニ従事シ居タル事実」を明認方法としているのである（大判大正四・一二・八『民録』二一輯二〇二八頁）。そうして、これらの判決がそれらを明認方法として承認したのは、それらに共通する次の点にあるものと解することができる。すなわち、これらの取引客体は、土地に定着ないし密着しているが、これらについて明認方法が問題となる取引は、これらの物を土地から分離して動産とすることを目的としているのであり、そうして、それについての権利変動を第三者に対抗するには、単にこれらの物の引渡という・過去の或る時点において完了した行為だけでは足りず、さらにそのほかに、これらの取引客体について新たに法的利害関係に入ろうとする第三者が、それらの権利客体について既に権利変動があったことを知る手がかりとなるような継続的な事実が存在することを要する、ということがそれである。

そこで、この基本的な考えを温泉権の取引の実情に適用するならば、その明認方法は、温泉の引渡——すなわち、権利者が温泉を採取できる状態の変更——があったこと、および温泉を取引の客体としようとする者がそのような状態の存在することを知る手がかりとなり得るような継続的な事実があること、でなければならない。それは、具体的には、権利者が源泉における温泉の採取・利用・管理のための施設によって、および（または）源泉から現実利用個所まで温泉を移動させるための導管やタンク等の施設によって、現実に温泉権を継続して管理・支配しているという事実にほかならない。温泉権について新たな法的利害関係をつくろうとする人は誰でも、現地に赴き温泉の性質や量とともに、これらの諸施設を調査するのを常とするのであり、したがってそのような調査をしないで取引をした者が後になって他の権利の対抗を受けることによって不測の損害をこうむるに至ったとしても、その者は取引上なすべき通常人の注意を怠ったのであるから法の保護に値しない、と認むべきである。なお、このように解するときは、温泉権の変動は「其レ自体(何らの対抗要件があることを要せず)何人ニ対シテモ対抗シ得ルモノ」だと言う前掲東京控訴院昭和一四年(一九三九年)判決も、また古くは鉱泉採酌権については対抗要件不要と解した前掲大審院明治二八年(一八九五年)判決も、実質的には明認方法をそなえていた源泉権利者を保護したものとして、上述の解釈論と統一的に理解され得ることになるであろう。

3 立法論

解釈論としては一応右のごとく解することができるとしても、立法論としては、私は特別の温泉権登記簿の制度を創設すべきことを主張したい。つとに武田軍治氏は温泉権について登記もしくは登録の制度を設けるべきことを主張され、また近年には舟橋諄一教授ならびに私もこの考えを支持した。(24) これは今日まだ実現されていないが、昭和四三年(一九六八年)には観光施設財団抵当法が制定され、財団を組成する権利の列挙中に「温泉を利用する権利」(源泉権および第二次的温泉利用権を含む)をあげ(同法第四条第六号)、観光施設財団を設定する者がその財団目録中に温泉利用権を記載しその財団目録を添えて観光施設財団の保存登記を申請すると(同法第一〇条、不動産登記法第三五条)、その財団目録は登記簿の一部とみなされ、そうして観光施設財団は一括して一箇の不動産とみなされるから(同法第八条)、「温泉を利用する権利」はこの財団の一部として公示され、対抗力を有することとなった(民法第一七七条)。しかし、この法律により「温泉を利用する権利」を登記によって公示することができるのは、それが観光施設財団を組成する場合にかぎられ、そうしてこの財団は同法第二条の定める限定された内容のものに限られ、且つそれが抵当権の客体となる場合に限られるので、ほとんどすべての温泉権についてはまだ登記による公示の途は閉ざされているのである（この法律ついては、阿部雅昭「観光施設財団抵当法案の解説」『金融法務事情』五〇八号四頁以下参照）。

後記　本稿の校了直前に、他物権的温泉利用権の設定がまさに「第三者」に対する関係で問題となった事案において、その明認方法について、本文で述べたのと同じ趣旨を「当裁判所に顕著な事実」として承認した次の判決が出た。山形地裁昭和四三年（一九六八年）一一月二五日判決（昭三七(ワ)一七七号）（『判例時報』五四三号一九六九年二月二一日号七〇頁）。

（1）大判大四・六・三民録二一輯八八六頁、同大八・五・一三新聞一五八〇号一九頁、同昭四・六・一評論一八民九五一、同昭一三・六・二八新聞四三〇一号一二頁、同昭一三・七・一一新聞四三〇六号一七頁、等。

（2）吉田久「温泉引用権の性質及其売買譲渡の対抗要件」法学新報三七巻四号一三一頁以下、森順次「温泉に関する権利」公法雑誌二巻四号四九七頁以下。

（3）川島「近代法の体系と旧慣による温泉権」法協七六巻四号四二九頁以下、川島「温泉権」『注釈民法(7)』一九六八年有斐閣。

（4）同右論文四三七頁以下、同右書2以下。

（5）美濃部達吉「判例に見はれたる水法」(上)法律時報三巻七号一頁以下、同・判批・国家学会雑誌五五巻三号五三〇頁（大判昭一五・九・一八判決）、磯崎『公物・営造物法』新法学全集五六巻。

（6）旧憲法下における解釈論として同趣旨を認めるのは、清水澄「温泉法の制定を望む」温泉二巻六号二頁以下、武田軍治「地下水利用権論3」法協五〇巻四号六五五頁、同「地下水利用権論1」。

（7）川島「入会権の基礎理論」著作集第八巻六八頁以下参照。

（8）川島「近代法の体系と旧慣による温泉権」前掲四三〇頁以下、同「城崎の温泉訴訟事件について」北條浩編『城崎温泉権史料集』所収。

(9) 神戸地豊岡支判昭一三・二・七新聞四二四九号五頁。

(10) 杉山直治郎「泉源保護」温泉研究一輯。

(11) 大判明二八・二・六民録明二八年自一月至六月八三頁(富山県の鉱泉に関する。なお、武田『地下水利用権論』二一二頁以下参照)、東京控判昭一〇・七・一七新聞三八七三号五頁(浅間)、同昭一四・一〇・一六新聞四五一七号一二頁(浅間)、その上告審・大判昭一五・九・一八民集一九巻一六一一頁(浅間)、大分地判昭二九・六・二八下民集五巻六号九八五頁(別府)、同昭三一・八・九下民集七巻八号二一五一頁(別府)、同昭三六・九・一五下民集一二巻九号二三〇九頁(別府)等。ただし、これらのうち、別府の事件は掘さく温泉に関するらしいが、後述するようにその慣習は同地の旧慣の影響をうけているものと推測されるので、ここに掲げたのである。

(12) 末弘厳太郎『物権法』(上巻)四一頁以下、石田文次郎『物権法論』四〇頁、武田『地下水利用権論』二八頁。

(13) 我妻栄『物権法』二四頁、我妻・有泉『民法総則・物権法』二五七頁以下。

(14) 川島『民法I』二〇七頁、同「近代法の体系と旧慣による温泉権」法協七六巻四号四三六頁以下。

(15) 大分地判昭三一・八・九下民集七巻八号二一五一頁、同昭三六・九・一五下民集一二巻九号二三〇九頁。

(16) 川島ほか編『温泉権の研究』三四四頁以下、六一七頁以下参照。

(17) 詳細については本書「近代法の体系と旧慣による温泉権」三以下。

(18) 本論文五1に引用した昭二九・三一・三六年の大分地裁判決参照。

(19) 最判昭三三・七・一(昭三二(オ)一二八号)民集一二巻一一号一六一二頁、同昭三三・七・一(昭三二(オ)一二九号)民集一二巻一一号一六四〇頁。

(20) 前出注(15)に掲げた大分地裁の諸判決のうち、昭和二九年判決は、慣習法の権利の特殊のものについては、実際上物権と同様の効力が認められる場合に該当するのだ、として理由づけ、昭和三一年判決は、「当裁判所に顕著な事実」だという説明で理由づけている。

(21) 大分地判昭三一・八・九下民集七巻八号二一五六頁、同昭三六・九・一五下民集一二巻九号二三二〇頁もほとんど全く同一の文言である。

(22) 我妻栄『判例民法』昭和一五年度九三事件評釈、我妻『物権法』一二二頁、武田『地下水利用権論』一七三頁以下、舟橋諄一『物権法』二六九頁以下、我妻編『コンメンタール』一六頁以下。なお、上の昭和一五年判決の法律論ならびにこれに関する若干の学説に対する、川島ほか編『温泉権の研究』五一二頁以下の論評を参照されたい。

(23) これらの諸方法、ならびに公正証書を作成するということが、実際にどの程度に行なわれているかについて、不完全であるが、かつて私は調査したことがある。川島「温泉の利用に関する諸権利の実態の法律的意義に関する研究」『昭和三八年度厚生科学研究報告書』厚生省国立公園局管理課刊行一七頁以下、川島ほか編『続温泉法の研究』三九八頁以下、著作集第九巻五二五頁以下。

(24) 武田前掲書一七七頁、舟橋二七〇頁、川島二〇九頁、川島ほか編『温泉権の研究』五二七頁以下。

(川島編『注釈民法(7)』一九六八年有斐閣)

II

旧慣温泉権

近代法の体系と旧慣による温泉権

第一　問　題

かつて清水澄博士が「鉱泉法の制定を望む」と題する論説で温泉についての立法を要望されてから[(1)]、すでに三四年を経ているが、制定されているのは、主として温泉の掘さくについての行政的取締を内容とする温泉法（一九四八年）だけで、博士が要望されたような・温泉についての私法的権利関係（いわゆる温泉権）を内容とするものではない。それについて若干の判例はあっても、それらの断片的な内容から温泉権について幾分なりとも体系的・総合的な法的規制を構成することは、現在においてもなお不可能である。

（1）　温泉二巻六号一九三一年所載。

言うまでもなく、このように立法がおくれたことの最大の原因は、⑴温泉権にかかわる現実の慣行が、今日とは全く法体系・法観念を異にする明治以前の時代からひきつがれていること、⑵そうして各地方ごとに多かれ少なかれその内容が異っていること、⑶しかも明治以後には近代的な権利としての実体をもつ温泉権や温泉取引が数多く発生してきていること、⑷したがってそれらの種々の権利関係を法律で同一の法的規制に服せしめることがきわめて不適切であること、⑸したがってまた種々の権利者の利害が錯綜し対立していて、いかなる法的規制を以てしても多数の人々の同意を得ることの困難が予想されること、等であろう。

しかし、それにもかかわらず、温泉の法的規制は今日ますます必要となっている。その理由は、主としてつぎの諸点にある。――

第一に、旧慣による温泉利用――明治以前の社会からの慣行による利用関係をもつ温泉を、以下では「旧慣上の温泉」と呼ぶことにし、近代的な権利関係の型をもつ温泉を「近代的温泉」と呼ぶことにする――は、元来は、地域社会(村落)の住民によって共同体的に支配され、その秩序はその地域社会集団の内部統制によって維持されてきた。ところが、村落集団の旧来の秩序は、日本経済の発展過程にまきこまれるにしたがって多かれ少なかれ徐々に解体し、また明治以後の町村制も、この村落集団の旧来の秩序の解体を促進し、その結果、集団内部における村落集団自身の社会的統制の機能は多かれ少なかれ無力化している場合が少なくない。したがって、それに代わるものとして、国家法による規制が必要となっている。

第二に、温泉の利用関係に、村落集団外の人々が参加するようになり、温泉利用関係そのものが村落集団の社会統制の及ぶ範囲から逸脱するに至った。このこともまた、温泉に対する旧来の社会統制を無力化した。したがって、それに代わるものとして、国家法による規制が必要となっている。

第三に、今日では、源泉(温泉が人の支配――すなわち占有――に服する最初の状態にあるとき、これを「源泉」と呼ぶこととし、地下にあってまだ人の支配すなわち占有に服しない状態にある温泉を「泉脈」と呼ぶことにする)そのものが、はじめから資本的企業によって開発され、温泉の権利関係が近代法の体系の中で近代法の観念をもって展開している場合が少なくない。これらは、はじめから近代的な法的規制を受けるに適したものであり、且つそれを必要とするものである。

今日、温泉に関する多くの争訟が各地に発生している。このことは、温泉に関する権利関係がもはや旧来の社会統制の手段ないし機構を以てしては処理され統制され得ない段階に立ちいたったことを、実証しているのである。

おそらく、温泉利用関係の法的規制にとって最大の困難を提供するのは、旧慣上の温泉利用関係である。というのは、その実体が明らかでなく、また近代法とは異る体系と観念のもとに成立し成長した慣行的権利関係に、近代法の体系の中でどのような法的保護を与えるべきであるか、またそれをどのように技術的に構成すべきであるか、がまだ明らかにされていないからである。私法的温泉法の制定がおくれていることの最大の理由——少なくともその一つ——は、この点にあるのではないかと思われる。

もとより、本稿は、旧慣上の温泉権——それは封建制下の多くの権利関係と同じく、種々の地方差をもっている——の具体的内容を、或る程度においてでも体系的に述べることを目的とするものではないし、また現在の私にはその能力もない。しかし、現在において或る意味ではそれよりも重要なのは、これらの慣行的温泉権を把握するための理論、ならびにそれを近代法の体系の中に再編成するための理論、であろう。私は過去数年のあいだ山林・原野・漁場の入会権(村落住民による旧来の慣行上の共同利用権)の調査研究に従事してきたのであるが、この研究の結果を参照しつつ、(2) 本来これらの入会権と同様に「総有」の性質をもってきたと思われるところの旧慣上の温泉利用権について、前述のような視点から理論的考察を加えることは、私にとって特に興味のふかい課題なのである。本稿が、温泉権に関する理論的究明ならびに実際的処理に、この側面から何らかの寄与をすることができるならば、この上ない幸いである。*

(2) 近藤康男編『牧野の研究』一九五五年有斐閣二九三頁以下、川島武宜・潮見俊隆・渡辺洋三編『入会権の解体I』一九五九年岩波書店、『同II』一九六一年、『同III』一九六八年。

*本稿発表後、私は調査を行ない、旧慣温泉権の具体的な内容について発表した(川島武宜・潮見俊隆・渡辺洋三編著『温泉権

の研究』一九六四年勁草書房)。

第二 旧慣による温泉利用権の特質

一 ゲヴェーレ的性質

1 明治における近代的所有権制度の導入以前の社会において慣行上存在していた温泉利用権の重要な特質――近代法体系(近代的私所有権制度の上に成りたつ権利の体系)の中で温泉利用権をどう処理するかを問題とする場合に、意義をもつところの特質――の一つは、「権利」としてそれがゲルマン法のゲヴェーレと同様の性質を有する、ということである。近代法体系が成立する以前のドイツにおいては、権利は、客体に対する利用という現実の事実に即して観念され、それと不可分に法的保護を与えられていた。すなわち、物に対する現実の支配を失えば、権利としての法的保護は弱くなり、権利としての法的保護は、権利者が物に対する現実的支配をもっていたという事実に基くものとして、法的に構成されていた。このような特質をもつ権利は、「ゲヴェーレ」Gewere と呼ばれた。近代的私所有権制度が確立する以前には、法は基本的にこのような特質をもつ権利の体系だったのである。(3)

(3) ゲヴェーレの特色、特に近代法の物権とのちがいについては、川島『所有権法の理論』一九八七年岩波書店九六頁。

わが国でも近代法体系が成立する以前の社会においては、権利は原則としてこのようなゲヴェーレとしての性質を有していたことは、すでに学者が指摘するところであるが、(4) 温泉利用権もまた同様の性質を有するものであったと思われる。このことから、旧慣上の温泉利用権にはつぎのような特質があったと考えられる。

(4) 石井良助『日本不動産占有論』一九五二年創文社および渡辺洋三『農業水利権の研究』一九五四年東京大学出版会一四頁以下、特に四六頁以下。なお、明治以後の入会権の解体に関する私たちの共同研究(前述)においても、その第四巻においてこの点の分析をこころみる予定である。

2 ゲヴェーレの体系においては、権利は現実の支配=利用の事実にもとづきそれをそのまま反射するのであるから、原則として、近代法におけるような・客体に対する全面的包括的な支配を内容とする所有権は存在せず、原則として一つの物の上には具体的な利用事実にもとづく幾つかの権利が重畳的に並存し得た。たとえば、一つの物の上に、耕作することを内容とする支配権と、耕作者から地代を収取することを内容とする支配権とが、同時に存在し得た(前者は「下級所有権」・「下級ゲヴェーレ」、後者は「上級所有権」・「上級ゲヴェーレ」と呼ばれた)。同様に、山林・原野を共同に利用する入会権や流水利用権や温泉利用権は、それぞれの利用が行なわれる土地の地盤に対する所有権とは独立に、且つこれと重畳して、存在し得た。(5) このことは、徳川時代以来今日まで存続しているところの入会権や流水利用権や温泉権等の諸権利の法的処理を問題とする場合には、特に留意することを要する点である。

(5) 渡辺洋三『農業水利権の研究』前掲第二章一四頁以下、および第五章一九七頁以下。

3 旧慣上の温泉利用権の客体は何であるかという問題も、同様に現実の利用事実に即して考えられるべきである。この点の詳細についてはまだ調査研究がないので断定をさしひかえたいが、ゲヴェーレ的な権利としては、温泉利用権は、現実に支配し得るかぎりにおいて存在すると認めるべきなのであるから、その客体は、「現実に人の支配ないし利用が行なわれる状態における温泉」である。すなわち、地下にある泉脈そのものは、温泉利用権の客体ではなく、むしろ、地上に湧出し現実に水管や水路や水槽等によって権利者が支配ないし管理しているかぎりでの温泉が、権利客体となっていた、と解すべきであろう。ただし、一定の地域社会(村落)の構成員が、その構成員資格にもとづいて、温泉を共同体的に支配ないし利用する場合には、地域集団の性質上、その集団に属すると見られる地域全体の天然産出物（人間の資本や労働の投下なしに産出される物）に対する共同支配権ないし利用権（ひろい意味での所有権）[6]が認められる場合が多かったようであるが、地下から生ずる天然産出物の一つである温泉についてもまた同様の共同支配ないし利用権が観念された場合が多かったであろう、と私は推測している。そのような場合には、温泉に対する村落民の共同支配権は、村落内の或る地点で現に湧出している温泉だけでなく、将来その村落の地域内で温泉が湧出し村人の支配ないし管理が可能となったときにはそのすべての温泉にも及んだ、と推測されるのである。この点についてはもう一度後にふれることとする。

（6）かつては、村落内の地盤の上に天然に産出される（人間の資本や労働の投下なしに産出される）物――たとえば、ゆり根、きのこ、栗の実、ふきのとう――などは、これを産出する地盤の所有権が誰に属するかにかかわりなく、村人の誰でもがそれを採取する権利を有すると認められていたようで、近年までこの慣習は各地にのこっていた。関西の若干の村では、村内地盤の上に生ずる松茸は全部村有として村がこれを競売し、その収益を村に入れるところもあったし、また神奈川県津久井郡の山村や南伊豆の農村では村人は誰でも前述のような天然産出物をその生立地盤の所有権にかかわりなく（他人の所有地に自由に立ち入って）採取することができる例を、昭和二三年ごろ私自身現地でたしかめ得た。

二　総　有

旧慣上の温泉権には種々の地方差があるようであるが、その多くは、源泉に対する地元地域社会（村落）の住民の共同の支配ないし利用を内容としている。言いかえれば、温泉に対する最初の管理支配の段階における権利の型態（私はこれを「温泉所有権」と呼ぶことにする）は、一般に、地元地域共同体の共同所有である。もちろん、村落住民として温泉利用（特に共同入浴）の権利を認められるには、どのような資格を必要とするかについては、種々の地方差もあろうが、ともかくもそのような資格を認められている村落住民が共同に利用するという点において、これは山林・原野・漁場に対する入会権と共通の権利型態をもっているものと認められる。学者はこのような共同利用権の型態を「総有」と呼んでいる。

念のため、説明を付け加えておくが、学者が「総有」ということばを使う場合には、決して村落住民の全部——総住民——が権利者であることを意味しているのではない。「総有」ということばは、オットー・ギールケがはじめて構成した概念スキームに由来するものであって、彼のいわゆる Gesamteigentum のほん訳である。このことばは、複数の所有主体が「手をつないで」zur gesamten Hand 共同して所有している、という意味であって、そこでの多数主体者は、近代法の「共有」におけるように相互に独立して同一の客体を所有しているのでなく、一つの団体を組織して、相互に拘束されて共同しているのである。「総有」というのは、この状態を示すために、共有 Miteigentum nach Bruchteilen との対比において構成された概念であり、このことは、法学者には周知のことであるが、法律家以外の人々はしばしばこれを誤解し、日本語の「総有」ということばの「総」の字に基いて、「総有」ということばが村民全員の所有を意味するものと思い、山林・原野・漁場の入会を総有として観念する法学者の理解のしかたを攻撃するのであるが、これは全く無用無益の議論である。

また、「総有」は、村落住民の共同利用が相互に完全に一様であることを意味するわけではない。一部の村民が他の村民よりも劣後的或いは優越的な権能を有することは、必ずしも稀ではない。さらに重要なことは、総有においては、総有村落民の権利が相互に形式的には平等であっても、実質的には——現実の機能においては、財産・家系・身分等についての村落民の間の不平等を反映して——少数の者が総有財産の管理を事実上独占し、場合によっては利用においても事実上独占することが、少なくない——むしろ普通である——、ということである。このことは、「総有」という権利型態と少しも矛盾するものではなく、むしろ形式的平等と機能的不平等とのこの結合こそが少なくとも近世以降の総有に特有なものとも言い得られるようである。(7) ところが、この点もまたしばしば一部の学者(法学者でないところの)に誤解され、「総有主体たる村落民の機能的不平等が存在するのだから入会権を『総有』と観念するのは誤りだ」、という見当ちがいの批判が、法学者に向ってなされているのである。

(7) 大塚久雄『共同体の基礎理論』九八頁以下。

多くの旧来の温泉については、当該村落住民の共同入浴権の慣行があるのが普通であり、熱海のように、分湯の権利関係が広汎に近代化しているところでさえ、(8) 今日なお共同浴場があることは、この総有関係が最後まで根づよく残存する傾向をもつものであることを示しているように思われる。

(8) 日本温泉協会『温泉引用の実情調査』(一)(以下、『実情調査』として引用する)一九四二年九五頁、一〇九—一一六頁以下、一二三—一二九頁。

第三　物権法定主義と旧慣温泉権

ところで、このような総有的温泉権は、近代的な観念的権利の体系の中で、いかに取扱われるべきであるか。ここに、種々の問題がある。特に重要なものを取上げると、つぎの三つであろう。第一は、民法第一七五条の物権法定主義との関係、第二は、明治以後の近代的所有権制度の導入と地盤所有権の囲い込みとの結果、源泉地盤に対する近代的所有権との関係で型態転化を余儀なくされた旧慣上の温泉所有権の法的処置の問題、第三は、近代的権利の体系の中で旧慣温泉権に与えられるべき法的保護の性質と範囲、である。まず本節においては右の第一の問題を説明し、次節以下に、第二、第三の問題を説明する。

民法第一七五条は、「本法其他ノ法律ニ定ムルモノノ外」物権を「創設スルコトヲ得ス」と規定して、いわゆる物権法定主義を宣言し、これに対応して、民法施行法第三五条は「慣習上物権ト認メタル権利ニシテ民法施行前ニ発生シタルモノト雖モ其施行ノ後ハ民法其他ノ法律ニ定ムルモノニ非サレハ物権タル効力ヲ有セス」と規定している(なお民法施行法第三六条参照)。そこで、流水・山林・原野・温泉等に対する旧来の慣行上の権利が民法の下において「物権」として承認されるべきかどうか、が民法第一七五条の解釈問題として登場するのである。

周知のように、旧来の慣行にもとづく流水使用権や温泉利用権は裁判所によって「物権」として承認されているが、奇妙なことに、民法第一七五条の解釈上そのような結論が許されるかどうかを論じた判決がほとんど見当らないのである。[9] 私の知っているかぎりでは、旧慣による湧出水利用権を物権として承認するにあたって法例第二条を根拠とするものが、ただ一つ見出されるだけである。[10] むしろ、若干の事件では、裁判所は、旧慣上の用水権や「上土権」等が民法第一七五条に違反する旨を明言しているのであり、[11] 裁判所の態度は、少なくとも抽象的な法律構成に関するかぎり、一貫していない。しかし、それらの判決を通覧すると、裁判所は、原則として旧慣上の物権を承認し、そうしてその場合には第一七五条との関係を問題とせず、[12] これに反し旧慣上の権利を承認しない場合には、第一七五条を法律構成の前面にもちだして理由づける、という傾向を認めることができるようである。

(9)　大審院明治二八・二・六民録一巻八三頁、同昭和一五・九・一八民集一六一一頁、神戸地大正七・二・三新聞一三九六号二八頁、福岡地飯塚支昭和三一・一一・八下民集三一六九頁、名古屋高金沢支昭和三一・一一・二六下民集三三七四頁、前橋地昭和三一・七・一七下民集一九三二頁、大分地昭和三一・八・九下民集二一五一頁等。

(10) 長野地松本支明治三八・一一・二四新聞三一九号二〇頁。「……常現寺沢には一定の水源なく其沢全般の絞り水即ち湧出水相集りて細流を成し其水量極めて微少にして少しく旱魃に遇へば忽ち里方の需要即ち流末沿岸の古田及び其住民の家用に欠乏を来すの恐れあるを以て若し其水源地たる常現寺沢に於て水田を新開するときは其水田に使用する水の分量は直に流末需要者の需要に不足を生ずるを当然とす。従て古来常現寺沢に於て水田を新開せんとする者あるときは流末の需要者より故障を為して之が制止を求め時の為政者も亦之を認めて其故障を容れ遂に流末の需要者は常現寺沢の水に付ては絶対に之を使用するの権能を享受し其土地の所有者すらも自己の所有地より湧出する水を自由に処分するを得ざるの慣習を馴致したるものと認むるに足る……是に於て如上の慣習が今日尚法律上の効力を有するや否やを按ずるに……故に如上の慣習は法例第二条に所謂公序良俗に反せざる慣習にして法令に規定なき事項に関するものと認め今日尚ほ法律と同一の効力を有するものと解するを至当とす」

(11) 大審院明治三七・三・七刑録四二九頁、大審院大正六・二・一〇民録一三八頁、東京控昭和七・八・三一新聞三四八六号九頁。

(12) ただし、富山地昭和三一・一二・二七下民集三八八八頁は、富山県下の上土(うわつち)権を承認しつつ、おそらくは前記大正六・二・一〇の大審院判例(上土権の法的保護を否認した)を考慮して、「上記慣行耕作権は、移転、転貸につき地主の一般的な許諾ある貸借権にあたるものというべきであるから、これを認めたとしても、物権法定主義の原則に反するものではない。」と述べている。しかし、私の解するところでは、富山県下の上土権は本来は永小作権として承認されるべき性質のものであったと考えられるのであり、また前記大正六年の判例の事案も本来は永小作権として承認されるべき旧慣上の耕作権が永小作権として承認されなかった結果生じた紛争なのである。

これに反し、学者は一般に旧慣上の水利権や温泉権について民法第一七五条との関係を問題にしてきたが、多くの学者は右の諸判決の法的論理構成の説明に窮し、旧慣温泉権を物権とし承認することが第一七五条に違反することを承認しつつ、事実上物権として存在するものは裁判所も承認せざるを得ないのだ、というふうに説明しているように思われる。[13]

（13）　代表的なものとして、末弘厳太郎『物権法』一九二二年日本評論社四一頁以下、石田文次郎『物権法論』一九三二年有斐閣二二頁、我妻栄『民法講義Ⅱ』二四頁、武田軍治『地下水利用権論』一九四二年有斐閣二八頁、我妻栄・有泉亨『民法総則・物権法』一九五〇年日本評論社二五八頁以下。我妻教授は、「慣習法によって新たな公示方法を生成させるときは、それと関連して慣習法による物権の生成を認めても、物権法における公示の原則（我妻教授によれば、民法第一七五条の目的の一つは公示原則の徹底にある）の破壊されるおそれはない。」ということと、「土地利用者の立場を保護すべき近時の理想」から見れば、「土地の上の封建的な複雑な関係を整理する」という第一七五条の目的に拘泥せずに慣行による物権を承認すべきであること、を主張される。しかし、農業用水利権や旧慣上の総有的温泉権（これは、裁判所によって物権として承認されている）は公示方法を欠いているし、また判例や民法典が農業水利権や温泉権や入会権を物権として認めるのは、利用権を保護しようとする「近時の」理想によるのではなく、むしろ明治以後の資本制経済の発展、或いはその基盤たる経済体制が、本来的に、農業の領域では封建的な諸関係を温存することによって成りたっており、明治以来政府もこれを支持し保障してきた、ということによるのであって、野山に対する入会権、地先水面における漁業権、農業水利権等が法律ないし判決で承認されているのもそのような実状と政策とによって裏づけられていることを考え、私は以下本文に述べるようなしかたで問題を理解したいと考えているのである。

なお、特異な論理構成を示されるのは、つぎの学者である。杉山直治郎「泉源保護」（温泉研究第一輯）は、温泉所有権を地下泉脈という特殊の不動産の所有権と解することによって、「民法や民法施行法の条文とは少しも牴触しない」と解される。また、美濃部達吉「判例に現はれたる水法」（法律時報三巻七号一頁以下）、同・国家学会雑誌五五巻四号五三〇頁（大審院昭和一五・九・一八判決の批評）は、温泉その他の地下水を「慣習法上の公物」と解し、その利用権を河川使用権と同様の公物使用権と解することによって民法および同施行法との論理的矛盾を解決する試みを提唱される。この法律構成について我妻教授は「教授の公法的解釈技術の巧妙さに驚嘆し、且つ事実上物権的権利たることを認めざるを得ない湯口権の性質を公法上のものとすることによって一応明にせられた論理についても敬意を表するのであるが、我々はどうしても私法上の物権的権利が慣習法によっても成立し得ることを認めなければ説明し切れない現象が多々存することを思わざるを得ない」と言われたのであった(『判例民事法』昭和一五年度三七五頁)。私も、温泉を公物とする「慣習法」がある、と認めることには賛成できない。

しかし、私は、民法第一七五条について多少異る理解のしかたを主張したいと考える。元来、民法起草者は、旧来の慣行上の権利をことごとく物権として認めない、というつもりで民法を起草したのではなかった。このことは、明治維新の諸改革が周知のように旧来の農村の生産様式を基本的にはそのままに温存しつつ、それを利用して、その基礎の上に立って、資本主義経済の発展を促進しようとしたことに対応するのであり、このことはまた、慣行上の水利権や入会権を承認するのでなければ農業の生産ならびに農民の生存は不可能であったことを考えれば、明白である。そうして、事実において民法起草者はこれらの慣行上の権利の成文化を企図し、その実情調査をも試みたのであったが、地方差があまりにも大きくて統一的な法的規制が困難であることを発見したので、民法中にこれを規定することを断念しただけのことであった。[14]

(14) 福島正夫『入会林野の法と権利意識』(林野庁プリント)二九頁以下に興味ある記述がある。

民法典中に、入会権については「各地ノ慣行ニ従フ」旨を規定するにとどめたのは(第二六三条・第二九四条)、このゆえであった。したがって、民法典に規定のない旧慣上の権利は、明治維新の諸改革その他の法律で否認されたと認めるべきものでないかぎり、明治政府はこれを存続させる政策的意図をもっていたのであるから、法例第二条にいわゆる「法令ニ規定ナキ事項」と認むべきであり、それらに関する慣習は「法律ト同一ノ効力ヲ有ス」ると解すべきである(前掲注(10)の判例参照)。同様に、一種の総有権である旧慣上の温泉利用権も、法例第二条によって、その慣習にしたがって法的保護を受けるべきものであることは、明らかである。

第四　温泉権と地盤所有権

一　問　題

次に前掲の第二の問題を考えよう。温泉は土地の中から生ずるものであり、したがって、他の用水権と同様に、温泉に対する権利が地盤の所有権といかなる関係に立つか、が問題となる。

言うまでもなく、近代法の原理によれば、土地所有権は「土地の上下に及ぶ」包括的な支配権であるから、それからの論理的帰結として、土地の一部たる温泉も土地所有権に包含されることになる。しかし、ゲヴェーレの体系においては、現実の利用の事実に即して権利が承認されていたのであり、多くの農業用水権は地盤所有権とは別の独立の権利として承認されていた。[15] 同じように、温泉利用権もまた、ゲヴェーレの体系においては、源泉地盤所有権とは別の独立の権利として承認されていたと認めるべきである。[16] このことは、今日の伊香保温泉の慣行に明瞭にみとめられるところである。[17] のみならず、明治以後においても、そうして民法典施行以後においても、温泉利用権を源泉地盤の所有権とは別の独立の権利として取引流通の客体とする事実は、むしろ普遍的である。[18] そうだとすると、慣習が「法律ト同一ノ効力ヲ有ス」ることを認める法例第二条のもとにおいては、温泉利用権もまた土地所有権に吸収されない独立の権利として承認されなければならないのは当然である。[19] 下級判決はこのことをくり返し承認し（長野県浅間温泉に関する東京控昭和一〇・七・一七『新聞』三八七三号五頁、同じく浅間温泉に関する東京控昭和一四・一〇・一六『新聞』五一七四号一二頁）、大審院も同趣旨を肯定し（前掲浅間温泉に関する判決の上告判決[20]昭和一五・九・一八『民集』一六一一頁）、戦後にもこの判例はひきつづき維持されている（伊香保温泉の分湯権に関する前橋地昭和三一・七・一七『下民集』一九三二頁、別府市亀川の温泉に関する大分地昭和三一・八・九『下民集』二一五一頁）。

(15) 渡辺洋三『農業水利権の研究』一八五頁以下。なお本稿注(10)所掲の判決参照。

(16) その興味ある例として、山形県上（かみ）の山温泉の資料が、武田軍治『地下水利用権論』三〇頁以下に掲げられている。それは、昭和三年（一九二八年）日付の文書で、上の山温泉の所有者二三名の名義で大蔵大臣宛さし出されており、その内容はつぎのとおりである。すなわち、同温泉は国有財産（雑種財産）二筆の土地から湧出しているので温泉所有者はその泉源地盤の貸付願を提出したところ、山形税務署は温泉湧出量に従って賃貸料を徴すると言うので、「願人ノ私共ハ大に愕然タルヲ得サル儀」となり、彼らは古来より地盤の所有権から独立して温泉の「所有者」であった旨を力説しているのである。

(17) 前掲『実情調査』一七二頁以下が掲げる伊香保温泉組合規約書第四一条は、「温泉引用量ノ権利ハ小間ロニヨリテ定ムルモノニシテ仮令温泉源泉地所有者ト雖モ之ニ干渉スルコトヲ得サルモノトス」と規定しており、源泉地盤所有者は採取された湯花の売却によって組合が得た純益の二分の一に対し権利を有するにすぎないとされている（第四七条）。

(18) 武田軍治『地下水利用権論』三三頁以下、前掲『実情調査』二九頁以下参照。

(19) 武田軍治『地下水利用権論』二九頁以下。

杉山直治郎「泉源保護」（温泉研究第一輯）も、温泉権を地盤所有権から独立した権利として承認すべき旨を主張されるが、博士は本文において私が述べたような意味においてではなく、地下泉脈に対する支配権としてである。博士の議論は立法論であるようであるが、従来の旧慣上の温泉所有権が泉脈の全部に及ぶものかどうかについては、問題の余地があるように思われることは、後述するとおりである。

なお、後になって杉山直治郎「温泉権の本質」（温泉一〇巻一三号三二頁以下）は、わが国土に存在する温泉脈全体の上に国家の所有権が成立する、という見解を公けにされた。これまた、温泉権を地盤所有権から独立のものと見る見解であるが、おそらくは美濃部博士の温泉国有論と同一趣旨であり、また旧鉱業法の鉱物国有という構成と類似のものではないかと推測される。そのような見解をとる場合に、箇々の温泉権者の権利を、鉱業権免許のような明文の規定が欠けている現状のもとで(将来立法された場合は別として)いかに法的に構成されるのであろうか、という疑問を生ずる。

(20) かつて民法施行前に、「鉱泉採酌権」を地盤所有権とは別の独立の物権として認め、且つその処分についても登記を要しない、と解した大審院判例がある(明治二八・二・六民録八三頁)。この事件については、後述するところを参照されたい。

ところで、温泉が湧出する——或いは採取される——土地(源泉地盤)の所有権が私人に属するのでない場合(たとえば、財産区有・村有・国有等の地盤から、他の個人が温泉を採取して利用する場合)には、問題は右のように単純ではなかった。実際には、そのような場合には温泉利用権者は温泉利用のために源泉地盤を使用する権利を、必ずしも常に温泉利用権の内容として行使し得たわけではなかったのである。

もちろん旧慣においては、温泉利用権が存在していたと認められる場合には、このような源泉地盤の利用権能が温泉利用権の内容として存在していたと認めざるを得ない。そうして、それは、旧慣が「法律ト同一ノ効力ヲ有ス」ると認められる現行法制の下においても、ひきつづき認められるべきである。ところが、明治以後には地盤所有権は近代的私有権となりその自由流通が認められ、また明治初年には全国にわたって多くの地盤が国・御料或いは国家行政上の団体——旧来の地域集団たる部落とは制度上別のものとされるところの——としての町村の所有に編入され、新たに地盤の所有者となった者の近代的所有権の意識およびその近代法的(国家権力による)サンクションと、旧来の温泉利用慣行と、が衝突する場合を生ずるに至ったことは、入会権におけると酷似している。それらの多くは、将来における紛争をはらんでいる点で実際上重要であるのみならず、封建社会の権利が近代法の体系の中で変質してゆくプロセスの問題として理論上もきわめて興味あるものであるから、以下にその問題の要点を示しておくことにする。(21)

(21) この問題の重要性をはじめて指摘し、また資料的に裏づけながら分析をこころみたのは戒能通孝『入会の研究』一〇五頁以下であった。

二 河川敷地に所在する温泉

温泉場は河川に沿った地に所在することが多いのは、われわれが日常見聞するところであるが、源泉(湯口)が河川法の適用をうける河川の敷地に所在する場合には、温泉を利用するには、河川敷地の占用許可および引湯管等の工作物設置の許可を受けることを要する(現行法では河川法第一八条・第一七条)。

前述したように、ゲヴェーレ的権利の体系においては、旧慣上の温泉利用権は河川敷地の占用ならびに工作物設置をその権能として含んでいたものと推測されるのであるが、河川法によって一定の河川に対する政府の支配が制度化されることによって、権利の型態に重大な変化がもたらされたのである。

1 河川敷地の利用が行政官庁の許可にもとづくこととなった結果、温泉利用権はきわめて弱い権利となった。那須温泉の源泉は湯川筋国有河川敷地に所在するが、その河川敷地占用許可とともに交付された昭和一四年(一九三九年)五月二五日付の栃木県知事の「命令書」には、つぎのように記載されている。(22)

第三条　使用期間ハ昭和十三年五月一日ヨリ昭和十八年四月一日ニ至ル五箇年トス

第六条　使用ノ権利ハ当庁ノ許可ヲ受クルニアラザレバ担保ニ供シ又ハ他人ニ移スコトヲ得ズ

第八条　左ノ場合ニ於テハ許可ヲ取消シ若ハ其ノ効力ヲ停止シ若ハ其ノ条件ヲ変更シ……コトアルベシ但シ之ガ為損害ヲ受クルコトアルモ賠償ヲ求ムルコトヲ得ズ

〔中 略〕

二 許可ノ後ニ起リタル事実ニ依リ必要ヲ生ジタルトキ

三 官庁ニ於テ工事ヲ施行スル為必要アルトキ

第九条 使用期間満了又ハ……トキハ直ニ原形ニ復スベシ

(22) 前掲『実情調査』(一)一〇頁以下。なお、他の温泉についても、同様の命令書があることが、同書に見えている。

同趣旨の規制は他の温泉にも見られるが、[23] このような規定は、旧慣上の温泉利用権につぎのような特質を与えることになる。すなわち、——

(1) 旧慣上無期限の温泉利用権が、五箇年の有期のものに短縮される。しかも、この許可および命令書は期間の更新の可能性につき全く述べていない。

(2) 温泉利用権は担保または譲渡の自由をうばわれている。

(3) 温泉利用権は、官庁が「必要」と認めたときには何時でも消滅させられる。

(4) しかも、その場合に温泉利用権者は損害賠償請求権すらも有しない。

(23) 前掲『実情調査』が示す資料では、四万温泉(群馬県)にも同様の命令書があり(一二―一三頁)、またもう少し簡単な形のものとしては、塩原や鬼怒川についても同様の例が見られる。

言うまでもなく、これは旧慣上の温泉権の否定であり、この許可と命令書のもとにおいては旧慣上の温泉権の存続はただ行政官庁の慈悲のもとに、その恣意のもとに、存続を許され(右の(1)および(3))、且つその資本の動化も行政官庁の任意にゆだねられ(右の(2))、資本の投下も妨げられている(右の(4))のである。[24] 元来右の例のあった那須湯本温泉の源泉の所在個所は国有林野(おそらくは、土地の官民有区分の際に国有に編入されたものであろう)であったが、[25] その源泉地盤は、本来の総有温泉権の一部分として地域住民の総有財産であったところ、明治初年の土地官民有区分という操作を通じて国有財産に囲いこまれたものであった、と推定される（まだ調査していないから単なる推定にすぎないが）。もしそうだとすれば――そのようなケースは全国に無数に存在するのであるが――、そのような地域住民の権利が右のような弱い権利――厳格には「権利」とは称し得ない――として処理されるに至ったのであるから、その変化はきわめて重大なものだと言わねばならない。

（24） 明治政府が官民有区分という操作をとおして入会地を収奪したあとで、人民の抵抗に出あったとき、「縁故払下」や、官林管理の代償として一定の林産物を無料で採取させるという委託林の制度、を導入し、従来の権利関係（入会権）の代りに恩恵的関係で処理する方針をとるに至ったことについて、潮見俊隆「国有林の法律問題」社会科学研究一〇巻二・三合併号八頁参照。

（25） 前掲『実情調査』一五頁。次段に述べる国有財産と温泉権の関係参照。

2　河川法上の許可制は旧慣上の温泉利用権の主体にも変化をもたらした。

河川敷地占用許可にもとづいて利用されている塩原温泉は、かつて塩原村民六三名が共同で県から許可を受けて使用していたものであったが、大正三年（一九一四年）に「右利用権者各自使用権ヲ返納シ」（傍点は川島による）塩原温泉組合が使用許可を得るようになったものであり、河川法以前はどうであったか不明だ、と言われる。[26] したがって、この事実から推測すると、塩原温泉は元来は村民の総有であったのではないかと推測される。[27]

また、河川敷地占用許可をうけている那須湯本温泉の権利者は二八名であるが、これらは「古来より湯本に居住し湯本の草分けと言われている人々」である。[28] したがって、元来は那須湯本の温泉はこれらの人々の合有ないし総有であったと認めるべきであろう。

（26） 前掲『実情調査』一四頁。

(27) 塩原温泉には共同浴場があること(前掲『実情調査』一四頁)は、村民の総有を推測させる。それと旅館業者の引湯権とがどのような関係にあったのか。伊香保のように、一定の有資格者の合有で、他の村民が共同入浴の権利をもつにすぎなかったのか、それとも村民の総有と一定者の分湯権があったのか。今は資料がないので、断定できない。

(28) 前掲『実情調査』一五頁。

要するに、かつては温泉に対する総有もしくは合有が存在していたのに、おそらくは許可に伴う監督統制のための便宜上、権利者が具体的に何名と特定され、それがさらに組合に組織され、しだいにかつての総有の実質が稀薄となり、一定名義人の権利に凝集していったのではないか、とも推測される。もしそうだとしたら、河川法の許可制が総有を変化させる重要な要因であったことになるわけである。

ところで、河川法による許可制度の実際の運用によって、旧慣温泉権の内容および権利主体が右のように変形させられたという事実は、法例第二条によって温泉利用権が慣習法上の「私権」として承認されるという法的原則とどのように関係するであろうか、が問題となる。もっとも安易な形式論、且つ官庁にとって都合のよい議論は、慣習法が河川法の規定によって変更されたのだ(慣習は「法令ニ規定ナキ事項ニ関スルモノニ限リ法律ト同一ノ効力ヲ有ス」るという法例第二条との関係で)、と解することであろう。しかし、現実には、行政官庁は旧慣上の温泉利用権を尊重して今日に至っており、明治初年の土地官民有区分という大規模な土地収奪と専制主義的政治体制との所産であるところの・旧慣上の権利の前述のような行政上の処理方法が、今日においてもなお無修正で維持されるべきであるかどうかは、今後の行政・立法また裁判において慎重に考慮されるべき問題であると考える。

三　雑種財産（旧国有財産法）に所在する温泉

1　問　題

雑種財産たる国有地に所在する温泉は栃木県・長野県・北海道に多かったと言われているが、詳細の事情は不明である[29]。元来、ゲヴェーレ的権利の体系の中では、温泉利用のために必要な限度で源泉地盤を利用する権能を含んでいたはずの温泉利用権も、源泉地盤が近代的私所有権制度のもとにおいて「国の所有」とされることにより、政府の同意なくしては利用され得なくなった。旧慣上の温泉権は、このように近代法体系の中で変質を余儀なくされたのである。

2　「貸　下」

その興味ある例として、山形県上の山温泉がある。武田軍治氏の引用される昭和三年（一九二八年）の資料（「雑種財産貸付願ニ関シ追申」）によると[30]、上の山温泉の発見は「四百七拾年前ノ長禄初年」と伝えられ、村民は「随意使用ヲ為シ爾後藩領トナリタルニ際シ各温泉浴場所有者ハ其儘所有ヲ認メラレ……」たが、源泉地盤自身は「往古開湯以来ノ公道ニシテ……依然トシテ公衆ノ使用道路且ツ現在ニアリテ一層必要ノ道路ニシテ……如斯ノ事情ニ依リ旧藩ニ於テモ各温泉所有者ニ対シ其土地ヲ附与スルニ至ラサリシモノナルコトハ瞭カニ御座候……以上ノ理由ニ依リ湧出ノ温泉ハ願人共ノ所有タルコト御認定相成度……」。すなわち、元来は温泉権者は当然の権能として源泉地や浴場敷地を利用していたのであるが、明治以後になり、右地盤が国有に編入され、「貸下」を願出ることを余儀なくされるに至った、というのである。(31)

(29) 前掲『実情調査』二六頁。

(30) 武田軍治『地下水利用権論』三〇―三一頁。

(31) なお千家哲麿「湯ノ峯温泉の権利譲渡」温泉七巻一〇号によると、和歌山県湯の峯温泉の源泉は国有地内にあったが大正一四年(一九二五年)に払下げられることとなり、旧慣上の温泉権者たる湯の峯区(総有権者)が払下をうけるべきか、それとも湯の峯区の所在する四村(村の名称)が払下をうけるべきか、が問題となり、両者が払下の競願をしたので、ついに本宮熊野神社権宮司の調停で和解が成立し、村が払下をうけることとし、四村村長と温泉権者二九名とのあいだに契約書をとりかわされた。この契約書は旧慣上の入会的温泉権の性質を明らかにするのに種々の点できわめて貴重な資料であるが、その中に、「村ハ払下ヲ受ケシ土地ヲ処分セントスル場合ハ予テ村カ払下ヲ受ケタルト同一価格ニテ倉矢安吉外二十八名(前記温泉権者)ヘ売却スルコト」という一項がある。そもそも国有地の「払下」には、元来私有地であったものを官民有区分の際に国が不当に囲いこんだので旧来の権利者の反対にあい、それに対する譲歩としてなされる場合が多いことを思うと、右の「払下」も同様のものではないかと推測され、右の条項におけるような温泉権者の強力な物権取得権も、払下をそのようなものとして理解するときは、意義深いものとなるのである。右の「払下」のいきさつが将来明らかとなることを期待しつつ一応の推測を述べておくしだいである。

ここでもまた政府と温泉利用権者とのあいだの「貸下」契約によって、温泉利用権は「弱い権利」に変形させられている。

たとえば、塩原温泉では源泉と共同浴場とが国有地内にあり、この部分を大蔵省から借受ける契約が成立したのであるが、その中の重要な部分を指摘すると(昭和一四年(一九三九年)の契約書)、つぎのとおりである。(32)

第三条 貸付ノ目的タル物件ハ……転貸又ハ譲渡ヲ為スコトヲ得ス

第五条　貸付期間ハ自昭和十二年四月一日至昭和十五年三月三十一日迄満三ケ年トス

第十条　貸付期間内ト雖モ政府ニ於テ必要ヲ生シタルトキ……ハ何時ニテモ全然無条件ヲ以テ本契約ヲ解除スルコトヲ得

第十二条　本契約ノ解除又ハ消滅ニ因リ申請者ハ如何ナル損害ヲ受クルコトアルモ政府ニ対シ何等ノ要求ヲ為スコトヲ得ス

同趣旨の契約条件は、那須温泉に関する資料にも存在する。(33)

(32)　前掲『実情調査』二〇頁以下。

(33)　前掲『実情調査』二二頁以下。

これらの契約条件が、温泉利用権をどのような性質のものにしているかについては、さきに河川敷地に所在する温泉について述べたところと全く同一のことがあてはまるから、ここに再説しない。しかし、ここでは特につぎのことを指摘しておきたい。それは、源泉の所在する国有地が多くは官民有区分の際に国有に編入されたものであって、それ以前には旧慣上の温泉利用権は近代的土地所有権との対抗関係なしに、「独立の対物的権利」として、源泉や共同浴場敷地を利用し得た場合が多かったと推測される、ということである。そのもっとも極端な例は塩原温泉のつぎのような事情である。

塩原温泉の源泉と共同浴場とは国有地内にあるが(昭和一七年(一九四二年)当時)、これらは何れもその面積三歩(一歩は三・三m^2)或いは四歩であり、しかもこの小さな土地の周囲はすべて私有地なのである。言い伝えによると、明治維新前には村落民が入会的に利用していたが、明治九年(一八七六年)に右の部分だけが国有となった、とのことである。(34)

(34)　前掲『実情調査』二七―二八頁。国有に編入した際の事情として、「温泉は塩原の生命とも云ふべきものであつて、之を若し私人が所有して居ると、世の変遷と共に之が他所の資本家の手に移ることがないとも限らぬ、故に政府の所有として置き其を借受けることが、町の将来の為め最も安全であると考へ……政府へ納めたのである」と言い伝えられているとのことであるが(二八頁)、しかも、『実情調査』の著者は、「明治九年(一八七六年)から十一年(一八七八年)頃迄に行はれた土地制度の改正の際、栃木県方面の調査を担当した役人は、温泉は国民大衆の保健療養に重要なものであるから、従来の使用者が多数で権利者を特定することが困難なものは国有とするのが適当(合理的には理解できない論理である!)と考へ政府の所有と決定したのではないかと推測される。」と、別の説明を与えている(同頁)。おそらく、右の著者は、それが書かれた当時(『実情調査』は昭和一七年(一九四二年)に刊行されている)の政治体制と言論事情のもとで、民有地官没の事情を率直に述べることをはばかり、右のように述べたのではないか、と私は推測するが、思いすぎであろうか。官民有区分の際に、政府が民有地囲い込みのために詐欺的手段を用いたらしいことは、われわれの入会権調査においても、しばしば遭遇したところであり(その結果、山梨県では今日に至るまで入会権闘争がつづいている!)、また潮見俊隆「国有林の法律問題」社会科学研究一〇巻二・三合併号二五―二六頁が報告するとおりであり、温泉の「貸下」や「払下」という型態がいかなる道徳的意義をもっているかを理解することができる。

したがって、塩原の温泉は、湯口と共同浴場の土地の国有化(おそらくは収奪)という処置により、近代的所有権制度の導入という制度改革とあいまって、国家の私所有権の中に埋没させられ、「貸下」という債権関係に「型態変化」させられたのである。これは、当時広汎に生じた入会権・小作権の同様の型態変化と歩調を一にするものであることは言うまでもない。ここでも、法例第二条との関係で温泉利用権が右の貸下契約とどのような関係に立つのか、旧慣上の権利が単に型態の上でのみ変化したと見るべきか、それとも貸下(賃貸借)という近代法上の債権関係に転化したと見るべきか、という法解釈上の問題を生ずる。ここには、河川敷地についての河川法のような「法律」はないので、法解釈上の問題点は河川敷地における温泉とは異るものがあり、慣習法上の物権の存在を解釈上認める余地があると考えられる。[35] この問題は、国有地上の入会権を承認すべきかどうかという問題と共通の要素を含んでいる。旧慣上の温泉利用権の客体たる地盤が「国有」となった結果、私所有権主体たる国家の権力と一私人との力関係の下において——特に旧憲法的権力体制の圧力の下において——利用者がやむを得ず「貸下」・「貸付」等の形式で権利の存続をはかるようになったのであり、そのような事実上の経過をたどったからとて直ちに、私有地上の入会権や灌漑用水権とは全く取扱を異にして、国有地上の旧慣利用権として入会権や用水権を否定するのは、短絡的な論理の飛躍であると考える。ことに、民主主義的な新憲法のもとにおいては、国家もまた人民とのあいだに市民的な権利義務関係をもつのを原則とするはずであり(英米法においては公私法の質的差異が認められていない伝統があることを思いあわせるべきである)、雑種財産に対する国家の所有権が当然に私人の所有権と全く性質を異にすると解することは許されないはずである。

(35) 国有林野に所在する温泉もまた「貸付」という型態において利用されている。那須郭公温泉の例では、湧出地は四歩、貸付期間は五カ年であったとのことである(前掲『実情調査』一八頁)。詳細の資料がない上、これについては、本文で雑種財産たる国有地にある温泉について述べたところが、すべてあてはまるから、説明をはぶく。

3　型態変化

共同浴場をもつ総有的権利が、「貸付」契約関係の処理の便宜上、「組合」或いは「町村」名義の権利に「型態変化」したという点も、河川敷地に所在する温泉と同様である。塩原温泉はかつて村民約六〇名の連名で大蔵省から借受けていたが、大正二年(一九一三年)から温泉組合が借受の当事者にかわり、さらに昭和一一年(一九三六年)に至って塩原町名義にかわっている。[36] このような型態変化が総有という権利の実質に変化をもたらしたものと見るべきかどうかは、大いに問題である。今日においても共同浴場が存在するという事実、また国有地借受の名義人たる町と実際の温泉利用者とのあいだには何ら契約書がなく慣習によって処理されているという事実は、[37]権利の実質が依然として旧慣によって規定されており、国有地借受人の名義は単に政府との力関係の下でやむを得ず(おそらくは政府の要求にもとづいて)作り出されたものであって、温泉利用権は少なくとも昭和一七年(一九四二年)当時(右の事実に関する調査があった)までは旧慣上の地域集団の構成員(その資格は別の問題であり、行政上の町の居住民と同一であるとはかぎらない)の総有であり、組合とか町は単に借受関係における信託的名義人と認めるべきであるように思われる(実地に調査をしていないから断定できない)。

(36) 前掲『実情調査』一八頁。

(37) 前掲『実情調査』一九頁。ただし、今日どうなっているかは、私にはまだ明らかでない。

四　御料地に所在する温泉

敗戦により御料地が国有に移されるまでは、御料地に源泉が所在する温泉はかなり多数存在したようであり、日光の湯本、那須の北・旭・弁天・大丸、熱海の大湯・清左衛門の湯、伊豆山の走り湯、修善寺の箱の湯ほか六個の温泉等は、いずれも御料地内にあった。[38]

(38) 前掲『実情調査』三〇頁。

ここでも前述の諸場合と同様に、近代的私所有権の原理を貫徹するとすれば——そうして宮内省が旧憲法的天皇制の実力をもってそれを主張するかぎり——、旧慣上の温泉権者も御料地管理者の同意を得るのでなければ、温泉を利用できなくなったわけであり、その結果、源泉地の「貸下」、温泉の「払下」[39]等の契約が行なわれるに至ったのである。その貸下契約の条件はつぎのとおりであった。

修善寺温泉の明治三二年(一八九九年)の源泉地盤および浴場敷地の「拝借」契約においては、温泉宿営業惣代借地人野田修治とその保証人名義で御料局理事に「証書が差入れ」られており(したがって、契約両当事者が署名し双方が契約上の債務を負担するところの通常の契約書と異り、借地人のみが義務を負う形式となっている)、それにはつぎのように規定されている(抜粋)[40]。

「一、温泉ハ現場ノ浴室ニ止マリ管ヲ設ケテ他人ヘ引用セシムル等ノ儀ハ決シテ仕間敷候

一、継続拝借ヲ要スルトキハ満期三ケ月以前ニ出願可仕候若シ其期限内ニ出願セサルトキハ他人ヘ貸与セラルルモ異議申立間敷候〔なお「貸下期間」は五ケ年とされている〕

一、貴庁ニ於テ使用相成候カ又ハ公共用ニ供セラルル……トキハ貸下ヲ解除セラルルモ異議申立間敷候」

(39) 温泉の「払下」という現象は同様に国有財産に囲いこまれた源泉地についても存在したものと推測されるが、今のところ資料を入手していない。旧藩時代に民有であった入会地が明治政府によって官没されたあとで、政府が人民の抵抗に出あい、「縁故払下」という型態で林産物の払下を行なうようになったこと、後にこれが「慣行特売」と呼ばれるに至ったこと、については潮見俊隆「国有林の法律問題」社会科学研究一〇巻二・三合併号四―五頁、渡辺洋三「入会権の実態と性格」㈡社会科学研究九巻六号四九頁以下参照。

(40) 前掲『実情調査』三一―四一頁。

ここでも、問題は同じである。旧慣によるゲヴェーレ的権利たる温泉利用権は原則として源泉地利用権能を含んでいたはずであり、しかも後に述べるとおり、修善寺の例について言うと、御料地となっている源泉地は元来は温泉権

者の所有であったのである。このことを考慮すると、右のような契約は、温泉権に対し重要な「型態変化」をもたらしていることは明らかである。すなわち、――

(1) 温泉利用権は一種の「債権」としての型態を与えられている。

(2) 利用のしかたは厳格に固定されている。

(3) 永代無期限の温泉利用権は有期の債権に転化され、しかもそれは通常の賃借権とはことなり、御料地管理者の任意ないし恣意によっていつでも消滅させられ得るものとなったこと。

要するに、これは旧慣上の権利の否定であり、しかも御料地管理者の慈悲と恣意とに依存する一種の「仮容占有」precarium(古代ローマの解放奴隷が奴隷所有者から与えられた・権利性のよわい占有)でしかなく、まことに「拝借」という卑屈な名称にふさわしい実体をそなえるものである。

また、右のことに対応し、ここでもおそらくは御料地管理者の監督統制の便宜のために、温泉権利者の総有ないし合有という型態は変形させられ、かつては温泉営業者惣代名義で作成された証書類は、のちに至って修善寺町長名義で作成されるに至っている。[41] はたして、これによって温泉権の主体そのものが変化したのだと解すべきであるか、それとも旧慣上の温泉権の主体そのものは変ることなく、ただ町が御料地管理者との関係で信託的に権利者としての法律上の形式を有するにすぎないのだと解すべきであるか、は実際の権利関係を詳細に調査した上でなければ決することはできない(修善寺および伊豆山走り湯の源泉地は第二次大戦後に温泉業者に払下げられた)。

(41) 前掲『実情調査』三一頁以下が示す資料は昭和一三年以降になっている。

つぎに、御料地に所在する温泉について特に注意を要することは、御料地たる源泉地には、かつては私有であったが明治以後になって御料とされたものがある、という事実である。

たとえば、修善寺の「杉の湯」源泉地(一坪)の周囲はことごとく私有地であり、その中に所在する小さな源泉地だけが御料地となっている。そうして、明治八年(一八七五年)に杉の湯について温泉権利者が協定をして作成した文書によれば、杉の湯は「我等所持地之内」に在るものとして記載されており、村中の旅館の宿泊客が自由にこれに入浴し得る旨を約している。(42) 同様に、私有地にとりかこまれる御料源泉地の例は他にもあり、(43) おそらくかつての私有源泉地が明治初年の囲いこみの時期に国に収奪され後に御料に編入されたのではないかと推測される。(44) その経過は明治初年の土地制度の成立、天皇制成立に関する興味ある問題であって、歴史家による今後の研究が望まれる。

(42) 前掲『実情調査』四二頁以下。

(43) 前掲『実情調査』四三頁。

(44) 前掲『実情調査』四七頁はこの経過を説明してつぎのように言うが、これは著者が自ら言うように著者の推測にすぎず、それが発表された昭昭一七年(一九四二年)当時の言論事情を考慮するときは、むしろその言外の意味を理解すべきであろう。「此の事実〔杉の湯が温泉権者の共同私有地であったという事実〕と土地の温泉関係者の説明とを併せ考へれば、此の杉の湯の温泉は明治九年(一八七六年)頃迄は附近住民に依り入会的に利用されて居たが、明治九年から十一年頃迄の間に行はれた土地制度の改革の際此の温泉に関する権利を浴室敷地の所有者に帰属せしめるか、又は部落民の共有にすべきかが争となり解決困難であつた為結局〔?〕御料温泉として宮内省に納めたものではないかと思はれる。」

第五　近代法による物権・債権の峻別原則と旧慣温泉権の運命

一　旧慣温泉権の「物権」性

つぎに、前掲の第三の問題、すなわち温泉利用権に関する旧来の慣習が「法律ト同一ノ効力ヲ有ス」ると解するときは、旧慣上の温泉利用権は近代法のどのような権利として法的保護を受けるべきであるか、を考えよう。ここでまず第一に登場する問題は、温泉利用に関する旧慣が「法律ト同一ノ効力ヲ有ス」るものと認めた場合に、温泉利用権は物権として承認されるか、ということである。

前述したように、近代的私所有権制度が権利の体系の基礎ないし枢軸となる以前においては、近代法における意味での物権と債権との峻別・対立は存在せず、物に対する現実の支配・利用の事実がそれぞれのニュアンスにおいて存在し、それがそのままゲヴェーレ的権利として承認され、一方の極における・特定個人に対する対人的な関係から、他方の極における・不特定多数の人々(社会一般)に対する対物的な権利に至る、さまざまな段階の連続系列 continuum として存在した。

温泉利用関係もそうである。村落民による源泉の共同管理や共同入浴等は、野山に対する多くの入会権と同様に、対物的特質のつよい権利であった。したがって、問題は、物権と債権とを峻別し対立させる近代的権利体系のもとにおいて右のようなゲヴェーレ的対物権をどのような権利として裁判所で保護すべきか、ということに帰着する。

ところで、右のような権利は、あたかも山林・原野・漁場に対する入会権と同様の総有なのであるから、入会権を物権とする民法のもとにおいては、物権として承認すべきであることは、ほとんど議論の余地がないと考える。しかし、その物権としての具体的内容は「慣習」によるのであり、必ずしも民法典に規定される近代的物権と全く同一の効力を認められるとはかぎらない。この点については後述する。

個人所有の源泉権についてもまた、判例は同様の結論を認めている。(45) 源泉地盤の所有権を第三者(乙)から譲りうけた者(甲)は、右譲りうけ(明治一三(一八八〇)年)以前に乙の前主丙から鉱泉採取権(この事件では「鉱泉採酌権」と呼ばれている)を譲りうけた丁が鉱泉を採取しているので、丁に対し妨害排除を請求した。第二審で甲は敗訴したので、上告したところ破棄差戻され、これに対し再び原審は丁の権利を独立の物権(用益物権)と解して甲の敗訴とした。そこで甲は再び上告したが、大審院は上告を棄却し、「其鉱泉ハ地盤ニ付着シ永遠間断ナク汲取収益スル関係即チ地上ニ直接ノ権利ヲ有スル(他の人に対する権利でなく)事実」にもとづいて、「本訴採取権ノ如キハ……地盤ニ附着シ其土地カ直接ニ承役義務ノ関係ヲ有スルモノナルカ故ニ之ヲ人権ト云フヲ得ス果シテ然ラハ原院カ之ヲ一種ノ物権ト看做シ判定ヲ為シタルハ敢テ不法ニ非サルナリ」(傍点は川島による)と判示した。右の判旨は、旧慣上の支配・利用の事実に基いて近代的な物権と債権との二者択一の問題を解決することを余儀なくされていた裁判所の苦心とその判断規準とを示している点で、きわめて興味ふかいものである。

(45) 明治二八・二・六民録八三頁。なお、武田軍治『地下水利用権論』二一二頁以下は原審判決をも紹介し、且つ興味ある批評を述べている。

二　総有温泉を利用する個人の権利

つぎに、総有的温泉の分配を受けて個人が使用する権利(いわゆる分湯権、引湯権)は、近代法の権利の体系のもとにおいてどのような性質をもつものとして、法的保護を与えるべきであろうか。分湯の実際の型態には種々のものがあり、結論は一様ではない。分湯には一定量の温泉の「永代の利用権」(売買における永代売買に相当する)から、一定量の温泉の有期供給契約に至る種々の段階のものがある。このような、現実の利用事実の差にもとづくところの、高度に対物的なものから高度に対人的なものにいたるゲヴェーレ的権利の連続系列のどの部分を境として、近代法の「物権」・「債権」という対立する権利のカテゴリーに分けるべきか、を問題とする場合には、あたかも明治政府が近代的私所有権制度を導入した際に、旧来の小作関係の連続系列のどこを境として物権的小作と債権的小作とを分けるべきかという問題に当面したときと、同性質の困難が存在するのである。[46] 実際には、裁判所が具体的事実について決すべきであるが、その区別の一般的規準としては、右の旧慣小作の区別におけると同様のものを考えるべきであろう。すなわち、分湯権が永代のものであると認められる場合、或いは分湯が特定個人の個性に着眼して与えられたものでないと認められる場合(これまた結局は程度の問題であるが)には、その分湯権は近代法における物権関係として認めてよいであろう。これに反し、分湯が単に湯の有期供給契約(あたかもビールを毎月料理屋に供給する契約、水道やガスを供給する契約のように)と見られる場合、或いは利用者の個性に着眼して分湯権が与えられたと認められる場合には、その分湯は近代法における債権関係として認めてよいであろう。一般的に言って、物権と認められる場合にはもちろん、債権として認められる場合にも、「法律ニ規定ナキ事項」として慣習が「法律ト同一ノ効力ヲ有ス」るのであるから、民法の物権および債権に関する近代法的原理がすべて百パーセント適用されるというふうに形式論理的推論をすることは許されない。また、そもそも現実の分湯関係はゲヴェーレ的な連続系列の上にある量的差異を有するにすぎないのであるから、これを「物権」・「債権」の何れか一つに入れるかということが、ほんとうは現実にそぐわぬ無理な考え方であることを、忘れてはならないであろう。*

(46) 川島『民法講義Ⅰ(総論・物権)』一九六〇年有斐閣二三〇頁以下に分析をこころみた。なお小野武夫『永小作論』一九二四年巌松堂書店四〇頁以下参照。

*この問題については、本稿執筆後、もう少し立ち入って私の考えを論じたから、参照されたい(川島・潮見・渡辺『温泉権の研究』一九六四年一二頁以下)。

第六　旧慣温泉権に基く妨害排除請求権

一　問　題

温泉所有権が妨害されたときは、物権的妨害排除請求権または占有保全の訴によって妨害の排除を請求し得る、と解すべきは当然である。しかし、どの範囲の妨害に対して排除を請求し得るかについては、旧慣上の温泉権に関して特に考慮を要する問題がある。というのは、旧慣によって存在してきた温泉所有権の法的保護にあたっては、その権利範囲もまた旧慣により決せられるべきであり、したがってまたどの範囲の妨害の排除を請求し得るかも旧慣により決せられるべきことになるからである。

この点で、近時しばしば問題になるのは、旧慣による温泉所有者は、その源泉に近いところで温泉の掘さくをなす者に対し、掘さくの禁止を請求し得るかどうか、である。この問題に関する裁判所の見解、それぞれの事案における旧慣の内容、その解体の程度が必ずしも明らかでないので、理解するのに困難な点が少なくない。

二 判例

(1) 消極説(上の山温泉事件の判決)

かつて裁判所は、これを否定に解した。山形県上の山温泉に関する大審院明治三八年(一九〇五年)一二月二〇日判決(『民録』一七〇二頁)がそれである。判決録の記載からは事実関係が不明であるが、従来から温泉を利用していた清野五助外一四名が、新たに同温泉地内で(ただし自己所有地で)源泉を掘さくして温泉を利用する高内源之助外二名に対し、湯坪取毀工事差止竝流湯防止請求の訴を起した事件である。第一審では原告が勝訴したが、第二審では原告が敗訴し、上告したが棄却された。上告理由はすぐれており、傾聴に値する。いわく「……本件ハ被告ノ土地所有権以外ニ於テ(土地所有権の問題としてでなく温泉権の問題として)温泉ノ使用権ノ有無ヲ定メサルヘカラス然ルニ原院カ之ヲ単ニ土地所有権ニ関スル争トシタルハ法律ノ適用ヲ誤レルモノト云ハサルヲ得ス況ンヤ温泉ノ使用ニ関シテハ彼ノ水利権ト等シク単ニ土地所有権ノ如何ヲ以テ之ヲ論定シ得ヘカラサルモノアルニ於テオヤ若シ夫レ田用水源ノ傍ニ其水脈ヲ利用シ一大池ヲ作リテ他ノ水源ヲ涸渇シ以テ自ラ新ナル水田ヲ開クモノアラハ如何其水脈ノ人工ニアラサルノ一事ヲ以テ水利権ナシト云フヘカラサルコト論ヲ俟タサルヘシ」(傍点は川島による)

大審院は、近代的所有権の包括性を根拠として、「之ヲ禁止若クハ制限スル特別ノ慣習存セサル限リ」土地所有者は自由に自分の土地を掘さくして温泉を利用し得る、と判示した。なお、原告は、「往古ヨリ既存ノ浴槽ノ外更ニ新タナル浴槽等ヲ設クルコトヲ禁止スルノ慣習ヲ馴致シ其ノ慣習ハ旧上山形(旧藩)又ハ山形県ノ規定又ハ命令トナリ或ハ上山町住民ノ契約又ハ規約トナリテ発揮セラレタモノ」だとして、「之ヲ禁止若クハ制限スル特別ノ慣習」が存在したことを主張したが、容れられなかったのである。

(2) 積極説(山代温泉事件の判決)

しかし、大審院は昭和七年八月一〇日判決(『新聞』三四五三号一五頁)では、総有的温泉について新規掘さくに対し妨害排除請求権を承認することを明らかにした。これは先例としてきわめて重要な判決であると考える。

事実はきわめて興味ふかいものである。第九師団の管理にかかる陸軍病院山代分院(加賀の山代温泉にある)が温泉用井戸を掘さくして温泉を使用するので、山代温泉源所有者が国(第九師団経理部長)を相手として、鑿井工事停止仮処分を申請したところ、容認されたので、国が上告した事件である。被告の鑿井によって原告の温泉利用に生じた影響は、「三百石汲取リノ場合ニ於テ千五十二石ニ対シ僅ニ四十八石ノ減少ニ過キス」という程度であったようであるが、大審院は、「本件鑿井工事並ニ鑿井ヨリノ揚水ハ被上告人等ノ温泉ノ湧出量ニ対シ悪影響ヲ及ホシ其ノ営業ニ差支ヲ生スルモノ」であると認めた原判決を維持して、つぎのように判決した。

「然レトモ地下水ノ利用ハ温泉ノ如キ場合ニアリテモ法令ニ別段ノ定メナキ限リ其ノ通過スル土地ノ所有者ニ於テ之ヲ利用スル権限ヲ有スルコト勿論ナレトモ其ノ利用ハ他人ノ有スル利用権ヲ侵害セサル程度ニ限ラル可キハ論ヲ俟タス若シ故意又ハ過失ニ因リ他人ノ利用権ヲ侵害シタルトキハ不法行為者トシテ其ノ責任ヲ免レス而シテ

不法行為ノ状態ノ存続スルモノアルトキハ被害者ニ於テ其ノ不法行為ノ現状ノ除去ヲ請求シ得ル権利ヲ有スルヤ論ナシ此事タルヤ国家カ土地ヲ所有シ其ノ公物ノ設置若クハ保存ニ瑕疵アルカ為メ第三者ノ右利用権ヲ侵害シタル場合ナルト又ハ違法ナル行政作用ニ因リ第三者ノ権利ヲ侵害シタル場合ナルトニヨリ異ル所ナシ」(傍点は川島による)

旧憲法的天皇制のもとにおいて、陸軍を相手として大審院まで争った山代温泉権者の勇気と努力とはまさに驚異であり、この判決が出るまでの裏面史はおそらく多くの人々の興味をそそるものであろうが、その当時に陸軍を敗訴せしめた判決もまた陸軍ならびに世人をおどろかせたことと推測される。この判決は、正面から「温泉利用権にもとづく妨害排除請求権」を認めているのではなく、不法行為により温泉利用権が侵害された場合には「不法行為ノ現状ノ除去ヲ請求シ得ル」というのである。不法行為の効果として不法行為前の「原状」の「回復」を請求し得ないとするわが民法のもとにおいて、不法行為の「現状」の「停止」を請求し得るとする論理構成で、そのような結論を承認した判例は、寡聞なる私には未知である。巧妙な法理論を用いて、近隣で源泉を掘さくする者に対し温泉権者の妨害排除請求権を承認した「大岡裁き」として、注目したいと考える。

思うに、特に反対の慣行の存在が立証されないかぎり、一般には、一定の地域集団が温泉を総有する場合にはその集団が支配する地域全体にわたって温泉の採取権を総有していると認むべきであって、たまたま温泉が湧出している場所(源泉)における温泉採取の権利のみを総有していると認めるべきではない。その理由はつぎのとおりである。

一般に総有という権利型態が存在する場合には、その総有主体たる地域集団(村落)にはつよい連帯の意識があり、総有される利益についても共同連帯の意識がつよいのを原則とする。したがって、温泉を総有する村落の地域内で個人が温泉を掘さくし私有することは、総有における連帯の原則に反する。この点については、調査によって事実を把握しないかぎり断定することをさしひかえなければならないが、一般には、村落による温泉総有が存在する場合には、その村落の地域におけるすべての温泉採取が総有されているものと解すべきであるように思われる。しかし、これを、地下の泉脈に対して総有主体が独占的に支配するものとして構成することは、一般には不適当であろう(城崎温泉に関する判決参照)。なぜかと言うと、地下泉脈に対しては当該地域団体は現実に支配を及ぼしているとは認めがたいのみならず、地下泉脈は必ずしも常に総有村落の境界内に限定されているとは限らず、そうしてゲヴェーレ的な利用の秩序においては、村落民が村落の境界外に支配を及ぼすことは一般には存在しなかった、と推測されるからである。

右のことを推測する資料として、伊香保温泉の例をあげることができる。元来、伊香保温泉は十二支にかたどられる一二家の郷士(後に二つの分家を入れて一四家となった)の合有であったが、この一二家は名子的な隷属民の所有者であったから、一二家による合有は、実質的には、独立農民によって構成される一般の封建農村において温泉が村民の総有となっていたこと、に対応するものである。ところで、伊香保では、「何びとと雖も新たに源泉を掘さくすることは許されない」という慣習の存在が承認されている[47]、と言われる。このことは、伊香保だけの特殊事情ではなく、少なくとも旧来の総有村落の内部の社会統制が維持されているところでは、村落民総有にかかる温泉の一般的な原則である、と私は推定するのである(そのような型態が近時に至るまで存続してきた例として、愛媛県の道後、兵庫県の城崎等がある)。私の推定が正当であるか否かは今後の調査によって明らかにされなければならないが、調査に際しては、総有村落の内部の旧来の社会統制の解体との対応関係を見落さないことが、特に必要であると考える。

(47) 前掲『実情調査』七三頁。

三　城崎温泉事件の判決

しかし、旧慣による温泉の総有が動揺し或る程度解体したところについては、裁判所は右の先例を単純に適用することはできない。ここでは、裁判所は解体の過程にある総有温泉権のそれぞれの段階・型態をいかに理解しまた法的に評価すべきか、という困難な問題の前に立たされる。

神戸地裁豊岡支部昭和一三年二月七日判決(『新聞』四二四九号五頁)の判決は、総有温泉権の解体の種々の段階での型態が問題となった興味のある事例である。

古来共同浴場のみを設け旅館その他の個人内湯を認めなかった城崎温泉で、内湯を設けて営業する旅館があらわれたので、温泉の総有主体としての城崎町湯島区(代表者城崎町長)がその旅館に対し温泉専用権確認及び妨害排除等を請求した事件である。つぎに示すように、判決は、温泉の利用が土地所有権の一部分に包含されるという抽象論を最初に掲げているが、伝統的な温泉総有の内容が何であり、またそれがいかに明治以後に変化し、その結果として総有権が解体したか、という問題に関する判旨部分が、この判決にとって重要な理由なのであり、しかもこの部分が理論的にも最も興味のあるところである。そうして、総有権の全面的解体が承認されたときにはじめて第二段に問題となるのが、右の土地所有権論なのである。判決の論理を明らかにするため、便宜上ABC等の符号をつけて、左にその要点を紹介する。

〔A〕　判決はまず、泉脈を土地から独立した不動産とみなすことは、社会通念にもとり、また「現行法制上殊に土地所有権の土地の上下に及ぶ原則上到底之を是認し難く寧ろ地下温泉々脈は之を囲繞する土地と一体を為し之が使用収益の権能も右土地の所有権に附随して存するものと観察するを以て相当なりと認む」として、温泉は土地所有権の一部だという大原則を述べる。つぎに、「尤も温泉を其の土地より分離し所謂湯口権若くは引湯権なる呼称の下に一般取引の対象に供せらるることは我国各所の温泉地に於て其の事例存する所にして而も其の具体的取引態様に至りては其の土地の事情により夫々趣を異にして一様ならざるべしと雖も之が法律的構成より観て単に一定期間其の土地より湧出する温泉の継続的供給を目的とする債権的契約たるに止らず更に進んでは其の湧出温泉自体に付直接使用収益権を設定することを目的とする所謂物権的契約を締結したるものと認むべき場合も亦稀有ならざるべし是れ蓋し温泉は之を其の土地即ち湧出地の一種の産出物（天然果実）と観察し其の未だ土地より分離せざる以前の状態の下に於ても地方の慣行上土地と独立して取引に供せらるるに過ぎざるものと為すべく之を以て該湧出口に連絡せる全泉脈を一体とする温泉を土地に関係なく独立不動産乃至権利物体なりとして取引せらるるものとは認め難きものなり若し夫れ斯る地下温泉々脈に対し全然土地と離れて排他的総括的支配権を及ぼし得るやの点に関しては……社会通念上到底肯認の余地なきに依って観れば其の結論たるや自ら明なり」

〔B〕　ところで、「城崎温泉は千数百年の古き歴史を存し……古来明治十四年（一八八一年）頃に至る迄の間其の入浴設備として共同浴場のみ存し更に内湯の設備なかりし事実竝其の間湯島に於ては自然湧出の泉源のみ存し未だ掘鑿による温泉湧出の事は一般に周知せられざりしものなる事実をも各認め得べし……明治十四年頃迄は右湯島村の支配する泉源以外他に泉源なかりしものなれば右湯島村に於て其の泉源を利用して内湯を開設すると否とは一に其の権限内の事項に属するものと謂ふべく湯島村が長期間に亘り共同浴場の信条を守り自ら内湯を設けず又旅館業者其の他一般村民に温泉を供給して内湯を開かしむることなかりしとするも之れ単に湯島村一箇の泉源利用に関する事例たるに止まりその間原告主張の如き内湯不許の慣行乃至慣習法発生の余地なきことは自明の理なりと謂はざるべからず」

〔C〕「湯島に於て土地の掘鑿により人工的に泉源を開発したる最初は明治十四年頃油筒屋（ゆとうや）旅館に於て冷水を得むとして井泉を穿掘したるに偶地下より温泉の湧出するに会し茲に土地掘鑿により温泉を得らるることを知るに至り其の後間もなく時の外務卿井上馨の来湯に際し其の嘱望により油筒屋旅館に於ては初めて其の邸内に泉源を掘鑿して内湯を開設し右外務卿並其の家族の使用に供したるものにして油筒屋に於ては貴顕退去後も尚該内湯を存続し之を一般宿泊客用に使用せむとしたるより他の旅館業者等多数村民の反感を招き以て紛擾を惹起し翌十五年城崎郡長久保田周輔等の斡旋により漸く和平解決を見たる事実……桃瀬仙蔵……は当時油筒屋に加担したりとの事由により該事件解決後村方より処罰として一の湯の樋直しの賦役を命ぜられたる事実を各認め得べしと雖も該事実のみによりては未だ原告主張の慣習法の存在を肯認し以て右認定を左右するに足らず……然らば次に明治十四年以後に於て慣習法が存するや否やに付按ずるに……〔D〕大正四、五年以降阪神地方の豪商にして湯島の地に別荘を構へ其の邸内に自由に泉源を開き自家用内湯を設けたるもの続出したるに対し当時原告区其の他何人よりも之に異議を申出づるが如き事更に無く……〔E〕大正十四年北但大震災後城崎町の区劃整理に際し同町に於ては同人（証人古田敬徳）方従来の泉源を廃毀したる代償として自ら同人の為新泉源を掘鑿して其の内湯使用に提供したる事実に徴せば到底之を首肯するに由なきものなり……〔F〕右油筒屋の内湯事件解決の結果内湯は一般に認められ当時油筒屋は勿論被告三木屋に於ても内湯条例に従ひ内湯を営み居りたることあるも其の後内湯は料金の高額等の事由の為之を利用する者殆どなく軈て自然廃滅の状態と帰し爾来湯島に於ては一般に土地掘鑿により容易に泉源を開発し得べきことを認識し又貴顕来遊の都度之が歓待方法として其の宿泊旅館内に内湯を仮設したる事例等も再三ならず従って之が利便をも知悉し得たるべきに拘らず何れも貴顕退去と共に之を廃毀し以て此等一時的施設を他にしては湯島区民にして一般浴客用の温泉内湯を企画したるもの無かりし事実を看取し得べく……」(傍点はすべて川島による)

まず〔B〕の部分を見よう。この部分は入会的な総有的権利に対する無理解にもとづいている。一般に、古来から慣行によって維持されている権利、特に総有的権利にあっては、権利内容や行使方法が慣行の中で固定しがちであるということは、多くの入会権(野山や漁場における)においてあまねく見られるところであること、しかも、長年月にわたり強い共同体的制裁のもとにその集団規範が順守されているところでは、違反行為はほとんど起らず、そのかぎりでは集団規範は単なる事実であるように見えること、またこのような習俗規範(サムナーのいわゆるfolkways)にあっては、一定様式の行動の存在という事実がそのまま規範であるということ[48]、をこの判旨部分は無視しているのである。

(48) Sumner, *Folkways*, 1924, p. 28–29, p. 76–77. 川島『法社会学』上巻一九五八年五四—五五頁参照。

そこで、〔C〕の部分を見よう。この部分の判示は、旧慣上の権利に関する社会規範がいかに順守されまたその違反に対しては通常どのような集団反応が起るか、についての無理解にもとづくように思われる。この部分の判示事実によれば、内湯禁止の慣行的規範があったからこそその違反に対する集団の抗議が生じたこと、それが非常な紛議ののちに和解に到達したこと、はこの種の習俗的規範からの逸脱に対する集団の反応(サンクション)の過程の典型的なものであり、この過程を通じて内湯禁止の集団規範が集団によって確認されたと認められるのである。特に、「一の湯の樋直しの賦役を命ぜられた」という事実は、わが国の村落集団における重要な習俗規範の違反に対する典型的な処罰方法であり、この事実こそは内湯禁止規範の存在のもっとも有力な証拠であろうと思われる。したがって、この段階では、総有にもとづく内湯禁止規範の退化を確認することは、少なくとも判示事実からは承認されがたいのである。

しかし、〔D〕の部分では、事態は大きく変化していることがうかがわれる。ここでの判示事実によれば、内湯禁止規範の違反は集団から黙認されており、また〔E〕の部分も或る程度は同じ事情を推測させる(ただし、ここで旧来の温泉利用関係を確認したのは、国の行政単位たる「町」であって、温泉利用者集団ではないのであるから、〔E〕の事実だけからはこの推測は決してつよいものではあり得ない)。そうして、〔F〕の部分の判示事実は、内湯禁止規範が徐々に解体の過程をたどりつつあったことを推測させるであろう(ただし、完全に崩壊していたという説明は、与えられていない)。したがって、判旨の結論をみちびき出す実質的な判決理由は、右のD、E、Fの三点にあるものと認めるほかはない。そうして、判旨は、それら内湯はやがて消滅したこと、且つ右の一時期以外には、一般浴客用の内湯を企画したものはなかったことを認めているのである。

もし判旨の言うように、総有にもとづく内湯禁止規範が崩壊していたとすれば(ただし、城崎では、この判決の後に当事者間に和解が成立し、被告は自分の内湯をも集団の規則に服せしめることに同意している)(49)、そこではじめて旧来の温泉所有権に対する新しい掘さく源泉の所有者の権利が確認し得られるのであり、そのときには原則として新源泉はその地盤の所有権の効果として構成することが可能となるのである。しかし、この事件では旧慣上の温泉権と新しい掘さく温泉権との温泉利用上の調節については、何も積極的に判示されていない。

なお、福岡高裁昭和三一年一一月八日判決(『下民集』七巻一一号三一五六頁)およびその上告判決最高昭和三三年七月一日判決(『民集』一二巻一一号一六四〇頁)は、既存の源泉権と新たな掘さくとの関係に関する重要な判例であるが、既存源泉権が近代温泉権——旧慣温泉権でなく——である場合に関するのであって、これらの判例の結論は旧慣温泉権にはそのまま適用され得ぬものであることに、注意する必要がある(50)。

右事件では、福岡県二日市温泉の温泉旅館業者たる原告(三名)が同じく温泉旅館業者たる被告に対して温泉の掘さくと採取との禁止を請求したのに対し、第一審・第二審ならびに上告審判決のすべてが請求を棄却した。

元来「昭和二十五年頃から前記二日市町においては無許可で新源泉の掘さくをしている者が数名あったところ、同町の温泉旅館業者十八名〔その大部分は既設源泉の所有者で、この中には本件の原告・被告も含まれる〕は、是等無許可の掘さくに刺戟され、いずれも無許可で新温泉井の掘さくに着手し、県当局の制止も聞き入れず掘さくを進行した為、県当局においては……二日市温泉組合と交渉した結果、組合は……県当局に対し、前記二十余名に対しては、以下の条件の下に新温泉掘さくの許可然るべきも、今後は新掘さくの許可申請があっても許可しないこと。すなわち従来より温泉井を有しない者は、既設の温泉井及び既設の温泉井所有者が今回新に掘さくする温泉井に影響しないように掘さくをなすべく、若しこれに影響ある場合は中止せしめること。……という意見を答申したこと。よって県当局もこれを諒として、今後は特別の事情ある場合の外は新温泉井の掘さくは許可しないとの方針を定め、……前記二十余名に対し掘さくを許可した。」そうして、本件の原告も被告もこの中に含まれていたのであるが、被告が許可をうけた個所は掘さくが困難で且つその効果が疑問であったので、別の個所で掘さくをすすめ、それについて県に許可を申請して、その許可を得た。これに対して原告が本訴を提起したのである。判決の結論は右のような背後の事実関係と深い関係があることはもちろんであるが、そこに述べられている理由づけの論理構成はつぎのとおりであって、近代的所有権の下における温泉権に関するものとして興味がある。

「まず既設温泉の所有者の権利が如何なるものであるかについて考えるに、従来の温泉の所有者が多年の慣習によってその地方の温泉(地下の源泉。温泉井の底部付近において湯の湧出又は貯溜されている箇所を便宜上泉源と呼び、多数の泉源が互に水路によって連絡している全体を源泉と呼ぶ)について独占権を保有する慣習法が成立している地方においては、温泉に関する権利は土地所有権より分離せられて温泉利用権ともいうべき一種の慣習法上の物権をなすものであるけれども、本件温泉の存する福岡県筑紫郡二日市町地方においては、かような地方的慣習法の成立していることを認めるに足るべき証拠は全くない……従って、既設温泉の所有者も、土地所有権の効力として自己の所有地内において温泉井を掘さくして原泉より湯を汲み上げ又は湧出せしめてこれを利用する権利を有するのみであって、他人の所有地の地下にも及んでいる原泉そのものについて、全般的に排他的独占的な支配権を有するものではない。

かように、温泉利用権を以て土地所有権の効力の一内容に外ならないものと解するにおいては、既設温泉の所有者もまた新に温泉井掘さくの許可を受けた者も、共に地下水の一種たる温泉を平等に利用する権利を有し、唯その権利行使が互に信義誠実の原則、権利濫用の法理により調節さるべきものたるにとどまるものといわねばならない。

従って新なる温泉井の掘さく利用によって他の既設温泉井の温度、湧出量、若くは成分等に何等かの影響を及ぼす場合に在ってもその影響が比較的軽微であって、これが為他の既設温泉の所有者に著しい損害を及ぼし、又はその温泉による営業を困難ならしめる等のことがない限りは、既設温泉の所有者は、新なる温泉井の掘さく及び利用の禁止等を請求する権利を有しないものと解するを相当とする。若しこれを反対に解し、苟も既設温泉に何等かの影響がある限り、その影響が軽微なものであっても、新温泉井の掘さくは許されない、とするならば、それは単に早く許可を得て早く掘さくしたという事によって既設温泉所有者の権利のみを不当に保護し過ぎ、その反面他の土地所有者の権利を不当に制限する結果となるから、到底是認し得ない見解といわねばならない。」

(49)　この点については川島・潮見・渡辺『温泉権の研究』前掲三九二頁以下参照。

(50)　なお、大分地方昭和三一・八・九下民集二一五一頁は、慣習上の温泉権にもとづく妨害排除請求を拒否した判決であるが、ここで私が問題としている論点に直接ふれるものではないから、ここには紹介しない。なぜかと言うと、本件では温泉権の二重売買が行なわれその二重譲受人の間で温泉権の帰属が争われ、結局泉源地一坪（三・三m^2）の所有権移転登記を取得した被告に対し原告は温泉権の取得を対抗し得ない、という点に問題の中心があるからである。詳細については、川島「温泉権の売買とその公示方法」温泉工学一号一九六三年七月を参照されたい。

なお、以上の諸判決における論理構成に関連して、若干の問題点を指摘しておきたい。

第一に、裁判所は、温泉権について裁判する場合には、地下水の利用権についての判例を念頭においていると思われる。ところで、地下水の利用のために新たに井戸を掘さくする者に対して既存の井戸の所有者が妨害排除を請求した場合には、裁判所は妨害排除請求権を否認している。[51] そのような判例は、地下水の利用を完全に土地所有権の一部として見るという法律構成にもとづいているが、地下水という限りある資源が常に相隣関係という地理的条件におかれているという根本的事実を無視するものであって、土地所有権の利用に関する相隣関係の基本原則を無視することは許されないと考える。[52]

第二に、さらに、単なる所有権の行使としての地下水の掘さくと、永年の旧慣による温泉利用権とは区別されるべきである。なぜかと言うと、一般の旧慣上の農業水利権に関しては、さきに水利権を獲得した者は後に水利権を獲得した者に対し一種の優先権を有するものであることが、わが国の一般の慣習法であって、[53] 裁判所もまたこれを承認しているのである。[54] 温泉についても、永年の慣行による利用権には、類似の優先的効力を認めるべきではないかと考える。

第三に、温泉権に基く妨害排除請求が問題となった従来の判決の多くは、村落内部の社会統制が解体し、既存の温泉総有を無視或いは否認して個人的利益を追求する者が現われた段階で問題が登場した事案に関するもののように思われる。この点は今後の調査によって明らかにされねばならないが、もしそうだとすれば、その段階だけを視野に入れて問題を考えると、村落共同体の地域全体に対する温泉総有の性格を見失う危険がある。同様の問題は、解体しつつある林野入会権に関する紛争に対する裁判所の態度にも見られる。従来裁判所は、入会権が近代的権利の体系の中で種々の経済的社会的政治的条件のもとに徐々に解体し変化してゆく過程にあること、したがって、それが完全な個人主義的権利関係に転化してゆく過程において入会権の総有的性質は一時に「有」から「無」に転化するのでなくて漸次的に量的変化をもって変化してゆくものであること、を無視する誤りにおちいっている[55]場合が少なくないと考える。旧慣による温泉利用権についても同様の問題が存在することを忘れてはならないのであり、裁判所は、この量的変化の連続系列を念頭において、現実の変化を直視して裁判することが、望まれるのである。

(51) 大審院昭和四・六・一新聞三〇〇〇号一〇頁。灌漑用井戸についての事件。「然レトモ土地所有者カ其ノ所有地内ニ井ヲ穿掘シ之ヨリ湧出スル水ヲ必要ニ応シテ使用スルコトハ法令ノ制限セサルトコロナルヲ以テ特ニ地方ノ慣習ニ背反セサル限リ適当ノ範囲ニ於ケル其ノ権利ノ行使タルコトヲ失ハサルヘク従ヒテ其ノ結果従令他人カ同様ノ設備ニ依リ其ノ所有地内ニ於ケル井ヨリ受クル水利ニ影響ヲ及ホシ其ノ水量ヲ減少セシメタリトスルモ其ノ他人ハ前記土地所有者ノ為ス水利ニ対シ之ヲ認容セサルヘカラサルモノトス」

大審院昭和一五・七・一一新聞四三〇六号一七頁。京都市内で甲が数十年来田地灌漑用に使用していた井戸が甲所有地と乙所有地との境界附近にあり、両者間に紛議を生じ、乙はそのすぐ傍に新たに井戸を掘って所有畑地に引用したので、甲が仮処分でこれを原状に復したところ、乙はさらにその傍に(自己所有地内)井戸を掘り畑に引水し、その結果甲の井戸は涸渇した。本件は乙の仮処分異議事件であるが、京都地裁は甲の主張を却けた。大審院は甲の上告を棄却した。「甲地所有者カ其ノ所有地ヲ掘鑿シ地下水を湧出セシメテ使用スルコトハ所有権ノ効力トシテ為シ得ルトコロニ属シ仮令之カ為ニ水脈ヲ同ウスル乙地ノ湧水ニ影響ヲ及ホシ為ニ其ノ土地ニ於テ従来其ノ湧水ヲ利用シツツアリタル土地所有者ノ利益ヲ害スルコトアルモ苟モ乙地所有者ニシテ該地下水ニ関シ慣習上又ハ法律上ソレヲ使用スル権利ヲ有セサル限リ甲地所有者ノ前記地下水ノ使用ヲ妨クルヲ得サルモノト解スルヲ相当トス〔本件では甲につきそのような専用権の存在を認定し得ないから〕原判決ニ於テ被上告人ハ其ノ土地所有権ノ効力トシテ該湧水ヲ使用シ得ヘク仮令其ノ湧水ロノ掘穿ニ因リ上告人ノ従来ノ湧水ロノ湧水涸渇シタル事実アレハトテ直ニ上告人ニ於テ被上告人ノ新ニ設ケタル湧水ロノ湧水使用ヲ妨クル権利ヲ有スルモノトハ断シ難キ旨判示シタルハ洵ニ正当」である。

(52) この点で注目すべきは東京地裁昭和一〇・一〇・二八新聞三九一七号五頁の判決である。地下水を泉水に利用して料理屋を営んでいた原告所有地の隣地の所有者が、養鱒業のために数個の井戸を所有地内に掘って地下水を使用した結果、原告の井戸水が涸渇し、ついに原告は料理業を休業するのやむなきに至ったので、損害賠償を請求した事件であるが、判決は原告の請求を認容した。しかし、この判決によっても、このような事実関係のもとにおいて原告が被告に対し井戸水の使用の制限を請求し得るかどうかは明らかでないのみならず、判決の表現はそれをも許さないかのような印象を与える。相隣者の地下水の利用について一種の相隣的関係を主張されるものとして、我妻栄『民法講義Ⅱ』一八四頁。

(53) 渡辺洋三『農業水利権の研究』一七八頁。

(54) 渡辺洋三『農業水利権の研究』一五三頁以下、特に一七〇頁以下。そうでない水利権(すなわち「共用権」)に対し、このように優先的効力のある水利権は「専用権」と呼ばれる。ただし、さきに獲得された水利権の優先的効力を否定する例外的な判決も見出される(明治四二・一・二一民録一巻六頁)。この点について渡辺前掲一七九—一八〇頁参照。

(55) この点については穂積忠夫「入会権に関する戦後の判例」法律時報三一巻一二号六二頁以下に詳細な分析がある。

第七　むすび

以上は、現在のところ私が入手し得た資料について、従来私が行なってきた入会権の実証的研究の結果を参照しつつ旧慣上の温泉権の性質に焦点をおいて試みた分析の結果である(温泉権の処分とその公示方法は、現在解決を要する重要な問題であるが、紙面の関係上本稿では触れなかった)。このような研究をとおして私は今新たに、次のような新しい問題に当面したのであった。それは次のとおりである。

元来総有もしくは合有であった温泉利用権の実態が今日においてはきわめて多種多様なものとなっていると推測されると同時に、その実態はまだきわめて不十分にしか明らかにされていないということ、したがってまたこれに関する理論的研究もきわめて未発達であるということ、である。しかも、今日他の多くの旧慣上の権利と同じく温泉利用権の総有または合有も急速に解体変化しつつあるように思われ、それにともなって今後多くの紛争の発生が予想されるのであるが、現在のところこれに対処するのに必要な資料も理論もまだできていない、というのが今日の実情である。私は、従来行なってきた入会研究の延長として、他の研究協力者とともに明治以後における温泉利用権の解体変化の過程とその現状分析をも行ないたいと考え、本稿においては温泉利用権の性質に焦点をおいて問題を整理し、理論構成を試み、且つ今後の研究問題を提起することにつとめた。本稿は未完成の研究序説にすぎず、今後の研究のための覚え書にすぎないが、学界および実務家の御批判御教示をたまわることができれば幸いである。

(『法学協会雑誌』七六巻四号一九五八年)

補論　国有林野に天然湧出する温泉の権利関係
――昭和四二年四月一八日林野庁長官通達を中心として――

はじめに

昭和四二年（一九六七年）四月一八日付で、林野庁長官は各営林署長に宛て「国有林野の管理処分の事務運営について」（四二林野政第七三八号）という通達を出し、国有林野の管理処分についての一般的な取扱内規を指示したが、そのなかの「第六　自然休養林等の管理」の三に、「温泉の取扱い」に関する部分があり、そこでは、自然に湧出する温泉ならびにボーリングにより湧出する温泉にわけて、それぞれの管理に関する内規を定めている。

ところで、林野庁長官は、この通達の始めの部分で、「国有林野の管理処分については、今後下記によることとし」昭和四一・四二年の国有林野の管理処分に関する通達を廃止する、と言っている。したがって、国有林野に湧出する温泉については、従来利用者との間に結んでいた契約関係を破棄して、今回の通達の定める内容に切り換えることを命じているもののごとくである。もしそうだとすると、その影響するところはきわめて深刻・広汎であるのみならず、この通達の言うところには意味内容の不明のところもあり、また、今回の通達の命ずるところが現行法の基本原則と矛盾するのではないかと思われる点も少なくない。本稿は、これらの点について率直に問題を提起し、行政当局ならびに温泉利用権者の参考に供しようとするものである。

一 国有林野に自然に湧出する温泉(以下、「自然湧出温泉」という)に関する通達の内容

読者は、すでに『日本温泉協会誌』の別報として発表されているので、林野庁長官の通達の内容を知っておられることと思うが、念のためその内容を紹介すると次のとおりである。

「自然にゆう出する温泉は、管理のための施設をした上で利用者に対し、利用上必要とする最少量を分湯するものとし、温泉敷の使用は認めないこととする。

この場合の分湯料金は、当該温泉の市場価格、事業費および利用歩合、市場利率、企業利益等を因子とし、過去の利用実績等を参酌して評定するものとする。」(傍点は川島による)

右の要点を摘記すると、次のとおりである。——

(1) 自然湧出温泉を「利用者」が利用する場合には、今後は、この通達の定める新たな利用条件に従わせる。

(2) 温泉管理施設の所有権・分湯量・温泉敷の利用については、林野庁と利用権者との法律関係を、全ての利用者について一律のものとする。

(3) すべての利用者を規制する一律の利用条件は、温泉管理施設・分湯料金・温泉敷の使用権の三項目にわたり、また分湯料金の決定に当って参酌せらるべき要素を一定の項目に限定する。

以下、これらの点について分説する。

二　自然湧出温泉に対する一律的規制

通達は、上記のような制限を伴う利用関係を、利用者の同意の有無にかかわりなく一方的に、林野庁の処分ないし措置によって実行するかのような表現を用いている。しかし、果してそのようなことが法律上可能であるかということが、そもそも問題である。

まず、第一に、或る自然湧出温泉に対して、未だいかなる利用権も存在していない場合——言いかえるならば、今後あらたに契約により利用権を設定する場合——には、林野庁はその契約内容を定める自由を原則として有する、ということは言うまでもないから、この通達に定めているような内容の利用契約を結ぶことも、もとより法律上可能である。このことについては何んら疑う余地がない。

しかし、全国の自然湧出温泉の大部分については、何らかの利用権が、永年にわたる慣習によって成立しているのが普通である。この場合には、林野庁はその一方的な処分で利用権の内容を変更することができるかどうか、はなはだ問題である。

現在、林野庁が利用権者と締結している契約には、種々の型態のものがあるが、その多くはきわめて短期のものであるから、林野庁がこの通達を出したことの背後には、それらの契約の有効期間の経過後は林野庁と利用者との間は無契約関係となるから、林野庁は契約自由の原則により、いかなる契約の内容をも決定する自由を有するはずだ、という思想があったのではないかと思われる。もしそうだとすると、林野庁は通達の規定するような条件を利用者に要求するであろうし、もし利用者がこれに応じない場合には利用契約の締結を拒否し、利用を全面的に否認するつもりではないか、とも考えられる。だが、そのような考えは、以下に述べるような現行法の基本原則に違反するものであり、法律上とうてい承認され得ないものである。したがって、林野庁がそのような違法な考えにもとづいてこの通達を出したとは思えないが、念のため以下にこの点について述べておくことにする。

判例によれば、温泉利用権は一般に慣習法にもとづく一種の「物権」と認められている。とくに明治以前からの慣習にもとづく温泉利用権については、判例の態度はきわめて明確である(この点については、川島「近代法の体系と旧慣による温泉権」法学協会雑誌七六巻四号(本書前掲論文)を参照されたい)。温泉利用権が一種の物権と認められているということは、それが私法上の財産権——すなわち私有財産——として裁判所により承認されているということを意味するのであり、これが法律上の保護を受けるということは現行憲法によって保障されている。このことは、今さら言うのもばかばかしいところである。

私有財産たる温泉利用権を国家権力が制限し得るのは、その制限が公共の福祉のために必要であり、かつ法律の根拠にもとづく場合にかぎられるのであり、しかもその場合には国家は権利者に「正当の補償」をしなければならない(憲法第二九条第三項)。ところが、今回の通達は法律ではなく、また法律の根拠にもとづくものでもない。さらにまた、この通達が要求しているような利用権の制限が公共の福祉のために必要であるということは、とうてい理解できない。したがって、もし従来の温泉利用契約が、温泉権や引湯権の「貸借」あるいは林産物の「払下」等のいかなる法律構成ないし法的言語によって表現されているかに関係なく、いやしくも慣習上存在する物権たる温泉利用権に関するものである場合には、のちに述べるように、単なる債権契約と解せられるべきではない。しかし、この点を論ずる前に、その前提問題として、いかなる場合に物権的利用権としての温泉権が存在するか、ということについて述べておかなければならない。

まず第一に、物権たる温泉利用権が存在するかどうかの認定は、慣習法によって定められるのであり、林野庁がこれを認定するかしないかの自由を有するものでないことは、言うまでもない。また、従来林野庁と利用者との間に債権契約という言語上の表現をもってする契約があるからと言って、ただそれだけを根拠として、その利用権を単なる債権にすぎないと解することはできない。ここでその諸種の場合について詳細に述べるいとまはないが、一つの典型的な場合を例示して、問題の所在を明らかにしておきたいと思う。

わが国では、各地で自然湧出温泉にその地域住民団体の構成員が自由に共同入浴する習慣があったことは、いちいちその例をあげるまでもなく、あまねく知られているところである。法律の初歩的知識のない人は、このような慣習を見て、当該の自然湧出温泉が「無主物」であり、村人の共同入浴は単なる事実上の容認でしかない、という誤解をいだくかも知れない。しかし、問題はそう簡単ではない。小柴・下草の採取を内容とする地域住民の共同収益の慣行も、同様の性質をもつものであるが、これが「入会権」として民法により「物権」と認められていることは、民法の初歩を学んだ者が熟知するところである。自然湧出温泉の共同利用(入浴)の慣行もまたこれと異るところはないのである。小柴・下草に対する地域住民集団の管理・利用が、単なる無主物にたいする事実上の収益ではなく、「権利」しかも「物権」であるのと同様に、自然湧出温泉に対する地域住民集団の管理・利用もまた「権利」なのであり「物権」であり得るのである。具体的に個々の場合に自然湧出温泉に対する地域住民の「権利」が存在するかどうかは、実際に現地の慣習を調査し、またその慣習の背後にある歴史的沿革を調査するのでなければ、断定することはできない。しかし、私が知っているかぎり、ほとんどすべての地点において自然湧出温泉もしくはそれに代わるボーリング温泉——ボーリングによって旧来の温泉が枯渇したため、その代償(或いは代位物)として従来の権利者たる住民集団に提供された温泉——に対する地域住民の共同入浴は、彼らによって「権利」として強く意識されているのである。

以上は、自然湧出温泉に対する温泉の利用が、慣習法にもとづいて「権利」である場合の極端な例を述べたにすぎないのであって、これ以外の種々の場合にどのような条件のもとにその利用が法律上「権利」として認められるべきであるかを判断するには、きわめて慎重な注意を必要とする。

第二に、慣習上存在する温泉利用権の内容も慣習によって定まるのであり、そうして、私有財産としての物権(私有財産制度)を承認する現行憲法のもとにおいては、温泉に対してまず第一次的になりたつ物権は、私有財産の典型であるところの「私的所有権」をモデルとするところの、「温泉所有権」とも称すべき権利なのである。

ところで、国有地に対する入会権と同様に、国有地に湧出する温泉の利用権は、明治以来、国有地管理者の要求するところにより、「林産物の払下」とか温泉敷や引湯敷の「貸借」などの債権契約の形式をともなってきた。このような事実が、物権たる温泉権の存在ならびにその性質にどのような影響を与えたか、ということが次の問題である。

そもそも、この問題を考えるに当っては、全く同性質を有する国有林野に対する入会権の問題をあわせ考察する必要がある。徳川時代以来、全国多数の林野に地域住民団体の入会権が存在したが、そのぼう大な部分が明治初年の官民有区分によって国有地に「編入」(没収)された。その国有地編入という処分により、これに対する入会権の運命がどうなったかということは、すでに官民有区分当初から政府ならびに入会権者にとって重大な関心事であった。しかし、官民有区分に際して政府は、林野を国有に編入した後も入会権は消滅しない旨を明言し、また、非常にしばしば関係官吏は、林野を政府に上地したほうが、他日その林野が第三者の手に渡って入会権が脅威をうけるに至るおそれもなくなると説明して、民有林野を上地させた例も全国に数多くあり、今日でもそのような話が全国の多くの土地で語り伝えられているのである。そうして、事実において、政府は林野を国有地に編入した後においても当初は入会権を尊重し、農民は入会権を行使してきたのであった。しかるに政府の造林政策および自治行政政策の進展の結果、政府は入会慣行を規制しようとして、しだいに入会権を圧迫し、種々の形式(「林産物払下」・「賃貸借」等)のもとに入会権を規制しつつ、ついに入会権を否認するに至ったのである。国有林野に自然湧出する温泉の利用権に対する行政庁の態度ないし政策についても、ほぼ同じような変化の過程をたどったように思われる。

このような政府の政策に対応して、大正四年(一九一五年)三月一六日の大審院判決(『民録』三二八頁)は、国有地入会権を否認するに至った。しかし、この判決の法律論が正しいものであるかどうかは、はなはだ問題である。右に述べたように、現に政府は官民有区分後も長い間入会権の存在を承認してきたのであって、官民有区分とともに同時に入会権が消滅したという結論の論拠としてこの判決が述べているところは、今日ほとんどすべての民法学者によって批判されているのである。*

＊(補注)　この大正四年判決は、本稿発表後、最高裁昭和四八年三月一三日第三小法廷判決(民集二七巻二七一頁)によって否定された。この判決については、著作集第八巻所収(一六五頁以下)の論稿を参照されたい。

温泉権についても問題は同様であると言わなければならない。徳川時代における慣習上の温泉利用権は、源泉の存在する地盤(源泉地盤)の所有権から独立した別の権利であったのであり、多くの場合に、地域住民団体の総有的権利であった。また、時には地域住民中の特定人もしくは特定人の組合等がその主体である場合もあった。いずれにしても、それらの旧慣上の温泉利用権は、その源泉地盤が官民有区分によって国有になったことによって消滅したと解せられるべきではなく、政府は源泉地盤の官有編入後も旧来の慣習に従ってそれを尊重し、権利として承認してきたのである。

とくに温泉の慣習的利用については、林野入会とは異る特別の事情があった。それは、多くの土地では一坪・二坪ないし数坪という小さな源泉地盤が国有に編入されて民有地のなかに点在し、そこから私人たる利用権者が温泉を引湯利用してきた、という事実である。しばしばこれらの源泉地盤については、「温泉利用権を末代までも安全にするために源泉地盤の所有権を国家が保有してやるのだ」という説明による勧誘や、「国に上地しないなら高額の地租を課する」という強迫などによって、源泉地盤の上地をせまるという方法で、それらの源泉地の官没が温泉利用権者の「自由意思」という形式のもとに行なわれた、と語り伝えられているのである。源泉地盤を含む広大な土地が官有になった場合とは異り、このようにしてきわめて小さな源泉地盤のみが官有地となっている事実を考えると、徳川時代から源泉地盤が周辺の民有地から分離されて非民有地とされたと推測することは、はなはだ無理である。要するに、温泉利用権は、温泉の湧出する地盤の所有権が国有となることによっては消滅することなく存続したものと認められなければならないのである。

そうだとすると、次に生ずる問題は、源泉地盤が国有となったのちにおいて源泉地盤の管理者(営林署・御料局等)が温泉利用者に迫って、温泉利用関係を国有地の使用「許可」とか、林産物の「払下」とか国有地の「貸借」等の形式をとらせることにより、慣習法上の温泉利用権がどのように変化したと解すべきか、ということである。もしこれらの法的形式のみに着目するならば、旧慣上の温泉利用権は、許可行政庁の「許可」にのみ依存する、一年ないしは二年の短期間の権利に転化し、またはきわめて短期の「土地賃貸借契約」とかその時かぎりの温泉という動産の「売買契約」の関係に転化した、という印象をうけるであろう。しかし、旧慣上の温泉利用についてそのような判断を下すことは、次に述べるように、裁判所によって認められている重要な法律原則と矛盾することになるのである。

或る法律関係の当事者がその法律関係の実体とは異る法的形式(言語的表現)をその法律問題について用いた場合には、その法律関係を裁判所が法的に処理・判断するにあたっては、必ずしもその法的形式に拘束されるわけではなく、ことに問題となるその法律関係が慣習に立脚する場合には裁判所はその実際の慣行を顧慮し、これに即して処理判断することが多いのである。その典型はいわゆる譲渡担保であって、当事者が「再売買予約」とか「買戻約款」とか「解除権留保」とかの法的形式を用いて財産を担保にしても、裁判所はこれらの形式に拘泥することなく、当事者の間の担保という実質関係に重点を置いて法律関係を処理しているのであり、学説もこの基本的態度を承認し、裁判所よりもこの点を強調しているのである(最近の最高裁判所の判例は特にこの傾向を強めている)。

このことは、当該の法的形式をとるに至った背後の事情であるところの・当事者間の力関係にかんがみるときは、特に必要である。譲渡担保においては債権者は圧倒的に優越的な地位にあり、自己に有利な条件を一方的に債務者に強制するのを常とする。温泉についても同じことが言える。旧憲法下において司法権から相対的に独立していた行政権は、その強い実力を利用して前掲のような種々の法的形式(たとえば「契約」)を強制してきた。温泉利用権者は、実質的に彼らの旧慣利用権が害せられない限りはそれらの法的形式を止む得ず受け入れてきた。だが、そのような力関係のもとで慣習法上の私法的財産権(物権)に対して行政「許可」とか「債権契約」の形式が強制されたことによって物権が消滅した、と解するのは甚だしく不当であり、それらの法的形式は法律関係の実質に関係のない単なる形式と解されなければならない。たとえば、温泉権について一、二年という短期の「貸借」期間・「許可」期限の定めが言語的に表明されているとしても、それらは単に地代・使用料の額についての据えおき期間にすぎず、利用権そのものはその期間の経過によって消滅するものではない、と解せられるべきであることは、あたかも土地・建物の賃貸借において一年・二年・三年等の短期間の存続期間を約しても、その期間は単に地代・家賃の据えおき期間にすぎないと解せられている(たとえば大審院大正五年(一九一六年)九月二六日判決、『法律新聞』一一八〇号二三頁)のと同様である。したがって、温泉利用権は、それらの形式の如何にかかわらず物権として存続していると認められるべきであり、また、「許可」・「売買」・「貸借」等の形式にもかかわらず、行政庁はこれらの権利をその存続期間の経過で打切るごとき処理をすべきではないし、また、事実においてすることはなかったのである。とくにこの際注意すべきことは、行政庁がこれらの「許可」や「契約」等に規定するところは、きわめて簡単なものであって、実際には、徳川時代以来多くの変化を伴いつつも基本的には存続してきた諸種の慣習規範――とくに地域集団の総有的ないし合有的権利関係――が存続しているのが常であり、過去においては行政庁が決してこれを否定することなく、それらをすべて包括的に承認してきているという事実は、慣習上の温泉利用権そのものはそれらの「型態」変化にもかかわらず存続してきていることを示しているのである。

慣習法上の温泉利用権の性質は以上のとおりである。したがって、それが国有林野において一種の物権として存続している以上、今回の林野庁通達が指示しているような内容のものにこれを改めさせることは、温泉利用権者の同意なくしては法律上不可能であると言わねばならない。さらにこの点を林野庁通達の内容に照らして一つ一つ考えると、次のとおりである。

第一に、通達は、温泉管理のための施設を林野庁が設け、その所有権ないしは管理権を林野庁が留保しつつ利用権者には単に配湯請求権のみを与えるようにする、という趣旨のようであるが、それは温泉利用権に関する慣習法の内容を全く無視するものであって、とうてい裁判所の承認を得ることはできないと考える。慣習法上の温泉利用権については、温泉管理のための施設の所有権や管理権を誰が有するかの問題についてはすべて慣習法によって定まっているのであり、それを林野庁が一方的に変更することは許されないからである。

第二に、通達は、利用権者には利用上必要とする最少量を分湯すると言うのであるが、慣習上の温泉利用権者が利用し得る温泉の分量は、慣習法によって定まっているのであり、林野庁がこれを一方的に変更することは法律上許されないことは、言うまでもない。

第三に、通達の内容は、温泉敷の使用を利用権者に認めないこととすると言うのであるが、慣習上の温泉利用権にあっては、温泉敷の使用権が源泉地盤の所有者にあるか利用者にあるかということも、慣習法によって定まっている場合が多く、林野庁が一方的にこれを変更することが許されないことは、言うまでもない。

第四に、通達は分湯料金算定の基本要素を限定し、慣習法によって分湯料金がどのように定められているかを考慮することなく一定するよう、指示しているが、これは慣習法上の利用権を無視するものであり、法的に承認され得ないものであるのは、言うまでもない。かつては源泉地盤の所有権が温泉利用権者に属していたような温泉については、利用権者はきわめて僅かの分湯料金しか払わないのがむしろ当然である。分湯料金をどの位のものに定めることが適当であるかについては結局は裁判所の判断によるほかはないが、慣習法の内容や温泉利用権と源泉地盤との歴史上の関係を無視することは、法律上許されないのである。

三　むすび

要するに、今回の通達の内容は、これを文字どおりに理解するとすれば、旧憲法下においてすら裁判所の判例に反することを、私有財産制度をつよく保障する現行憲法の下において実行しようとするもののように見える。しかし、林野庁がそのような暴挙をあえてしようとしていると解することは、はなはだしく常識はずれであろう。何故かと言えば、もし林野庁がそのようなことを敢えてしようとするならば、単に憲法のもっとも根本的な規定に違反し、また判例にも反するのみならず、私有財産制度そのものに対する国民全体の思想を動揺させるに至るであろうからである。だとすれば、この通達は何を意味しているのであろうか。それは私にはどうしても不可解である。あえて推測するならば、おそらく、この通達は、温泉利用権については慣習が法律――「慣習法」――とされるということ、温泉利用権に関する慣習法の内容については従来も学者の研究が少ないため、林野庁の事務担当者に十分の予備知識がなかったということ、等の結果起案されたものであったのではないかと思われる。したがって、この通達の内容は、今後、温泉利用権の内容――特に慣習法の内容――に即して修正されなければならないのであり、また事実、修正されるであろうと私は考えるのである。この通達が私有財産の不当な侵害の端緒となったり無益の紛争や混乱をひきおこしたりすることがないよう、切に希望するしだいである。

(『日本温泉協会誌』一九六八年日本温泉協会)

事例研究

城崎(兵庫県)の旧慣温泉権にかかわる訴訟事件

――その法律上の問題点と実際上の波及効果――

はじめに

城崎温泉は、いろいろな意味で、数ある温泉地のなかでも特異な所である。城崎温泉では、二三年にわたって、全町民――正確に言って、いわゆる城崎の「温泉町」(湯島財産区)の全町民――をあげて、温泉について争った。事件は行政訴訟および民事訴訟となり、民事訴訟の第一審では一方当事者の勝訴となったが、その控訴審の段階でその勝訴者は相手方に対して大はばの譲歩をして、和解をした。これは、城崎温泉の実態を知らない外部者にとっては、想像のできないできごとであった。そうして、そのような特異な経過を土台として、城崎は、おそらくわが国で最も徹底した温泉の集中管理にふみきり、温泉資源の開発とその合理的配分に成功しつつある。この城崎の例は、或る意味では、後に述べるような城崎特有の事情にもとづく特異のものであるが、同時に、そこには他の多くの温泉地と共通する問題を含み、多くの示唆を含んでいる。また、右の第一審判決は、温泉権の紛争に関与する人々――特に裁判官や弁護士――にとって興味深い重要な問題を提起している。そこで、私はこれらの点について解説を試み、関係者の参考に供したいと考える。

一 紛争と訴訟事件の概要

城崎温泉では古来より旅館に内湯を設けず、浴客は共同浴場で入浴することにしていた(共同浴場主義)。言うまでもなく、かつては、これは全国ほとんどすべての温泉地での古来の慣行であった。このような慣行は、元来は源泉の人工掘さく技術の未発達と、源泉の自然湧出、という事実と結びつくものであるが、同時に自然湧出温泉の量がおのずから限定されていることに対応して、源泉の人工掘さくを制限する共同体規制を、言わば自然発生的に伴ってきたのである。城崎でも同様の慣行を持続してきたのであるが、大正年間に他地方からの転入者で自家入浴用として源泉の掘さくをする者があったことに端を発し、町内各所に源泉の掘さくを試みる者を生じ、ついにその個所は五十数カ所にのぼり、従来豊富に湧出していた共同浴場源泉の或るものは涸渇し、或るものは著しく減量するに至った。そこで、大正九年(一九二〇年)にいたり、町は県当局に運動して、「鉱泉地区取締規則」*の発布を見るに至った。

*本稿を掲載した北條浩編『城崎温泉史料集』一九六八年城崎町湯島財産区(以下、『史料集』と略称する)の一四頁以下にその条文が掲載されている。

ところが、大正一四年(一九二五年)の北但大震災の結果、城崎温泉地は火災のため壊滅し、時あたかも第一次大戦終結以来の経済不況と相まって、城崎の復興は容易でなかった。そこで、城崎に浴客を誘致する一方法として旅館内湯を設置するため、昭和二年(一九二七年)一一月片岡郁三は内湯設置のための家屋建築許可の申請をし、翌昭和三年(一九二八年)六月その許可を受けた。一方、町民は古来の慣習と源泉保護と町内の平和とを理由として反対運動を行なったので、県は同年五月、片岡がその所有地内に有する源泉より湧出する温泉を昭和五年(一九三〇年)三月三一日まで使用することを禁止する使用停止処分をした。片岡は、当時内湯設置に対する町民の反対が強いことを考慮して、その使用停止期間が経過するのを待ったが、その停止期間満了直前に県は重ねて「昭和五年四月一日(右の使用禁止期間満了の翌日)ヨリ当分ノ内浴客用トシテ使用スルコトヲ停止ス」という使用停止処分をおこなった。そこで、片岡はこれを不当として温泉使用停止処分取消請求の行政訴訟を行政裁判所に提起した(同年)。これに対し、県の警察部長は、県費をもってボーリングをなし新源泉をつくるから内湯問題を円満解決するよう示唆したが、町当局もボーリングの結果については不安の念をもち、また片岡も妥協案に服する意思がなかったので、ついに昭和八年(一九三三年)に湯島区(代表者城崎町長)は片岡に対し、財産区が「温泉専用権」を有することの確認と妨害排除とを請求する民事訴訟を、神戸地方裁判所豊岡支部に提起するに至った。

この民事訴訟の進行中に、右の行政訴訟に対しては昭和一〇年(一九三五年)九月一〇日に行政裁判所で原告(片岡)勝訴の判決が出て、県の鉱泉使用停止処分は取消され、ついで民事訴訟に対しては昭和一三年(一九三八年)二月七日に神戸地方裁判所豊岡支部の判決が出て、これまた被告(片岡)勝訴の判決をした。

二　神戸地方裁判所豊岡支部判決の法律上の問題点

この民事判決は、温泉権の法的処理に関する重要な問題を含むものであるから、ここにその要点を紹介する(以下に引用する判決文中の傍点はすべて川島による)。

原告城崎町湯島区の請求内容は、次のとおりであった。すなわち、(1)原告湯島区は、湯島地区において温泉を利用する権利を「専有」している(すなわち、湯島区以外の個人——たとえば旅館——が湯島地区内で温泉を利用する——

たとえば、内湯として――ことはできない)、ということの確認。(2)被告片岡はその所有源泉を埋没せよ。

原告はその理由として、次のごとく主張した。(1)城崎温泉には、古来より旅館内湯を禁止して外湯=共同湯主義を堅持する慣習法がある。したがって、(イ)原告財産区は湯島地域における「地下温泉泉脈を一体とする温泉に付所有権を有する。」(ロ)かりに原告が地下泉脈に対し所有権を有しないとしても、右の慣行により「此の(前述のような)支配関係を内容とする独占排他的利用権即ち専用権」(個人による旅館内湯を禁止する権利)を有する。(ハ)かりに、右のような内容の専用権を有しないとしても、湯島には「共同浴場泉源に優越性を認むる慣行若くは慣習法」があるのだから、原告は物権たる「優先的利用権」を有する、したがって他人の源泉によって共同浴場源泉の湧出量を減少させ或いは減少させるおそれがある場合には、原告区は右のごとき「物権たる優先的利用権」に基き、妨害源泉の埋没、旅館内湯での使用の禁止等を請求し得る。(ニ)かりにそうでないとしても、湯島区には内湯禁止――少なくとも宿泊客用の内湯の禁止――の慣習法がある。(ホ)かりにそうでないとしても、原告は明治一五年(一八八二年)の内湯事件の和解契約に基き、被告に対し内湯をやめよと請求する権利を有する。

これに対し被告は抗弁し、まず事実問題としては、旅館内湯および別荘内湯の例が過去にいくつもあったこと、かつて源泉は旧湯島村の所有であったことはなく旅館組合の共有であったこと、明治一四年(一八八一年)の油とう屋(ゆとうや)旅館の源泉掘さく・内湯設置に対し反対運動が起ったのは、内湯禁止の慣習法によるのではなく、旅館業者の競業意識によるものであったこと、明治四三年(一九一〇年)の山陰線の開通とか大正三―四年(一九一四―一五年)の戦争景気の到来とかを契機として源泉掘さくが行なわれ、大正七―八年(一九一八―一九年)ころ株式会社による掘さくがおこなわれたこと、源泉地区取締規則の施行後に原告区以外の個人が私有源泉の存置届を県に出した際に原告区や区民が異議をとなえた事実はないこと、等を主張し、また法律問題としては、前記の原告主張の諸点を争い、また政策問題としては、「従来の共同浴場と並んで、内湯設備の整備せらるることは温泉町たる城崎町今後の発展上必要欠くべからざる所」だ、と主張した。

前述したように、判決は原告の敗訴とした。判決の法律的意義のもっとも中心的な点は、城崎の外湯＝共同湯主義の慣行を法的拘束力あるものとして承認せず、個人による源泉掘さくならびに温泉利用の自由を承認した、ということである。原告が主張した種々の法律上の論点の当否も、結局は右の慣習規範が承認されたときにはじめて問題となり得るものであり、城崎の慣習規範から離れてそれらの主張をそれ自体独立のものとして抽象的に問題とすることは、それらの論点の性質上意味をなさない。したがって、ここでは、右の慣習規範が存在しないと認定した点に焦点をおいて、右の判決を論ずることとする。

判決の結論の要点は、次の部分に要約されている。「湯島村が長期間に亘り共同浴場の信条を守り自ら内湯を設けず又旅館業者其の他一般村民に温泉を供給して内湯を開かしむることとなかりしとするもこれ単に湯島村一箇の泉源利用に関する事例たるに止まりその間原告主張の如き内湯不許の慣行乃至慣習法発生の余地なきことは自明の理なりと謂はざるべからず。」

判決は右の結論を根拠づけるために、原被告間で争われた諸事実について判断を加えているが、私には多くの疑問点がある。それらは直接には城崎温泉における事実に関するものであり、事件の審理に直接に関与しない私が軽々に批判を加えるべきではないが、問題は同時に温泉の慣習法の認定に関する一般的な問題にも連なるものである。したがって、ここでは、そのような観点から、それらの論点について問題の所在を指摘し、今後の温泉紛争の解決への何らかの参考としたい、と考える。

まず第一に、明治初年の陣屋の湯壺事件が問題とされている。それは、「明治初年……〔西村佐兵衛〕の先々代が宿屋営業を志し久美浜代官の陣屋跡の屋敷建物の払下を受けたる際湯方の懇請により右陣屋内に在りたる殿の湯と称する代官専用の湯壺二個を無償にて湯島村に提供した」という事実を指すのであるが、判決はこれについて単に次のように言うのみである。「該事実のみによりては未だ原告主張の慣習法〔旅館内湯不許の慣行ないし慣習法〕の存在を肯認し以て右認定〔内湯不許の慣習法の「発生の余地なきことは自明の理なりと謂はざるべからず」という認定〕を左右するに足らず。」

だが、私の見るところでは、右の事実は、内湯不許の慣行の存否の認定にとってきわめて有意義なものである。いやしくも、大金を投じて温泉の源泉(すなわち源泉権)を買入れた者が、これを無償で贈与した場合には、そこに何らかの特殊の事情ないし理由があったと推定すべきであり、そうして、共同湯のみを地域共同体(住民集団)が維持してきた所において、その共同体の構成員たる個人が入手した源泉権を主張しないでこれを当該の地域共同体に無償で譲渡したときは、そこに地域共同体の規制がはたらいていた、と推定するのが、最もすなおな推理であろう。事実において、四国の道後温泉において旅館内湯を設けようとした者があったとき、地域共同体の中で猛烈な反対・紛争を生じ、長い期間にわたってその実現を見なかったのは、そのような共同体規制の一つの例証であり、また後述するような・本判決以後に本件紛争がたどった経過は、まさにそのような共同体規制の存在の例証であった、と私は考えるのである。すなわち、城崎という地域住民集団(共同体)の社会において源泉を共同湯という共同体的型態(一種の総有)においてのみ利用し、当該地域共同体の構成員の個人的利用の型態を承認しない、という共同体規制がそれである。これは、山林・原野・水面等に対する地域住民集団(共同体 Gemeinde)の総有(入会)と同様の性格をもつところの、温泉に対する地域住民集団の「総有」の、むしろ本来的な型態である、と私は考える。したがって、城崎の温泉に対する旧時の所有関係は単なる「旅館組合の共有」だった、という被告の主張は正当でないことになり、むしろ、それは湯島という地域住民集団の総有であり、同時に旅館組合がその上に、重畳的ゲヴェーレの性質を有する支配*を有していたもの、として概念構成されるべきである。そうして、このように解するときは、以下に述べるような城崎温泉の他の諸事実と統一的に理解することができる、と考えるのである。

*川島「近代法の体系と旧慣による温泉権」法学協会雑誌七六巻四号(本書前掲論文)および川島「所有権の『現実性』」『近代社会と法』一七一頁以下(著作集第七巻三一六頁以下、特に三五八頁以下)参照。

第二に、油とう屋(ゆとうや)の内湯事件もまた、右と同様に理解されるべきものである。それは、明治一四年(一八八一年)に時の外務卿井上馨が来湯した際、その嘱望により油とう屋旅館が初めてその邸内に源泉を掘さくして内湯を開設し、井上およびその家族の使用に供したが、井上の退去後にも一般宿泊客用にこれを使用しようとしたので、「他の旅館業者等多数村民の反感を招き以て紛擾を惹起し翌十五年城崎郡長……等の斡旋により漸く和平解決を見た」が、桃瀬某は「当時油とう屋に加担したりとの事由により……村方より処罰として一の湯(共同湯)の樋直しの賦役を命ぜられた」という事件である。これに対して、判決は単に、「該事実のみによりては未だ原告主張の慣習法の存在を肯認し以て右認定(内湯不許の慣習法なし、という認定)を左右するに足らず」と言っているにすぎない。

しかし、この事件は、きわめて明瞭に、内湯不許の慣習――旧慣による温泉については、慣習が「法律」すなわち慣習法としての効力を有する(法例第二条)のであるが――を例証している、と私は考える。この事件で、地域共同体の構成員が温泉を個人的に利用しようとして、「多数村民」の反対にあい、郡長の斡旋によってはじめて「紛擾」(地域社会の全体にかかわる紛争)が解決された、という事実は、この紛争が単に個人対個人の私的紛争でなくて地域住民集団そのものにかかわる全集団的紛争であったこと、およびその紛争が深刻であったこと、を示唆している。さらに決定的に重要なことは、この事件の余波として、桃瀬某が油とう屋(地域集団の規範に違反した者)に加担したとの理由で、共同湯(共同体の設置・管理にかかる)の樋直しの「賦役」(村落共同体のためにその構成員が義務として「つとめる」奉仕、を意味する慣用語である)を村方から命ぜられたという事実である。この事実は、従来多くの地域住民集団において、その内部の慣習規範に違反した者があった場合には「その集団の共同の利益のための賦役を命ずる」という型態での罰的サンクションをその者に命ずる、という慣行があったことと対比するときは、温泉の個人的利用――共同体構成員による総有的共同利用と矛盾する――を許さないとする共同体の規制(規範)を例証するきわめて顕著なものだと考えられるのである。また、念のため附言するが、右の紛争は井上が退去した以前には発生しなかったという事実は、内湯不許の慣習規範が確立していなかったことの例証となるものではない。むしろそれは違反のない強力な慣習規範であったのであり、あたかもゴムまりの中の空気が、外部からゴムまりに加えられる強い圧力に屈して、一たん凹んでも、その外部の力がなくなったときにはゴムまりはその内部の空気の圧力によって原形に復するのと同様に、城崎という小地域集団の内部慣習規範は、当時の専制的中央政府権力の有力者の圧倒的な実力に抵抗するにはあまりにも無力であったため、やむを得ずその慣習規範の違反は黙過されたのであるが、井上退去の時には集団内部の慣習規範がその機能力を回復し、集団紛争を発生せしめたのだ、と解せられるべきである。

のみならず、前述したように、判決は「該事実のみによっては原告主張の慣習法の存在を肯認し得ない」と言うのであるが、原告は右の第一および第二の事実のみを理由として内湯不許の慣習を主張したのではないのであって、裁判所としては本件において原告が主張した他の諸点と合わせて判断すべきであったのである。私がはじめに、本件の論点は多岐にわたるが、問題は結局「内湯不許の慣習規範があったかどうか」に帰着すると言ったのは、この意味においてであり、その中心問題を論証するために提出された主張を綜合的に判断することなく、その一つ一つを個別的に他から分離して観察して、独立して請求の論拠となるかどうかを問題にした、という点で、私はこの判決に対し根本的な疑問をもつのである。

第三に、右の事実と関連して、さらに次の事実に注目すべきである。すなわち、「右湯筒屋の内湯事件解決の結果内湯は一般に認められ当時湯筒屋は勿論被告三木屋に於ても内湯条例に従い内湯を営み居たることあるも……」と判決は述べているが、これは、右の油とう屋事件という紛争の処理方法の一つとして、地域共同体の制定規範としての内湯条例をつくり、その制限内においてのみ旅館内湯を許すこととした事実を指すのである(判決参照)。ところが、この内湯条例は、旅館内湯に対し高度の制限的ないし禁止的規制を加えるものであったことは、右の判旨部分につづいて判決自身が述べるとおりであった。すなわち、「其後内湯は使用料金の高額等の事由の為之を利用する者殆どなく軈て自然廃滅の状態と帰し……。」すなわち、内湯条件によって内湯不許の慣習規範は消滅したのではなく、むしろ内湯不許の規範は、外圧による違反という事実と妥協しつつ、禁止的制限を課することによって実質的には内湯禁止規範を単に変形させ、ついにその違反事実を消滅させる、というしかたで貫徹した、と見るべきなのである。

*もっとも、「内湯条例」なるものが当時つくられたかどうかについて、判決は疑問をさしはさんでいる。この点に関する資料として、次のものがある。昭和八年(一九三三年)八月六日に、「目下温泉内湯問題に付紛糾を極め居る際之が参考にも致し度く」という趣旨で町の公会堂で開かれた町の古老及び有志の座談会の議事録には、「三宅豊彦氏の言はれるには内湯(油とう屋問題の解決)に関し五つ程の条件ありしと記憶す」という杉本町長の発言に対し、「条件等はあつた様に覚へず」という出席者一同の発言、および、「内湯には絶対反対し条例又は金銭問題等にて解決したるものに非ず」という井上吉右衛門氏の発言が記録されている。また、昭和一〇年(一九三五年)三月九日付の桃瀬仙蔵より町長代理助役坂本誠一宛の回答書面には、「……其当時和解条件トシテ内湯条例設定其他ノ和解条件ハ更ニ記憶セズ」という文言がある。これらは、紛争の最中での発言や回答であって、訴訟への反映を意識してのものであり、私の印象的理解としては、これらの資料からは内湯条例の不存在を確認することは適当でないと考える。

さらに第四に、「貴顕来遊の都度之が歓待方法として其の宿泊旅館内に内湯を仮設したる事例等も再三ならず従つて之が利便をも知悉し得たるべきに拘らず何れも貴顕退去と共に之を廃毀し以て此等一時的施設を他にしては湯島区民にして一般浴客用の温泉内湯を企画したる者無かりし事実」が、判決によって認定されている。このこともまた前述(右の第二参照)したとおり、内湯禁止規範の存在→外圧による一時的混乱→外圧消滅による旧秩序の回復、という「社会的行為の次元」における――ことば・観念の次元において、でなく――社会秩序の動態を例証するものにほかならない。

第五に、大正年代に、「阪神地方の豪商にして湯島の地に別荘を構へその邸内に自由に泉源を開き自家用内湯を設けたるもの続出したるに対し当時原告区其の他何人よりも之に異議を申出づるが如き事更に無」かった、という事実は、内湯禁止の規範の存在を「到底……首肯するに由なきもの」と判断する根拠となるであろうか。否、これまた、はなはだ根拠薄弱な断定である。右に明らかなとおり、当時源泉を掘さくし内湯を設けたのは城崎湯島区外の人々――すなわち、湯島住民集団の構成員でない人々――であった(一般に、総有住民集団の構成員資格の取得には、慣習規範で厳格な要件が定められているのが、普通である。ただし、総有客体が豊富で、総有利用主体を限定する必要を集団が感じていない場合には、比較的寛大に構成員資格を承認するのが常であったが)。したがって、それらの人々が集団内部規範に違反した場合に直ちにそれらの人々に対して罰的サンクションが発動されなかったとしても、そのことから当然に集団内部規範の不存在を論理的に帰結することは、許されないのである。そうして、現に、判決は、村外者が城崎で別荘用の土地を購入しようとした際に村人西村作兵衛が「旅館経営者等(村びと＝地域住民集団の構成員、という意味であろう)が内湯を設置することは能はざるも個人(別荘を建てる村外者)が別荘用に内湯を設置することは支障なき旨申した」という事実を述べ、さらに、「其の間湯島の地に於て旅館業者は相互に一般宿泊用内湯を

〔の、の誤記又は誤植?〕設置を憚り居たる一面の事実は之を窺知し得べし」と言っているのである。

第六に、「大正九年〔一九二〇年〕兵庫県令『鉱泉地区取締規則』が湯島区の地域に施行せらるるや泉源地所有者たる旅館業者にして将来温泉内湯設置の〔を?〕留保する目的の下に公然宿泊客用をも包含すべき入浴使用を目的とする鉱泉存置届*を為したるもの続出し原告区は又之を熟知しながら何等の異議若くは抗議をも申入れたることのなかりし事実」は、「未だ……宿泊客用内湯避止の慣習法は勿論斯る一般慣行すら到底之を首肯し難」い、という判決の判断の根拠となり得るであろうか。これに対しても私は反対である。

*鉱泉(温泉を含む)の掘さくや利用等につき県の認可を要する旨を規定する府県の取締規則が、その規則制定以前から存在した鉱泉については「存置届」のみによってその利用の警察的禁止を解除する、という例は、しばしば見られるところである。武田軍治『地下水利用権論』二七二頁以下の附録に掲げられている諸規則参照。

鉱泉存置届は、単に鉱泉を「存置」する旨の届出にすぎず必ずしも常に鉱泉を「利用」する旨の届出ではない。*そうして、右判旨も言うように、存置届を提出した者は現実に温泉内湯を設置したのではなく、むしろ内湯禁止規範を前提しつつ「将来」内湯を設置できるようになることに備えたにすぎないのであり、したがって、存置届を提出した者が内湯設置等の個人的利用をしないかぎり、原告区或いは区民がこれに異議をとなえなかったのは、当然である。というのは、そもそも地域共同体の慣習規範と国家法とが有機的統一秩序を構成しているのでなくて、前者が後者に対し相対的に独立性を保持しつつ強力なサンクションを伴う別個の社会秩序として存続し、人々が国家法に対して一種の疎外感ないし疎遠感をもっているところでは、ことに地域共同体の慣習規範の現実的規制力(行動の次元における規制機能)について人々が不安を感じていないところでは、そのような対国家的手続(しかも単なる存置届)に対し一々異議をとなえないのは当然であり、したがってそのような場合に「異議」がなかったというだけの理由で共同体の自律的規制は存在しなかったと認定することは、全く客観的事実と矛盾するものであって、はなはだしく不当なものと言わねばならない。右の判旨は、地域共同体の慣習規範と国家法とを無批判無反省に同列において判断するものであって、慣習規範の判断にあたり問題の基本的な理解に欠けていた、と言うべきである。＊＊

＊兵庫県令「鉱泉地区取締規則」は、「鉱泉ヲ試掘シ又ハ池井溝渠等ヲ設クル為地下ヲ穿鑿セムトスル者」は県の認可を得ることを要し(二条)、また、掘さくにより「鉱泉湧出シ之ヲ存置セムトスルトキ」にも県の認可を得ることを要する(三条)ものとし、そうして同令施行の際に「現ニ鉱泉湧出スル場所ノ所有者又ハ管理人ニシテ大正九年六月一五日迄ニ其ノ鉱泉名場所存置ノ目的ヲ当庁ニ届出タル者……ハ」右の第二条の「許可ヲ受ケタル者ト看做ス」と規定していた(附則)。なお鹿児島県の温泉掘鑿取締規則(大正六年(一九一七年)九月二一日県令二四号)は、温泉の使用と存置とを区別し、「掘鑿ノ場所ニ於テ温泉湧出スルモ更ニ知事ノ認可ヲ受クルニアラサレハ使用又ハ存置スルコトヲ得ス」(二条)と規定しており、「存置」ということばは「使用」を含まないものとして用いられている。同様の規定は、群馬県温泉取締規則(大正一二年(一九二三年)六月二二日県令三三号、改正昭和二年(一九二七年)二月同令二四号)第六条、京都府温泉鉱泉取締規則(昭和二年(一九二七年)二月二五日府令二一号)第六条、鳥取県鉱泉地区取締規則(昭和三年(一九二八年)九月二一日県令五六号、改正昭和一〇年(一九三五年)九月同令四〇号)第六条、神奈川県温泉地区取締規則(昭和四年(一九二九年)二月一九日県令六号)第七条、宮崎県鉱泉取締規則(昭和八年(一九三三年)三月一七日県令一〇号)第四条、静岡県鉱泉地区取締規則(昭和一二年(一九三七年)四月一日県令二二号)第七条、栃木県温泉及鉱泉営業取締規則(昭和一六年(一九四一年)一一月二一日県令六九号)第九条。——以上、武田軍治前掲二六九頁以下附録(一)に掲載されている府県令による。

＊＊同様の誤りは、近時入会権の「解体消滅」を認定した最高裁昭和四二・三・一七第二小法廷判決民集二一巻二号三八八頁にも見られる。この点については同八五巻三号四二四頁以下、この判決に対する私の研究(法学協会雑誌)(著作集第八巻一三八頁以下に収録)を参照されたい。

第七に、判決は次の事実を認定している。「(明治一五年の前記油とう屋事件の後)当時内湯の経営は之を認許し別に内湯条例を設け湯方に浴室の鍵を保管せしめ且つ高額の入浴料を徴したる事等を断片的に認め得れども当時記録散逸して其の詳細を知るに由なく……。」このような事実にもとづき、判決は、明治一五年(一八八二年)の油とう屋事件の結果として「内湯の経営は之を認許」するようになったと言い、右の内湯条例の――前述したように、内湯条例が存在したのかどうかは問題であるが、もし存在したのだとしたら、それが――有していた重要な機能的意義を十分に理解していない。この点にもまた、本件の事実関係に対する本判決の無理解があった、と私は考える。

右の内湯条例は単純に内湯を認許したのではなく、むしろこれを認許しないという基本原則に立ちつつ部分的譲歩をして妥協したにすぎないのである。すなわち、内湯条例は、地域共同体の機関たる「湯方」に「浴室の健を保管せしめ」ることにより、旅館内湯を共同体の直接管理のもとにおき、また「使用料金の高額等の事由の為之〔内湯〕を利用する者〔旅館〕殆どなく聽て自然廃滅の状態に帰し」てしまうほどの、言わば禁止的な「高額の入浴料を〔地域共同体が旅館から〕徴した」のであって、内湯条例は内湯認許を例証する事実であったのではなく、むしろ逆に、内湯不許の慣行がそれ以前にあったこと、また地域共同体が一応既成事実に譲歩して内湯を認許しつつ同時に内湯をその直接管理のもとにおき禁止的な高率賦課金を科して内湯を抑圧したこと、を例証する事実であったのであり、そうして、事実において地域共同体のこのような措置はその目的を達して内湯は消滅し、内湯不許の慣習規範は再び回復されたのである。

要するに、城崎温泉には終始内湯不許の慣習規範がなかったとする判決の認定は、判決の事実認定およびそれに対する説明からは、到底正当化され得ないばかりでなく、むしろその逆なのである。判決は、慣習規範とはどのようなものであるのかということについて、根本的に理解を欠いているように思われる。一方では、判決は、徳川時代以来、内湯がなかったのは、単なる事実(判決は「事例」ということばを用いている)であって、禁止規範があったからではない、と言うが、これは、長年月にわたり強い共同体的規制のもとで集団規範が順守されてきたところでは違反行為がほとんど起らず、その結果集団規範の内容は単なる「事実」であるように見えるということ、このような「習俗規範」にあっては、一定様式の行動の存在という事実がそのまま規範であるということ、を無視するものである。また、判決は、慣習規範に対する違反行為があった場合には種々の型態での社会的反応(サンクション)が生ずること、そうして、まさにそのような社会的反応が生じたことが一定の慣習規範の存在を顕在化するものであること、を無視し、きわめて安易に「該事実のみによりては未だ慣習法の存在を肯認するに足らず」と断定しているのである。*

*川島『法社会学』上巻一九五八年五四—五五頁参照。

しかし、判決がこのような誤りを犯したことは、或る意味では、やむを得なかった、と言えるのかもしれない。温泉権——特に旧慣による温泉権——に関する裁判規範については、制定法上の規定を欠き、本件におけるように慣習規範によるべき場合が多いが、慣習規範をいかにして認定すべきかについては、実際上多くの困難な問題があるからである。そもそも慣習規範とは何であるかということが問題であるのみならず、それをどのようにして認定すべきかということも、従来ほとんど研究されていない。* したがって、そのような困難な問題を含む本件において、裁判所が右に述べたような誤りを犯したことも、あながち非難され得ないとも言えるであろう。しかし、慣習規範について誤った認定をすることは、当事者の権利を不当に侵す結果となるばかりでなく、裁判に対する国民の信頼をも動揺させることになるであろう。本事件の教訓を軽視したり無視したりすることなく、裁判所・弁護士のみならず、学者も、慣習規範の認定に関する研究を怠らないように努めるべきであることを、特に強調しておきたい。

*かつて私はこのような問題意識をもって、簡単な試論を述べたことがある(川島『近代社会と法』一九五九年一一八頁以下の第四章慣習法、および、同「近代法の体系と旧慣による温泉権」法学協会雑誌七六巻四号四六一頁以下、本書前掲論文)。そ

れはまだ不完全なものであり、問題提起以上のものではないが、残念ながら学界の反響を得ることができなかった。

三　判決の波及効果

興味があるのは、右の行政訴訟ならびに民事訴訟に対する判決が出た後で、城崎温泉権がたどった経過である。

行政訴訟において、昭和一〇年(一九三五年)に兵庫県が敗訴になったとき(昭和一〇年(一九三五年)九月一〇日)、湯島における内湯反対は猛烈なものになり、翌昭和一一年(一九三六年)四月には内湯反対町民大会が開催され、出席町民約四〇〇名、町は不穏な空気につつまれ、城崎警察署は非常招集を行なって警戒し、数名の検束者を出した。大会では、行政訴訟の原告たる片岡を宿屋組合から除名し、反対派商人は片岡に対する不売を決議した。

民事訴訟において湯島区が敗訴したとき(昭和一三年(一九三八年)二月七日)、湯島区は直ちに大阪控訴院に控訴した。しかし、審理は進捗せず、やがて太平洋戦争となり、昭和一九年(一九四四年)一月になって裁判所は戦時民事特別法により本件を戦時調停に付した。だが、その後も調停は容易に成立せず、太平洋戦争後五年近くを経過し、戦後の昭和二五年(一九五〇年)三月にいたり、片岡の相続人と湯島区とのあいだに調停が成立した。

この調停は、単に昭和二年(一九二七年)以来の町をあげての紛争に終止符を打ったという点で画期的なできごとであっただけでなく、裁判で勝った当事者が地域共同体に対しその権利を放棄し、地域共同体による温泉利用権の専有と温泉利用の全面的管理とを承認した、というその内容において、まことに画期的なできごとであった。*

＊調停条項の詳細については、川島ほか編『温泉権の研究』一九六四年三九二頁以下(黒木三郎・和座一清筆)を参照されたい。

すなわち、地域共同体が長年月をかけて裁判所で主張して認められなかった旧来の慣習規範がこの調停によって、確認され、それに基いて、地域共同体の直接管理と規制のもとで一定の限られた範囲での内湯が許されることとなったのである。調停条項は次のように言う。「〔片岡〕は……控訴人〔湯島区〕が城崎町湯島の地域に於て湧出する温泉を利用する権利を有することを確認する。〔湯島区〕は城崎温泉の外湯を堅持する外、新に内湯を設けるため、別紙要綱の内湯条例を制定実施する……。」そうして、その内湯条例の要綱は次のごとく規定する。「内湯開設の許否は温泉委員会に諮問し、且つ湯島区議会の議決を経て城崎町長が之を決定する」(「調停条項」および「内湯条例要項」の原文は、本稿のおわりに「資料」として掲げておいた)。

このような調停は、その後の城崎温泉の運命を決定した。湯島区は、これに従って城崎温泉利用条例ならびに同条例細則を制定し、湯島区の地域内における一切の源泉掘さくと配分とを管理して、財産区による温泉の集中管理の徹底した方式を実行して今日に至ったのである。その結果、旅館内湯がなかった城崎温泉で、現在は六七軒の旅館に内湯が設置されており、その湧出温泉量も、別表のごとく著しく増加した(昭和二〇年(一九四五年)にくらべ、昭和四〇年(一九六五年)にはほとんど二倍となっている)のみならず、温泉の温度はかえって上昇し、昭和二〇年(一九四五年)の平均五二・五度にくらべ昭和三一年(一九五六年)以降は平均五四・五度になっている。

温泉利用現況

(城崎町湯島財産区編「城崎温泉の集中管理」昭和43年11頁による)

		昭和5年	昭和20年 4月	昭和26年 12月	昭和31年 12月	昭和40年 12月
総湧出量トン(1日当り)		725	700	773	1,202	1,314
温度C	平均	不明	52.5度	53.0度	54.5度	54.5度
	最高	不明	57.5度	60.0度	74.0度	74.0度
利用源泉数*		不明	16	16	16	16

* 休止および涸渇している源泉の数を含まない.

「雨降って地固まる」と言うが、二三年間にわたる町民をあげての紛争は、あまりにも大きな犠牲であった。しかしまた、慣習規範について誤った判断をした判決が出たにもかかわらず、結局、慣習規範の支配が貫徹して前記の調停となり、一面では慣習規範は確認されつつ同時に他面ではその基礎の上で新たな変化発展をとげ、温泉という地下資源の採取方式において前進し、またその温泉の配分についても、きわめて特色のある地域共同体による集中管理という方式が採用されるに至ったのである。

かつて——城崎に赴いて現地調査をする以前——私は、内湯禁止規範の存在を否定した前掲の豊岡支部の判決を読んだとき、城崎の内湯禁止規範はこの判決によって大打撃をうけ、温泉に対する旧来の地域共同体の規制は急速に崩壊したのであろうと推測したのであった。* しかし、私は、おろかにも、裁判というもののもつ社会統制機能を過大評価する誤りをおかしていたということを、その後の現地調査によって右のごとき調停があったことを知るに及んで、悟らされたのであった。長い歴史をもつ城崎の共同体規範は、裁判の権威に抵抗して貫徹したのである。

*川島「近代法の体系と旧慣による温泉権」法学協会雑誌七六巻四号四六二—四六三頁(本書前掲論文)。

このようにして成立した温泉集中管理の城崎方式は、他の温泉地では容易に採用され得るものではないが、温泉権利関係の処理の合理的方式の一つとして、多くの温泉地に有益な且つ興味ある模範を示していると言うことができるであろう。*

*温泉の集中管理ならびに城崎の集中管理方式については、川島「温泉の集中管理の法律問題」(一九六七年日本温泉協会)、のち川島ほか編『続温泉権の研究』一九八〇年勁草書房一七頁以下、また本書後掲論文(題名を「温泉の集中管理——その法的側面と社会工学的＝法的処理の必要性——」と変更して収録)を参照されたい。

〔資　料〕

調停条項

一、被控訴人は城崎町湯島に於て現に温泉の湧出する土地を有する者の総員が同調することを条件として、控訴人が城崎町湯島の地域に於て湧出する温泉を利用する権利を有することを確認する。

二、 控訴人は城崎温泉の外湯を堅持する外、新に内湯を設けるため、直ちに別紙要項の内湯条例を制定実施するものとする。
三、 被控訴人方に現存する内湯は、右内湯条例に則った内湯とする。但し、同条例要項第五の規定に拘わらず、控訴人は本調停成立後十年間は、被控訴人が現有する内湯を継続することを認める。
四、 本案訴訟の第一、二審に於ける訴訟費用及び本件調停に要した費用は、各自弁とする。

内湯条例要項

第一 城崎町湯島に於て湧出する温泉は、この条例によって浴客用内湯に利用せしめることが出来る。
第二 第一項運営のため、湯島区に温泉委員会を設ける。
右委員会は城崎温泉源の調査、掘さく、湧出温泉の配分等を研究調査し、城崎町長の諮問に応ずるものとす。温泉委員会の委員は九名とし、城崎町会議員より二名、湯島区会議員より三名、商工業者より三名、兵庫県知事の推薦する者一名を町長に於て委嘱するものとする。
第三 第一項内湯開設の許否は温泉委員会に諮問し、且つ湯島区議会の議決を経て城崎町長が之を決定する。
第四 右内湯開設の許可を得た者は、湯島区に対し、所定の施設分担金を支払い且つ使用量に比例する所定の使用料を支払わねばならない。
第五 城崎町長は現存共同浴場泉源の泉量に著しい不足を生じたときは、温泉委員会に諮問し且つ湯島区議会の議決を経て、既に許可した内湯引湯の分量を減少し或はこれを中止することができる。

あとがき――本稿の執筆にあたっては城崎町「城崎温泉新泉源掘さく拡充計画書――附、城崎内湯事件に関する訴訟事件の顚末」(一九五一年三月)および川島・潮見・渡辺編『温泉権の研究』一九六四年勁草書房の第一編第一〇章城崎(担当者――黒木三郎・小林三衛・和座一清・川島武宜)によるところが多い。なお、城崎町役場、同町長片岡真一氏、同町西村六左衛門氏その他の同町の方々がわれわれの調査に与えられた協力に対し、深く感謝し、お礼を申上げる。

(北條浩編『城崎温泉史料集』一九六八年城崎町湯島財産区)

III　温泉権の変動と明認方法

温泉権の譲渡および担保

第一章　温泉権の譲渡

一　問　題

温泉に対する権利(第一次温泉権・それから派生する第二次・第三次等温泉権)は、高い経済的価値を有し、特に近時いわゆる「レジャー・ブーム」によって多くの浴客が訪れる温泉地の温泉は、収入源として大きな意味をもつので、取引流通の客体となることが多い。しかし、国家法としての私法の体系の中で温泉に対する権利がどのような規制に服するかが明らかでない点が多いので、温泉権の取引の実務においても多くの問題がある。すなわち、一方では、温泉に対する権利は、国家法の平面でそもそもどのような権利として承認されるかが必ずしも明瞭ではなく、したがって、取引当事者としては、いかなる行為をすれば国家法の保護を受け得るか(国家法上、自分の権利が確実となるか)を明白に知ることができないとともに、他方では、このような不明瞭・不安定な権利関係であることを十分に意識することなしに取引がなされる結果、一たび紛争が起った場合には、当事者のみならず裁判所もその処置に当惑する、という事情が存在するのである。

したがって以下の叙述においては、まず事実としてどのような取引がなされているかを明らかにしたのちに、それが国家法の平面でどのような法的評価(法的処置)をうけるであろうかを論ずることとする。

二　譲渡の客体

ひろい意味で「温泉を譲渡する」場合には、どのような権利がその客体とされるのであろうか。前述したように、国家制定法は、温泉に対する権利がどのような法的構成で承認され保護されるのかを明らかにしていないし、判例もまだ少数でこの問題を十分には明らかにしていない。しかしそれにもかかわらず、温泉のもつ高い経済的価値のゆえに、温泉に対する権利は、国家法の平面での保護の態様や法的構成に若干の考慮をはらいつつ、それへの何らかの適応の努力をしながら、事実上、取引流通の客体となっている。われわれの調査にあらわれた実際の例について見ると、次のとおりである。

1　もっとも多く見られるのは、源泉地盤の所有権とは別の独立の支配権として、温泉に対する権利を譲渡する場合である。民法によれば、所有権の効力は地上地下に及ぶのであり、土地所有権は当然に当該土地の一部たる温泉に対する支配権能を含んでいる(民法第二〇六条・第二〇七条)。しかし、取引の実務においては、源泉において湧出する温泉を支配する権利(源泉権・湯口権)は、独立の権利として、源泉地盤の所有権とは別のものとして、譲渡されるのがむしろ通常であるように思われる。この種の取引客体には次の諸場合がある。

(イ)　旧慣上の源泉権が源泉地盤所有権から分離された別の権利として譲渡されるのは、むしろ当然である。というのは、近代法以前のゲヴェーレの体系においては、現実利用事実に即して権利が観念されたのであるから、そのような旧慣に根ざして今日まで存続してきた源泉支配が、そのような権利意識のもとで、そのように取扱われているのは、何らあやしむに足りないからである。そうして、事実においても、そのような取引型態が通常であるように思われる。その典型は群馬県伊香保の例である。そこでは「温泉壱口」、「温泉滝壱本」、「引用権」、「温泉湯滝壱本」が売買の客体とされている。(1)また、裁判所にあらわれた紛争事件においても、その例が見られる。たとえば、浅間温泉(長野県)の湯口権は、源泉地盤所有権とは別の独立の権利として譲渡され或いは担保に供されている。(2)

(1)　川島・潮見・渡辺編『温泉権の研究』一九六四年勁草書房の資料五三参照(以下、『温泉権の研究』として引用する)。なお、武田軍治『地下水利用権論』一九四二年有斐閣三五頁以下にも、伊香保の例が引用されている。

(2)　東京控訴院昭和一一・七・一七新聞三八七三号五頁、同昭和一四・一〇・一六新聞四五一七号一二頁(その上告判決昭和一五・九・一八民集一六一二頁)。

裁判所もこの取引慣行を承認している。すなわち、東京控訴院昭和一一年七月一七日判決(『新聞』三八七三号五頁)は長野県浅間温泉の湯口権について次のように言う。「温泉は其湧出地の所有権と独立して取引の目的となり之を目的とする場合多く温泉を湧出地以外の場所に引湯して之を利用する場合に於て殊に然りとすることは当院に顕著なる事実にして該権利が債権的性質なると物権的性質を有するとに拘らず法の保護を享くべき権利に属することは勿論なりとす」(浅間温泉は、戦前はすべて天然湧出の源泉による旧慣温泉であった)。また同じく浅間温泉の湯口権について東京控訴院昭和一四年一〇月一六日判決(『新聞』四五一七号一二頁)は、次のように言う。「而シテ長野県松本地方ニ於ケル所謂湯口権カ温泉湧出地(原泉地)ヨリ引湯使用スル一種ノ物権的権利ニシテ通常原泉地ノ所有権ト独立シテ処分セラレ之カ処分ハ意思表示ノミヲ以テ為サルル地方慣習法存スルコト当院ニ顕著ニシテ……。」また、この判決の上告判決(大審院昭和一五年九月一八日『民集』一六一二頁)も、「凡ソ地中ヨリ湧出スル温泉自体ハ之ヲ該湧出地所有権ノ一内容ヲ構成スルモノト解スヘキヤ若クハ右土地所有権ニ対シ独立セル一種ノ用益的支配権ナリト解スヘキモノナリヤハ此ノ種地下水ニ関シ特別ノ立法ヲ欠如セル我法制ノ下ニ在リテハ解釈上疑義ナキ能ハサルモ本件紛争ノ温泉専用権即所謂湯口権ニ付テハ該温泉所在ノ長野県松本地方ニ於テハ右権利カ温泉湧出地（原泉地）ヨリ引湯使用スル一種ノ物権的権利ニ属シ通常原泉地ハ所有権ト独立シテ処分セラルル地方慣習法存スルコトハ上掲ノ如ク原審ノ判定セル処ニシテ……」と言ってこれを当然視し、原判決を肯定している。

(ロ) 温泉権を源泉地盤から分離し独立の権利として流通するということは、旧慣温泉権にかぎられているわけではない。静岡県修善寺の例は、何世紀にもわたる旧慣温泉権が存在した所で掘さくをおこなって温泉を湧出させた場合の源泉権に関するものであり、泉源がかぎられているので泉源保護および公平分配の必要から「修善寺温泉の統一」のために温泉組合を設立し、これに「採取権」を譲渡する契約である[3]。この契約における源泉権の独立性の根底には、旧慣上のゲヴェーレの意識が横たわっているようにも思われるが、ともかくもここで譲渡の客体となっているのは、近代的土地所有権のもとで、それに立脚して掘さくされた源泉に対する支配権なのである。

(ハ) しかし、そのようなゲヴェーレの権利意識という旧慣の上に成りたつのでない源泉権もまた、源泉地盤から独立して譲渡の対象とされている。静岡県熱海の「温泉権利」・「温泉使用権」の譲渡は、その例である[4]。また武田軍治氏も、長野県戸倉・静岡県狩野村・新潟県赤倉・長野県野沢について、「温泉」が源泉地盤から独立して売買・贈与或いは交換された例を報告されており[5]、これらの権利が旧慣上の権利かどうかが明確にされていないが、その中のいくつかは掘さくによるものであろうと思われる。なお、同様の例は判例にもあらわれている。すなわち、大分地裁昭和三六年九月一五日判決（『下民集』一二三〇九頁）にあらわれた例は、源泉地（「鉱泉地」）とともに「温泉権」を売買した場合であった。

（3）『温泉権の研究』資料二七。

(4)『温泉権の研究』資料九。

(5) 武田軍治『地下水利用権論』三六―三八頁。

前段に述べたところの・旧慣温泉権があった温泉地で掘さくによって湧出した温泉に対する湯口権および、ここに述べたところの・旧慣の支配のわくの外で成立した近代的権利としての湯口権、の両者が、裁判所においても、源泉地盤から独立した権利として承認されているかどうかは、理論上も実際上もきわめて重要で且つ興味ある問題である。大分地裁昭和三六年九月一五日判決(『下民集』二三〇九頁)は別府市大字亀川所在の土地から湧出する温泉の湯口権に関するものであって、係争湯口権は源泉地盤所有権とならんで独立の権利として処分されており、判決は湯口権の独立性について次のように述べている。「しかし大分県別府市地方においては湧出温泉につき増掘浚渫ないしは引湯などの利用をなし得る直接排他的な支配権が温泉権又は鉱泉権と称せられ、そしてこの権利はその鉱泉地と離れた独立の財産権であることは当裁判所に顕著な事実であり、右権利の帰属が争われている本件にあっては被控訴人において鉱泉地持分権とは別箇の権利として、温泉権が自己に属することの確認を受ける利益の存することは明らかである。[6]」この判決で争われている湯口権が、前段に述べたものか、ここに述べる近代的な権利であるかは、現在のところ私には明らかでないが、判決における事実の叙述から推測すると、ともかくも純然たる旧慣上の湯口権ではないようであり、少なくとも右の二種の中のいずれかであるように思われる(別府の亀川には古くから温泉があった)。今のところは、この点が十分に明らかでないので、留保を付した上で、一おうここに引用しておくしだいである。

(6) なお、この判決については、川島「温泉権の売買とその公示方法」温泉工学会誌創刊号温泉工学会一九六三年三五頁以下を参照されたい。

(二) 源泉権が組合に帰属し、組合員が「持分」として源泉権[7]を譲渡する場合も見られる。熱海の例では、「温泉組合」の組合員が「自己の所有権」(組合員の持分を意味する。同組合規約第六条参照)を第三者に譲渡する場合について規定しているが(同規約第一八条)[8]、その源泉地盤は組合中の一人に属しており、源泉権はこれとは別に組合の「温泉所有持分(四〇口に対する持分)」として取扱われているのである(同規約第六条)[9]。なお、源泉権が合資会社の所有となっている場合にも、法的性質においては一種の組合の所有と見られるべきであり、その場合には持分の譲渡が商法により可能であることはいうまでもない(ただし、和倉温泉合資会社は、源泉地盤をも所有しているので、その社員の持分は、後に述べる類型に属する)。

(7) 組合契約における組合財産の「共有」(民法第六六八条)が、民法第二四九条以下に規定されている「共有」と解されるべきか、それとも「合有」Eigentum zur gesamten Handとして構成され処理されるべきであるかについては、周知のように学者間に争いのあるところである。前者だとすれば、本文に述べる例は、前段(ハ)に述べたところと法律上全く同一に帰することになるが、ここでは便宜上別にして説明するしだいである。

(8) 『温泉権の研究』資料六参照。

(9) なお、『温泉権の研究』資料七に掲げられるA温泉配給組合規約も、「温泉所有(持分)」の譲渡について本文引用の規約と同旨の規定をしているが、同組合の源泉地盤所有権が組合員全員の共有に属するのか、そうでない(たとえば組合員中の一人に属する)か、は明瞭でない。

2　源泉権を源泉地盤所有権の一権能として譲渡すること(すなわち、源泉地盤所有権を譲渡することによって源泉権を譲渡すること)は、民法の土地所有権の規定の構成と合致するものであり、したがって実際には数多く行なわれているのではないかと推測していたのであったが、少なくともわれわれの調査にあらわれたところでは、その数は少ない。その一例は、熱海のM温泉組合の約款[10]である。同第五条・第六条によると、組合員は源泉地盤所有権を共有し、その持分に応じて「引用権」を有する。したがって少なくとも規約の上ではこの組合員には源泉地盤所有権の効果として温泉の引用がなされているものとして、表現されている。そうして、この源泉地盤の共有持分の譲渡は、当然に引用権の譲渡を伴うことになる。

思うに、この類型の源泉権の譲渡は、実際には少ないのではないか、と推測される。というのは、経済上は、温泉利用権能の譲渡が重要であり、しかもそれを源泉地盤の所有権の一権能と考える思想は弱く、むしろそれから独立のものと考える思想が普通であるからである。源泉権の譲渡とともに源泉地盤所有権の譲渡が行なわれる場合にも契約書には、源泉権の譲渡とならんで源泉地盤所有権の譲渡が掲記されるのを常とするのも、このような権利思想に基くものと考えられるのである。したがって、取引の実際においては――これに対する国家法の評価は別として――、源泉地盤所有権の譲渡によってその一権能たる源泉権を譲渡するという方法は一般的には行なわれていない、と推測しても誤りではないであろうと思われる。

3 第二次温泉権が設定ないし譲渡されることは少なくない。これには種々の場合がある。論理的可能性としては、民法上の「地役権」という型態で第二次温泉権を設定することも可能であるが、われわれが調査したかぎりではその例は極めて少ない。もっとも多いのは、源泉権者が一定量の給湯義務を負い、その反射として相手方が温泉利用権を有するものとする契約であり、その性質が問題となっている。このような温泉利用権は経済的価値の高いものであるから、それが譲渡される場合が少なくない(熱海では、このような引湯権が、引湯の場所たる土地建物と共に譲渡される例が少なくない)。なお、一般にこの類型の温泉利用権の譲渡には制限が付せられている場合が多いことは、次段に述べるとおりである。

なお、第二次温泉権の譲渡の特殊な類型として次のようなものもある。これは伊豆の土肥の例であるが、鉱業会社の地下掘さくによって従来の温泉の湧出が停止したので、町と会社とが契約して、坑内に湧出する温泉は全部「町所有」とし、そのかわりに町と温泉組合とが契約して、組合員が従前有していた温泉利用権を「既得権」と認めて、その者に町有温泉権の第二次温泉権(引湯権)を与え、そうしてこの引湯権の譲渡または貸与には町の承諾を要すると規定しつつ、しかも同時に、もしこれら既得権者が譲渡または貸与の承認を町に求めた場合には、町は「公共の福祉に反しない限り承認を拒否することが出来ない」と規定して[11]、事実上譲渡の自由を規定しており、この引湯権が一種の「既得権」としてむしろ源泉権に近似し、町は温泉管理のための受託者的性格をもっていることを示している。修善寺の温泉譲渡契約書[12]第二条第三条も同様である。

(10)『温泉権の研究』資料五。
(11)『温泉権の研究』資料一六協定書第四条。
(12)『温泉権の研究』資料二七。

三　譲渡の制限

源泉権を単独で所有している場合とか、或いは源泉権の共同所有者間に共同事業をいとなむ関係が存しない場合には、源泉権の譲渡には、一般には制限はない。ただし、旧慣上の源泉権が或る地域共同体に総有的に帰属している場合には、一般の入会権等の総有的権利と同様に、その処分には総有権者全員の同意を要するであろう。

しかし右以外の温泉権の処分については実際上は種々の制限が付されている場合が多いようである。われわれの調査で見出されたものとしては、次のようなものがある。すなわち、――

1　共同して温泉権を所有する数人の者(共同温泉権者)のあいだに、共同事業をいとなむ関係が存在する場合には、株式会社等の特殊な法型態をとらない限り、民法上は「組合」契約関係(第六六七条以下)があることになる。このことは、「組合」という用語を用いる契約書が有るかないかには、かかわらない。ところで、――

(i)　民法によると、共同事業者たる地位すなわち組合員たる地位(「持分」)は、契約当事者たる地位にほかならないから、それを他の者に譲渡するには、他の組合員全員の同意を要することは、言うまでもない。

温泉の共同利用を目的とする組合の規約の中には、持分(規約上は「自己の所有権」という用語が用いられていることがあるが、組合員としての持分を意味すると解すべきである[13])を「第三者に譲渡する場合は組合の了解を得ると同時に譲受人をして直ちに組合に加入せしめ本規約の義務を負わしむるものとす」という表現をするものがあるが[14]、その趣旨は民法の右の規定と同一趣旨、すなわち他の組合員全員の同意を得、且つ持分譲受人の組合加入の意思表示を得ることを要する趣旨、と解すべきである。問題となるのは、右にいわゆる「組合の了解」である。持分譲渡について民法に規定があるのにわざわざこのような異る表現をしたのは、組合の業務執行の範囲内の問題とする(すなわち、理事会の決定――過半数――によって決定する)趣旨であるのか、それとも総会の決議(出席組合員の過半数による[15])によって決する趣旨であるのか、それともまたそのような用語にかかわらず民法の原則による趣旨をしろうとに分りやすく表現したのか、問題となり得るが、この点の解釈について他の組合員(共同事業者)の承諾を得ることができない場合には、民法の原則によるほかはないことになるであろう。

内部関係の実質においては一種の「組合」であるところの・合名会社においても、同様であり、また同様の性質を有する合資会社においても有限責任社員の地位の譲渡についてのみ例外(無限責任社員全員の同意のみで足りる)(商法第一五四条)が規定されるだけで、無限責任社員の地位の譲渡は一般原則に従い(商法第一四七条)、「他の社員」すなわち無限責任社員および有限責任社員全員の同意を要する[16]。ところで、温泉の利用を共同に行なうことを目的とする合資会社の定款で、「有限責任社員は無限責任社員三分の二以上の同意を得たるときは、其の持分の全部又は一部の譲渡を為すことを得」と規定するものがあるが、[17] これはもとより有効である。また、無限責任社員の持分の譲渡には「無限責任社員三分の二以上の同意を得たる上、更に総社員の三分の二以上の総会の決議」を要する旨を定める規定[18]は、右の商法の規定よりもその要件を緩和し、一定少数の反対者があっても持分の譲渡を有効と認めるものであるが、右の商法の規定は言わば当事者間の契約関係に関するものであるから、契約自由の原則にしたがい、これを無効とすべき特別の理由（たとえば公序良俗に反するというような）がないかぎり右のような定款の規定を有効と認めてさしつかえないであろう。

（13）『温泉権の研究』資料六第六条・第一八条、資料七第四条・第五条・第一五条参照。
（14）『温泉権の研究』資料六第一八条、資料七第一五条。
（15）『温泉権の研究』資料七第一一条。
（16）石井照久『商法Ⅰ』五五四頁参照。
（17）『温泉権の研究』資料三三第六条の三第一項。
（18）『温泉権の研究』資料三三第六条の三第二項。

(ii) 次に、共同事業に属する個々の財産——ここでは特に温泉権——に対する組合員の持分の譲渡については、民法は、組合財産に属する個々の財産に対する持分を組合員が「処分」（譲渡・質入れなど）しても、「之ヲ以テ組合及ヒ組合ト取引ヲ為シタル第三者ニ対抗スルコトヲ得ス」と規定し（第六七六条第一項）、実質的にはその効力を否認している。すなわち、組合員が温泉権に対する持分を他人に譲渡しても、「組合」（すなわち他の組合員）はこれを否認して譲受人の利用を拒絶し得るし、また「組合ト取引ヲ為シタル第三者」（たとえば組合に対する債権者）もこれを否認して、組合財産としてその源泉権に強制執行することができる。ところで、このような民法の規定を眼中において実際の温泉組合規約を見ると、種々の問題に遭遇する。

たとえば、源泉地盤所有権と源泉権とを共同に所有する組合の規約において、「理事会の承認」があれば源泉権（規約は「温泉引用権」と呼んでいる）を「土地から分離して譲渡し」得ることを認めているものがある。[19] しかし、この規定の効力は、右の民法の規定との関係で、はなはだ問題である。まず、譲受人はその譲受を、譲渡人以外の組合員には対抗し得るであろう。というのは、これは組合員相互の内部関係であるから、そのような組合規約を承認して組合員となっている者は、それに拘束されるべきであるからである。しかし、譲受人がその譲受を、「組合ト取引ヲ為シタル第三者」に対抗し得るかどうかは、はなはだ問題である。何故かと言うと、右に述べた民法の規定は、組合と取引をする第三者の立場を考えて、個々の組合員の持分の処分を実質的に禁止することを目的とするものであり、したがって、たとえ組合規約でそれと異る定めをしても第三者には対抗し得ない、と解すべきであるからである。

(19)『温泉権の研究』資料五第七条(二)。

(iii) 組合を構成しない共有者が共有財産を処分するには、共有者全員の同意を要する（民法第二五一条）。また、組合財産は組合員全員の「共有」と規定されているが（同第六六八条）、実際には組合の業務執行に関する規定が適用され、原則としては、組合員の頭数の過半数によるべきことになる（第六七〇条以下）。しかし、実際にはこの点に関し不注意に取引がおこなわれることがあり、組合所有の温泉権を譲りうけるにあたって、組合員の全員を確認することなく、或いは組合員全員の、または一部の者の同意書も記名押印もない契約書をもって、契約している例がある（現在係争中であるから、特に当事者名ないし温泉地名を書かない）。取引をなすにあたってこの点に特に注意を要する。

2　第二次温泉権の譲渡が制限されている場合がある。

引湯権者(第二次温泉権者)甲が温泉を利用個所に引湯するため他人所有の土地の上に導管を通過させることを要するので、その土地所有者乙に「地代金相殺の意味」で分湯することを定めた契約の中に、「乙(その土地所有者)は自家用として分湯したるもの故如何なる場合と雖も銭湯その他権利を他に譲渡等なさざるものとす万一乙に於て本項に違反したる場合は本契約を無効とし乙所有の引湯土地に関し乙は何等支障なきものとす」という規定がある。[20] 右の制限はきわめて厳格で、「違反」したときは爾後乙は分湯権を失い(「本契約を無効とし……」)且つ甲は引湯のために乙の土地を無償で使用し得るものとしているのであるが、「違反」とは何を指すのか、問題の余地がある。思うに、右の規定の文書から見ると、「違反」に対してこのような厳重な制裁を規定するゆえんは、分湯を地代とする土地使用権を確保するためであろう。しかし、そうだとすると、乙が分湯権を土地所有権から分離して他に譲渡しても、乙が土地所有権を有するかぎり、乙に対する甲の土地使用請求権には影響がない(債権者と債務者とは交替していないから)のであり、右のような制裁を課する実質的必要はない、と言うべきである。むしろ乙の土地に対する甲の使用権が危険になるのは、乙がその土地の所有権を第三者に譲渡した場合である。この場合には、乙はまだ分湯権を第三者に譲渡していないのであるから右の契約にいわゆる「違反」はないことになるが、甲はその土地を譲りうけた第三者に対しては債権たる使用権を対抗し得ないのであるから、甲の引湯権は重大な危険にさらされる。かの有名な宇奈月温泉の訴訟は、温泉導管が通過する土地の所有権を譲りうけた者が土地所有権を根拠として導管の撤去を請求した事件であり、同事件の原告のように土地譲受につき権利濫用的事実が在る場合以外は、導管による引湯者は土地譲受人に対して、前土地所有者に対する債権たる土地使用権を対抗し得ないのである。要するに、右の規約は、その目的のために必要不可欠なことを規定せず、不要なことを規定しているように思われる。むしろ乙が土地所有権を第三者に譲渡しその結果第三者が甲の土地使用を拒絶するに至った場合に、乙の分湯権を否定する旨の規定を設けるべきではなかったか、と思われる。

群馬県草津町営温泉の引湯権について、草津町温泉使用条例は、「温泉引用ノ権利ハ之ヲ第三者ニ移転セシムルコトヲ得ズ」と規定している。(21) 町営温泉の引湯権を私法上の権利と同視することは問題であろうが、(22) ともかくも草津では温泉引用の許可は町会の議決によって決定されるのであり、おそらく、何びとに許可すべきかは、引用者の需要について以外は、主として引用者の料金支払能力についての考慮によって決せられるのであろう。引湯権の譲渡を制限する右の規定は、このような考慮が無に帰することのないようにすることを、意図するものであろう、と思われる。このことは、右の許可を得た引湯権者からさらに温泉の供給をうけようとする者は、その引湯権者と連署してその許可を願い出づべく、その際に「其ノ目的、……受給者ノ職業ヲ詳具」すべきものとしている規定(右条例第八条ノ二)からも、うかがわれる。

(20)　『温泉権の研究』資料四四。

(21)　『温泉権の研究』資料三八第八条。

(22)　町営温泉の引湯は、町営の水道利用関係と同じく、地方自治法にいわゆる公けの施設の利用関係であり(第二四四条以下)、その使用料には強制徴収が認められる(第二三一条の三)から、その「引湯権」は一般の私法上の権利とは重要な点で異るのである。

そのほか、特定の事情を考慮して特定の者にのみ温泉の利用を許すのである場合には、その温泉利用権の譲渡が制限されるのは、当然である。特に共浴場だから給湯するという趣旨で修善寺温泉事業協同組合(甲)が修善寺温泉生活協同組合(乙)に温泉を供給することを定める契約においては、(23)「(乙は甲の承認なしに)供給を受けている温泉を第三者に分湯し又は権利を譲渡してはならない」と定められている。(24) しかし、もし乙がこの規定に違反して引湯権を第三者に譲渡したときは、その譲渡は常に無効であるかというと、かならずしも常にそうなるわけではない。乙の引湯権は、民法上は一種の債権と見るべきであるから、その譲渡禁止特約は「善意ノ第三者ニ対抗スルコトヲ得ス」(民法第四六六条第二項但書)、したがってこのような譲渡禁止特約を知らないで譲渡をうけた者があるときは、譲渡は有効となり、譲受人は有効に引湯権を取得することになる。おそらくこのような事態にそなえるためではないかと思われるが、右契約書には「乙が本契約各項に定める条項に違反した場合は甲は温泉の供給を即時停止することを得。この場合は甲は損害賠償の責を負わない」と規定されている。[25] この規定は、乙がこの契約によって負う各種の債務(特に引湯料支払債務)を履行しない場合における甲の履行拒絶権を認めるものであって、同時履行の抗弁権(民法第五三三条)が成立するかどうかが問題となり得るような――給湯債務との対価関係の有無が問題となり得るような――附随的債務の不履行に対する制裁ないし防衛の手段を予め用意する趣旨のものであり、そのかぎりで有効であることは疑いない。しかし、債権の譲渡禁止の特約において、その違反に対する債務者の履行拒絶権を規定することは、民法第四六六条第二項但書を実質的に無意味ならしめるものであり、それが有効であるかどうかは大いに問題である。この規定が、特約による譲渡禁止の効力を債権の善意の第三者に対して否認することによって、債権の流通性を最少限度で確保する趣旨のものであるなら、右のような約款を設けることによってこれを脱れることは許されないであろう。したがって、約款第六条の規定は生活協同組合の共浴場の引湯権の一身専属的性質を表明するものだと解するのでないかぎり、有効とは認めがたい。このような特殊の給湯関係(村民入会的な共浴場であるからこそ特に給湯するという事情)を契約する場合には、その一身専属的性質を明瞭に表示する規定をおくべきである。同様に、個人の源泉から共浴場に引湯することに関する契約[26]においては、「引湯者は温泉を公共の入浴用に利用する以外に使用したり他に貸与又は権利の転売等は一切出来ない」と規定している事例が見られるが、このほうが引湯権の一身専属的性質を明白に表示しているように思われる。

しかし、第二次温泉権が特に権利者の個性に着目して承認されたのでない場合には、温泉権者としては対価（引湯料）の支払を確保できさえすれば、権利の譲渡を禁止すべき格別の理由をもたないであろう。ところで、譲受人が対価を支払わない場合には源泉権者は給湯を停止することができるから（民法第五三三条参照）、たとえ支払能力のない者が譲受人となっても、給湯停止或いはその実行の可能性によって、事実上支払を強制することができる場合が多いであろう。しかし、給湯停止をしても第二次温泉権者が対価を支払わない場合には、源泉権者は、供給を停止した温泉を他に転売することができないかぎり、それを貨幣に転換することはできない。したがってその意味において、第二次温泉利用権の譲渡を禁止する実益を有することになる。言いかえれば、当該の場所で温泉が商品として流通する程度と、第二次温泉利用権の譲渡を禁止する源泉権者の利益とは、反比例する。修善寺温泉の共同管理のために源泉権を「温泉組合」に移転して源泉権者を第二次利用権者とする温泉譲渡契約書は、その中で、第二次利用権の譲渡について次のように規定している。「乙（従前の源泉権（「採取権」と呼ばれている）者で、この契約によって組合有となった源泉からの引湯権者となった者）はその所有する引湯権の全部又は一部を甲（温泉組合）所属の組合員に限り自由に譲渡することができる。但し甲又は甲の組合員に於て譲受の意思のない場合又は甲乙間に於て譲渡譲受の条件がどうしても合致しない場合に限り乙は本条に拘らず自由に第三者に譲渡することができる。(27)」この規定は、一おうは権利を組合員に譲渡すべきものとしながら、結局は「自由に第三者に譲渡することができる」ものとしているのであって、譲渡禁止は実質的にはほとんど意味がないことに帰着するようである。このような規定は、組合の統制力がそれほどつよくないことを反映しているのであろうが、同時に、むしろ、修善寺における温泉の高い商品価値（流通性）のゆえに、譲渡禁止をするほどの統制を必要としないということによるのであろうと思われる。

(23)『温泉権の研究』一五六頁以下参照。
(24)『温泉権の研究』資料二一第六条。
(25)『温泉権の研究』資料二一第九条。
(26)『温泉権の研究』資料二二。
(27)『温泉権の研究』資料二七第三条。

3　温泉が源泉地盤そのものにおいて利用されるのでなくて、他の土地に引湯して利用される場合には、その利用地盤と温泉利用権とのあいだに実際上つよい結合関係を生ずる場合が多いようである。水の引用について民法が地役権（いわゆる引水地役権）を予定し、水を引用する権利と引用のための土地との密接な関係を制度化しているのも、類似の考慮によるものと思われる。そこで、実際にも、源泉地盤から他の土地へ温泉を引用する権利を、その利用地盤に対する権利（特に所有権）と不可分のものとして取扱っている例が多い。

第一に、共同源泉権者が源泉地盤から他の土地に引用する場合に、その利用地盤から分離してその源泉権のみを譲渡することを禁止する場合がある。たとえば、熱海の或る温泉組合（組合員は源泉地盤と源泉権とを共有する）の規約では、「本温泉引用権（源泉権の持分を指している（同規約第六条））は原則として土地と不可分のものであって理事会の承認のない限り土地から分離して温泉引用権だけを譲渡又は貸与したり或いは担保の目的にしたりすることは出来ない。理事会は右の譲渡、貸与、抵当権設定等が他の組合員に迷惑を及ぼす恐れがあると認めるときは承認しないことが出来る」（同規約第七条(二)）と規定している。(28)

なお、本来自分所有の土地に温泉権を所有していた甲が、乙とのあいだに所有地を交換し、しかも乙の所有となった旧甲所有地に在る源泉を依然甲の所有とし、且つ乙はその土地でその温泉を甲とともに利用する権利を取得する旨を定める交換契約証書において、「〔乙の〕本温泉使用権ハ土地ト不可分ノ物ニシテ本土地〔乙所有土地〕内ニ引湯使用スベキモノトシ土地ヨリ分離シテ其権利ヲ第三者ニ譲渡又ハ売却若クハ之ヲ貸与スルコトヲ得ザルモノトス」と定めているのも、同様である。(29)

第二に、契約による第二次等温泉利用関係において利用許諾者（通常は第一次温泉権者）が相手方たる利用権者に対して温泉を「供給する義務」を負う旨を約定する場合——当事者の通常の意思においては、温泉利用許諾者が温泉供給債務を負い、その反面において、利用権者が供給債権にもとづいて温泉を利用するものとする場合——には、利用権者の個性に重点をおく（いわゆる一身専属的関係）とともに利用場所をも限定するところの・二重の意味で「特定」した引湯権とする事例が見られる。

4　源泉権或いは第二次温泉利用権を特別の事情によって特に或る特定の者に帰属させた場合には、その譲渡が制限される場合がある。たとえば、特に公共の浴用に供する目的で源泉権者が「修善寺温泉生活協同組合」に許諾した利用権について、契約書は、「引湯者は温泉を公共の入浴用に利用する以外に使用したり他に貸与又は権利の転売等は一切出来ない」(30)と規定している例が見られる。

(28)　『温泉権の研究』資料五。
(29)　『温泉権の研究』資料九第五条。
(30)　『温泉権の研究』資料二二第七条。

四　譲渡行為

1　温泉権を譲渡する行為は、学者のいわゆる「原因行為」causa（売買・贈与[31]・交換[32]・会社への出資等のような）から分離された別のものとしてでなく、原因行為と合体した一つの行為としてなされるのが常である。その場合には、温泉権の譲渡は、これらの原因行為の一構成要素としてなされているのであり、この点は、一般の財産権の譲渡の場合とことなるところはない。そうして、物権変動——債権の譲渡についても同様であるが——は意思表示のみによって効力を生ずると規定する民法の規定(第一七六条)は、まさに右のような取引慣行に合致することになる。

（31）温泉権の贈与の例については、武田軍治『地下水利用権論』三六頁以下参照。
（32）温泉権の交換の例については、武田軍治『地下水利用権論』三八頁参照。われわれの調査にも、その事例が見られる。熱海に関するものとして、『温泉権の研究』資料九参照。

2　民法上は、温泉権の譲渡は意思表示のみによって効力を生ずるのであり、証書の作成を要するものでないが、取引の実際においては、ほとんど常に、譲渡を証する書面が作成されているようである。特に有償譲渡の場合には、証書は常に作成されているであろうと思われる。というのは、譲受人は、温泉権の譲渡に対して既に対価を支払っている場合には、それによって得た温泉権についての証拠を確保することを欲するのであり、特に、後述するように権利取得の公示方法が確立されていない現状においては、証書は権利の確保安定のためにきわめて重要なものとなるからである。また、言うまでもなく、温泉権の譲渡に対して未だ対価が支払われず、温泉権の移転が対価支払以前に行なわれる場合には、譲渡人は対価債権の確証のために、証書を必要とする。このような事情があるので、一般不動産物権や動産物権の取引とは異った考慮のもとに、証書の作成が必要と感ぜられ、実際に行なわれていると考えられる。ことに、権利変動の対抗要件について法律上の規定がなく、判例もまだ十分に明らかでない現状においては、譲渡証書を公正証書とすることは、安定感を与えるので、しばしば行なわれているのではないかと推測される。[33] しかし、この点については、われわれは確信するほどの資料を有しない。おそらく地域共同体（村落）の社会統制（いわゆる共同体規制）が比較的つよく機能しているところにおいて、その構成員相互のあいだで温泉権の譲渡がおこなわれる場合には、公正証書の必要は感ぜられることが少なく、また実際にも作成されないであろうが、地域共同体の構成員と外部者とのあいだで譲渡がおこなわれる場合や、地域共同体による社会統制の機能が退化しているところでは、公正証書の必要が感ぜられるようになり、事実においてそれが作成されることが多いのではないか、と推測される。これらの点については、読者の御教示と今後の調査とに期待したい。

（33）　日本温泉協会『温泉引用の実情調査』㈠一九四二年一二〇頁以下には公正証書の事例を掲げている。

3　温泉権の売買契約には、明治以前のゲヴェーレ体系以来の担保約款を含むものがあることは、注目に値する。

第一に、旧慣温泉権の売買においてこの約款が見出されるのはむしろ当然である。たとえば、伊香保の小間口権の売買契約書には、「右者今般都合ニ依宅地及温泉相済代金三百五拾円ニテ売渡候処実証也然上ハ右地所竝温泉ニ付外ヨリ苦情等一切申立候様無御座候……」という慣用文言が見出される。[34]

第二に、多かれ少なかれ近代的権利の性質をおびている温泉権の取引においても同様の担保約款があり、たとえば熱海の温泉売買公正証書においても、まず代金支払ずみの旨を述べた上、「売主ハ前条ノ売渡シニ付下記条項ニ示ス外自他一切故障ナキコトヲ保証ス然レドモ若シ故障アリシトキハ引受ケ其処弁ヲ為スハ勿論故障ノ為メ買主ニ被ラシメタル損害ハ総テ之ヲ弁償スベシ」と約定されている（第二条）。[35]

別の機会で述べたように、ゲヴェーレの体系においては、外界の物に対する権利は、現実的な支配事実に基礎をおき、それを規準とするものであると同時に、当該権利の前主と後主との間の人的関係でもあったのであり[36]、したがって、今日の観念的物権の法体系においては売主の担保約款が債権契約の問題であるのとはことなり、ゲヴェーレの体系においては物権的な支配秩序そのものの問題であった。旧慣上の温泉権の売買において右のような担保約款が慣用されたのは、旧慣温泉権がゲヴェーレ体系に由来しそれに根ざし、その法意識を伴っていること、と密接に関連しているであろう。しかし、近代的温泉権について右のような担保約款が用いられたのは、このことから直ちに説明され得ない。むしろ、土地建物等の一般の不動産の売買においても、近年に至るまで同様の担保約款が慣用されたという事実が、この問題の一面を説明している。すなわち、証文という取引形式が、意外なほどに慣用されている一般的傾向が、この結果を生じたように思われるのである。

(34) 川島・潮見・渡辺前掲書資料五三の二、同様の文言は、武田軍治『地下水利用権論』三五頁に引用されている売買証文、前掲『温泉引用の実情調査』(一)一三五頁に引用されている売買証書にも見られる。なお、右の文書は土地建物等の一般不動産売買における慣用文言と同一である。後者については石井良助『日本法制史概説』五三八頁参照。

(35) 前掲『温泉引用の実情調査』(一)一二一頁。

(36) 川島「所有権の『現実性』」『近代社会と法』二一四頁以下(著作集第七巻三五八頁以下)参照。

五　第三者への対抗要件

物権または債権を譲渡したり担保に入れたりした場合に、これを第三者に対して主張することができるためには、一定の対抗要件(不動産については登記、動産については引渡、特別の物についてはいわゆる明認方法)を必要とする、というのが民法の原則である(第一七七条・第一七八条・第四六七条)。ところが、温泉権は民法が規定する対抗要件の適用対象とはされていない。温泉権(特に源泉権)には、旧慣によって生じ且つ旧慣という社会統制の機構の中におかれているもの(旧慣による温泉権)があると同時に、近代的所有権制度の基礎の上に生じつつ(近代的温泉権)その特殊の経済的価値と客体の特殊性のゆえに近代的所有権の古典的構成のわくからはずれ、しかも独立の権利のカテゴリーとしての国家法の位置づけを明確にしていないものがあり、したがって、その処分の第三者対抗要件の問題も複雑である。しかし、まさにこの点に、理論上きわめて興味のある問題がひそんでいるのであって、これを通じてわれわれは近代法の特質をいわば裏面からながめることができるのである。

まず旧慣による温泉権から見ていこう。残念ながら、旧慣による温泉権についてはまだ多くのことが分っていないが、一般にわが国の旧慣上の権利と類似した社会統制のメカニズムをもっていたと推測される近世以前のゲルマン民族のゲヴェーレの体系の諸原則は、この点で参考になるように思われる。ゲヴェーレの体系においては、外界の物に対する権利は、現実支配という事実と不可分に結びついており、現実支配という事実を基礎とし規準として、権利としての保護が認められた。したがって、ゲヴェーレの体系においては、温泉に対する権利も、現実に温泉を管理利用する人の承認を得て現実の管理支配を譲りうけることによってのみ、譲りうけられるのであり、そうしてそのような事実があるかぎり、そのような事実をもたない第三者の主張に対して、温泉を支配する権利を対抗することができるのを原則とした。ただ、事実上の管理支配を譲り渡した者(前主)、またはその前主・前々主等が暴力や詐欺等によって事実上の管理支配を獲得していた場合には、それから譲りうけた者の事実上の管理支配は、暴力や詐欺によって管理支配をうばわれた者との関係では瑕疵があるものとなり、その者が以前に有していた事実上の支配――「よりよき権利」"besseres Recht"――に対しては対抗できない、という相対的性質(対人的性質)を帯有するだけであり、しかもそれは通常はその瑕疵の発生後比較的短い期間(たとえば、一年一日"Jahr und Tag")の経過によって消滅し、現在の事実上の支配が完全なものに転化して安定するのであった。したがって、そのような制度のもとにおいては、温泉権の譲渡は原則として、譲渡人が現実支配をしていたという事実と、および、譲受人がその者から譲りうけて現実支配をしているという事実が、第三者に対して権利を対抗するための要件であったのであり、これを対抗することができないような相手方が万一現われる場合にそなえるには、担保約款(前述)を特約しておくことで十分であった。[37]

(37) これらの点の詳細については、川島「所有権の『現実性』――観念的所有権との対比において――」『近代社会と法』第六章、特に二一三頁以下およびそこに掲げる文献参照。

わが国の旧慣においても、温泉の譲渡の現実の社会統制のメカニズムはまさにこのようなものであった、と推測される。わが旧慣においても、温泉権を公示する特別の手段はなく、温泉権は、現実に温泉を管理支配しているという事実そのものを基礎として、社会から承認をうけ、サンクションされていたようである。そうして、旧慣上の温泉権についての裁判は、このような社会的事実に立脚しつつ、温泉権の譲渡については現実の支配事実以外に対抗要件を必要としないと判断してきた。たとえば、もっとも古い判決としては、大審院明治二八年(一八九五年)二月六日判決がある(『民録』八三頁)。それは、源泉地盤の所有権をAから譲りうけたBは、その譲受け(明治一三年(一八八〇年))以前に、Aの前主A′から「鉱泉採酌権」を譲りうけていたCが、鉱泉を採取しているので、Cに対して、妨害排除を請求した事件であるが、第二審ではBが敗訴したので、上告し、その結果破棄差戻となり、原審は再びCの権利を独立の物権と認めて、Bの敗訴とした。Cの鉱泉採酌権取得は対抗要件をそなえていないからBに対抗し得ないというBの再上告に対して、右の判決は次の理由でBの上告を棄却した。「地所建物船舶ノ売買譲与質入書入ニ付テハ登記簿ニ登記セサレハ第三者ニ対シ法律上其効ナキコトハ登記法ニ明文アリト雖モ本訴採酌権ノ如キハ登記ヲ経サルモ法律上之ヲ無効トスベキ法文ナキノミナラズ登記法中斯ノ如キ物権ヲ登記シ得ベキ規定ナシ故ニ原院ガ採酌権ニ付キ登記ヲ経スシテ単ニ私署証書ノミヲ以テ売買シタルモノト地所ニ付キ登記ヲ経テ売買シタルモノト其効力ガ同一ト看做シ之ガ年月ノ前後ニ依リ其優劣ヲ判定シタルモノナレハ原判決ハ相当ニシテ不法ノ点ナシ。」[38] 思うに、判文中の右の理由づけは、十分の説得力もなく、また法律論として不完全である。というのは、元来制定法が物権として予定していないような権利(鉱泉採酌権)についてその登記の手続を規定するはずはなく、したがってまた登記をしなければ対抗力なしと規定するはずもなく、そうして、登記という公示方法がないとしても、何らか別の公示が問題となる余地があることは、後の大審院判例で次第に確立されてきた「明認方法」を考えるなら、明らかである。おそらく、この判決のほんとうの理由はむしろ次の点にあったであろう。すなわち、鉱泉採酌権という旧慣上の権利を物権法定主義(民法第一七五条)のもとで承認するにあたって、この判決は対抗要件についても旧慣を承認することとしたのであり、そのような判断の背後には、この種の旧慣上の権利が社会生活の実際において旧慣上のサンクション(ゲヴェーレ的な取扱い)をもっていたという慣行的事実についての何らかの認識があったのではないか、と推測されるのである。

(38)　この判決については、武田軍治『地下水利用権論』二一二頁以下に、詳しい紹介と興味ある法理論とがある。

このような判例の態度は、そのような権利が現実にゲヴェーレ的慣行によるサンクションによって安定しているかぎり、したがってまた、そのようなサンクションが現実に機能し得る社会集団の内部で権利の取引がおこなわれているかぎり、社会の期待にこたえ、社会統制の原理として機能し得たであろう。

この判例にならう判決は、その後もいくつかくり返されている。すなわち、東京控訴院昭和一〇年(一九三五年)七月一七日判決(『法律新聞』三八七三号五頁)もこの趣旨をくり返した。ただし、この事件では、事実関係は次のとおりであって、この点の判決理由が判決の結論にとってどの程度の重さをもつものであるかということには問題がある。本件は、浅間温泉の甲源泉地盤から乙宅地に引用する湯口権(共有湯口権の一つ)の帰属に関する争であるが、Aはこの湯口権を明治七年(一八七四年)にその相続人Bに贈与し、さらに甲源泉地盤の共有持分の登記名義をもBに移転し、のちBが死亡して二人の子CDがこの湯口権を遺産相続し、さらにCがDの権利をも譲りうけ取得した。一方Aは、これらの権利をBに贈与したのちも大正九年(一九二〇年)に中風症にかかるまでこれらの権利につき独断専行しており(名義はAにないにもかかわらず)、その間にAは乙宅地とこの湯口権とをその子Eに「分家財産として……贈与する意思を有し居り大正七年(一九一八年)十月中右贈与を実行したる事実」を、Eは主張し、CとEとの間で湯口権の帰属を争って本訴となった。すなわち、本件は、甲源泉地盤の所有者Cと、引湯利用土地(乙)の所有者Eとの間の争であり、また、湯口権の譲渡時において先んずるCと、湯口権の現実の管理支配を行なっているEとの間の争である。もし、同一客体についてAB間に贈与があり、且つAE間にも贈与があったとすれば、ゲヴェーレの法理にしたがうかぎり、現実の支配を譲りうけたEはB(したがってまたBの相続人CD)に対し優越した地位をもつはずである。しかし、判決はAE間の贈与の存在を認めなかった。したがって、AB間およびCD間の権利移転につき登記その他対抗要件を必要とするかどうかが、そもそも問題となる余地がないこととなったのであり、このような事実認定のもとで論及された対抗要件問題は、事件の結論にとっては論理的には意味のない「傍論」であった。判決は次のように言う。「……温泉に付ては登記の方法なきを以て登記なくとも第三者に対し権利取得を対抗し得べきものと解すべく仮に然らずとするも被控訴人(E)は本件湯口権に付何等の利害関係を有せざる者なるを以て登記の欠缺を主張し得べき第三者に該当せざること明なるにより……。」

しかし、東京控訴院昭和一四年(一九三九年)一〇月一六日判決(『法律新聞』四五一七号一二頁)は、まさに対抗問題が訴訟の勝敗にとって論理的に決定的な意義を有する事件であった。ＢはＡから金員を借り、その担保として所有する土地に対し抵当権を、その所有する湯口権(浅間温泉)に対し質権を、設定し、且つ消費貸借公正証書に執行受諾約款をつけたが(昭和二年(一九二七年))、Ｂが債務を履行しないのでＡは湯口権を差押えた(質権の実行としてでなく、公正証書の執行受諾約款にもとづいて)。本件は、この差押に対してＣ(日本勧業銀行)の主張する異議事件であるが、Ｃは、右のＢから湯口権と源泉地盤所有権とを買受けた(源泉地盤所有権については移転登記をした)(昭和五年(一九三〇年))長野県農工銀行の包括承継人(銀行合併による)である。したがって、譲渡の勝敗を決する法律上の問題点は、まさに湯口権の譲渡の対抗要件に関することになる。すなわち、Ａの差押が有効であるための前提条件として、湯口権が差押の当時Ｂの財産であったかどうかが問題となるのであるが、その前提としては、湯口権者としてそれを否認するＣは対抗要件をそなえていることを要するかどうかが問題となるのである(なお、長野県農工銀行が湯口権を買受けたのは譲渡担保のためであろうと推測されるので[39]、もしＡの差押が有効だとするとＣの配当加入の可能性を生ずるが、Ａがその質権をＣに対抗し得るかどうかは、Ｃにとって重大な問題となる。しかし、本件では、Ｃは強制執行の排除のみを請求したようである)。第一審・第二審ともＣの勝訴となったが、右判決(第二審判決)は、「右権利(湯口権)ノ変動ヲ以テ第三者ニ対抗スルニ付公示方法其ノ他特別ノ方式ヲ履践スルコトヲ要スル旨ノ規定ナキガ故ニ右権利ノ変動ハ其レ自体(特別の対抗要件をそなえることなしに)何人ニ対シテモ対抗シ得ルモノト謂フヘク……」という理由づけによるのであった(第一審判決は、県の温泉取締規則による権利承認の届出によって対抗要件が充足された、という理由づけをしている)。したがって、右判決は、問題をゲヴェーレの法理によるものとは言っていない。むしろ、それは、特別の対抗要件を必要としないという従前の判例を踏襲したにとどまるであろう。だが、もし本件を前掲のゲヴェーレの法理によるものとすれば、どうなるであろうか。右の事実のもとでは、ＡＣいずれも現実の支配を取得していないであろうと思われる(ただし、Cが譲受とともにBに湯口権を賃貸し、賃貸料をとっていたとすれば、Cの上級ゲヴェーレが認められるであろう)が、ACとともに「証書によるゲヴェーレ」という一種の現実支配の移転[40]を受けたと認められるであろう。もしそうだとしたら、ゲヴェーレの法理によってもCはさきにゲヴェーレを取得したAに対抗できないことになるであろう。

(39) 湯口権を担保とするには譲渡担保の方法によるのを通例とし、本件のAのごとく、「質権」の方法によるものは稀であることについては、後述するとおりである。

(40) Heusler, A., *Institutionen*, Bd. 2, S. 68f.; Mitteis, H., *Deutsches Privatrecht*, 3. Aufl., S. 79, 82, 132, 150.

この判決に対しては、Aが上告し、立木や果実等についてのいわゆる明認方法に関する判例を援用し、公示方法なくして物権の対抗力を認めることは「第三者ヲシテ不測ノ損害ヲ蒙ラシメ以テ取引ノ安全ヲ阻害スルニ至ル」と主張した。大審院昭和一五年(一九四〇年)九月一八日判決(『民集』一六一一頁)はこの上告理由を容れ、従来の判例を変更して、このような旧慣上の温泉権についても公示方法なくして第三者に対抗し得ないと判示した。この判決は実際上きわめて重要なものであるから、対抗要件に関する部分の全文を左に掲げる。

「……然レトモ既ニ地方慣習法ニ依リ如上ノ排他的支配権ヲ肯認スル以上此ノ種権利ノ性質上民法第一七七条ノ規定ヲ類推シ第三者ヲシテ其ノ権利ノ変動ヲ明認セシムルニ足ルヘキ特殊ノ公示方法ヲ講スルニ非サレハ之ヲ以テ第三者ニ対抗シ得サルモノト解スヘキコトハ敢テ多言ヲ俟タサルカ故ニ原審ハ更ニ此ノ点ニ付考慮ヲ払ヒ右地方〔浅間温泉〕ニ在ツテ〔ママ〕モ例ヘハ温泉組合乃至ハ地方官庁ノ登録等ニシテ右公示ノ目的ヲ達スルニ足ルヘキモノ存スルヤ否ヤ或ハ尠クトモ立札其ノ他ノ標識ニ依リ若クハ事情ニ依リテハ温泉所在ノ土地自体ニ対スル登記ノミニ依リ第三者ヲシテ叙上権利変動ノ事実ヲ明認セシムルニ足ルヘキヤ否ヤニ付須ク審理判断ヲ与ヘサルヘカラサ

ルハ筋合ナリトス」

まず第一に、この判決で注意すべき点は、言うまでもなく、旧慣による温泉権の取引についても対抗要件として公示方法を要する、そうして公示方法について制定法の規定がない以上、判例によって形成されてきた、いわゆる明認方法を要する、という点である。これは、すべての物権変動について公示方法なしには対抗力を認めない、という近代法の原則に合致したものであり、そのかぎりでは当然の結論と言うことができるであろう。しかし、「公示なければ物権なし」というのは、「公示なければ『近代法的』物権なし」ということを意味するのであって、前近代的権利の存続を近代法の体系の中で承認する場合に公示方法＝対抗要件の問題をどう処理すべきかは、当該の前近代的権利を現実に支えている慣行——社会的サンクションの現実のメカニズム——との関連で決定されるべき政策問題であって、単に右のような近代法の原則の論理的適用によって決定されるべき問題ではない[41]。現に、前近代的な入会権は民法という制定法によって承認されている権利であるにかかわらず、これについては登記の方法がなく、しかも判例においては、入会権は登記なくして対抗され得るものであることを承認されているのである[42]。温泉権についても問題の性質は同様である。かつて判例が旧慣温泉権について公示方法なしに第三者に対抗し得ることを承認したが、おそらくそれは、旧慣温泉権が主として比較的せまい共同体(村落)の内部で取引され、そこでの社会的サンクションのメカニズムによってその取引の秩序が維持され得たという社会的事実を前提し、それを認めた上で、なされた判断であったであろう。しかし、温泉権についてそのような共同体の外部の者との間に取引関係を生じ、共同体内部のゲヴェーレ的な社会的サンクションのメカニズムによってはもはや効果的に権利の秩序が統制され得ないようになったとき、或いは共同体内のゲヴェーレ的な社会的サンクションのメカニズムそのものが解体してきたときには、公示方法なしには温泉権の秩序を維持することは困難となる。この事件でも、Cは村落共同体の外部者たる銀行であり、Cに対しては村落共同体のサンクションはもはや効果的に機能し得ないはずである。このような外部者との関係が当該の地域での当該の権利について多かれ少なかれ常態となってきたときは、そのような場合には近代法の原則が必要となると考える。そうだとすると、たまたま浅間温泉の湯口権についてこのような判決があったからとて、すべての旧慣温泉権について同様の処理をすべきかどうかは別個の問題であるはずである。しかし、或る判決によって示された判決理由が他の事件について多かれ少なかれ一般化して「先例」として機能するという事実、さらに或る判決によって示された規準は、他日裁判所において問題が処理される可能性をも展望するような取引に対しては、「先例」として将来の裁判の規準となる可能性があるとして多かれ少なかれ影響を与え、実際の取引を方向づける傾向があるという事実、を考えると、この判決の示した右の一般原則は、当該の浅間温泉の湯口権をこえた広い適用の可能性を含んでいるものであり、その意味できわめて重要なものというべきである(この点に関連して、後述する大分地裁の判決を参照されたい)。

(41) この判決に対する我妻栄『判例民事法昭和一五年度』九三事件評釈は、前掲の原審判決が、「公示方法其ノ他特別ノ方式ヲ履践スルコトヲ要スル旨ノ規定ナキカ故ニ」という理由で、公示方法不要と判示したのを批判して、次のように言われる。すなわち、右判決はまず「慣習上の物権」の存在を認めた上で公示方法不要と言うが、「一種の公示方法をも慣習によつて成立せしめた場合にはじめて、この慣習による公示と合体して、物権的支配権の成立乃至取引を慣習法上のものと認定し得るのであつて、若し公示に関する慣習を伴はないときはその慣習法の成立を認めることも不可能である。」「若し又原審が、公示なくして排他的権利変動を認めることまでも慣習によつて成立して居るといふのであれば、私は寧ろかかる慣習は公示に関する民法の基本理論(基本的 doctrine 或いは基本的 Dogma という意味に解せられるべきであろう)に反するが故に『法』としての価値なしと謂ふべきものと考へる。」――しかし私は本文に述べたような理由で、問題は政策的決定ないし価値判断の問題であり、登記の制度が認められていない入会権についての慣習も『法』としての価値」がある(法例第二条により入会権に関する慣習は、「法律ト同一ノ効力ヲ有」し、いわゆる「慣習法」として認められる)と考える。ただし、我妻博士のこの論述は、旧慣による権利の事実上の社会的サンクションのメカニズムが解体している場合に関するものとしては――おそらく右の論述における博士の真意は、この点にあったであろう――、私も全面的に賛成するのである。

(42)　大審院明治三六年(一九〇三年)六月一日民録七五九頁、同大正六年(一九一七年)一一月二八日民録二〇一八頁、同大正一〇年(一九二一年)一一月二日民録二〇四五頁。学説も一般にこれに賛成し、或いは少なくとも反対しない。たとえば、末弘厳太郎『物権法』一九二二年日本評論社七〇九頁以下、我妻栄『物権法』一九五二年岩波書店五二五頁。ただし、乾政彦「不動産物権ノ時効取得ト登記」法学協会雑誌三〇巻七号八六頁以下は、共有または地役権の登記をなすべきであると言うが、学説は反対している(末弘厳太郎『判例民法大正一〇年度』一七五事件評釈)。また、川島『民法I』一九六〇年有斐閣二六三頁は、別の理由から、登記制度の欠缺に疑問をさしはさんでいる。

第二に、そうだとするとこの判決内容のもう一つの点は、より一そうわれわれの注意をひく。というのは、この判決は明認方法なしには対抗力なしと断定しながら、何がこの種の権利の明認方法であるかについては何ら具体的な内容を示していないからである。それは、差戻審において判断されるべき事実問題――当該地域社会において公示の機能をはたす手段として何があるのか、という問題――にかかっているとして、差戻されている。そうして、判決は、明認方法として承認される可能性のある手段のいくつかを列挙して示唆している。私は差戻審の判決がこの点をどのように判断したかを知りたいと思い、その差戻審の判決のありかをつきとめる努力をしたが[43]、今までのところまだそれを果し得ない。したがって、このもっとも重大な問題について、われわれは何らの情報をもつことができないのである。

(43)　日本温泉協会は現地へ問合せて手がかりをつかむことに努力して下さったが、成功しなかった。この差戻判決の年月日を知っておられる方、その判決文のありかを知っておられる方は教えて下さるよう、お願いする。

しかし、ここで次の点に注意する必要がある。推測するに、差戻判決とても、この大審院判決が列挙によって示唆している以外の手段を明認方法として認める可能性はほとんどなかったであろうが、一般論としては、次に述べるようにこれらの手段は何れも明認方法として必ずしも常に適当ではなく、特にこの点には多くの地方差があるのであるから、差戻判決がこの列挙中の一つをとって当該地方での明認方法として適当だと言ったとしても、直ちにそれを一般化し、将来の判決がこれを他地方での明認方法と認める可能性がある、と考えるべきではないであろう。

それにもかかわらず、答えられていないこの問題について将来の裁判がどうなるかは、取引界にとってはきわめて重要である。この重要問題が不明のまま残されているということは、温泉権の売買にとってのみでなく、温泉権の担保にとっても、致命的であることは、後に述べるとおりである。そこで、右の大審院判決が明認方法として示唆しているものについて検討を加え、将来の裁判のために問題点を指摘するとともに、将来の立法にも論及したい、と考える。

右の判決が温泉権の明認方法として示唆するものの第一は、温泉組合の帳簿への登録である。多くの温泉地には温泉権者の組織があって、「温泉組合」等の名称で呼ばれ、温泉権についての帳簿をそなえている。[44] しかし、一般には、この帳簿を温泉権の取引の公示方法とする明確な問題意識はなく、したがってその管理も比較的粗略であって、われわれの知見の範囲では、一般にはこの帳簿は「明認方法」としてはきわめて不完全なものであると言わざるを得ない。温泉権に関するわれわれの調査に際しても、組合の帳簿から温泉権の現状を推定することは、実際上ははなはだ危険であり、この種の帳簿を管理する組合関係者自身もこのことを自認しているのがむしろ普通であった。したがって、このような帳簿を「明認方法」とすることは、いたずらに温泉権取引を不安ならしめるものである。ただし、戦前の調査であるが、熱海温泉について、温泉権譲渡の都度、温泉組合の台帳に登録するのが原則であったとの報告があり、[45] 地方によっては温泉台帳が明認方法としての機能をはたし得る場合も、全くなくはないようである。

(44)　戦前の県の温泉取締規則の中には、温泉組合の結成を強制しているものもあった。たとえば、栃木県鉱泉及鉱泉営業取締規則（昭和一六年県令）第二四条は、「鉱泉所有者、使用者、営業者〔は〕別ニ定ムル域毎ニ組合ヲ設クヘシ」、第二五条は、「前条ノ組合ハ鉱泉台帳ヲ備ヘ組合地域内ノ鉱泉ニ関シ夫々左ノ事項ヲ登載スヘシ……」と規定していた（武田軍治『地下水利用権論』二九二―二九三頁による）。

(45)　前掲『温泉引用の実情調査』㈠一二〇頁以下。なお、われわれの調査によれば、伊豆の伊東温泉の組合の台帳の管理はすぐれており、よく権利の実態を反映しているように見受けられた。

明認方法として示唆されている第二のものは、地方官庁の帳簿への登録である。現行の温泉法が制定される以前、すなわち旧憲法の時代には、温泉の規制は県の警察権の管轄に属し、それぞれの県の命令（県令）にその内容が定められていた。それらの県令の多くは、温泉権・鉱泉権の譲渡について知事への届出をなすべき義務を規定していたが、少数のものは知事の許可を必要とするものとし、また若干のものは温泉権・鉱泉権の譲渡につき全く規定を欠いていた[46]。そうして、届出または許可を要するとする県令は、いずれもその違反に対し拘留または科料の罰則を規定していたから、戦前の「警察国家」体制のもとでは、届出や許可申請は通常は守られていたのであろうと想像される。しかし、右の許可や届出は温泉権譲渡の私法上の効力とは関係のないものであって、警察上の取締の目的のために行なわれるものであったから、当時の温泉取引がはたして県庁の警察の帳簿における名義に基礎をおきそれを信頼して行なわれたものであったかどうか、かなり疑問であろう。

(46)　県の温泉・鉱泉の警察上の取締に関する規則は、武田軍治『地下水利用権論』二六九頁以下に附録㈠として三一県のものが収録されている。これらはその制定年次において同じでなく、これらを同一平面において比較してよいものかどうか明らかでないが、かりにそれらについて見ると、譲渡について知事への届出を義務づけるものは北海道・宮城・福島・茨城・栃木・

群馬・神奈川・静岡・長野・山梨・岐阜・京都・和歌山・山口・鳥取・大分・福岡・熊本・佐賀・宮崎の二〇道府県におよぶが、知事の許可を要するとするものは青森・新潟の二県にすぎず、また譲渡について全く規定しないのは秋田・岩手・山形・福井・石川・兵庫・島根・愛媛・鹿児島の九県に及んでいる。

現在は、温泉法には温泉台帳に関する規定はなく、また温泉権の譲渡に関する規定もないが、厚生省公衆衛生局長通達(昭和二三年(一九四八年)八月二六日厚生省衛発第一一六号)は、各都道府県知事宛に、温泉法の実施について「留意すべき事項」として次のとおり要請しており、それにもとづいて多くの地方官庁には「温泉台帳」が備えつけられている。

「五、温泉台帳

温泉に関する行政の基礎として、又、将来温泉権設定の場合に備え、温泉台帳を整備し、温泉の現況把握に努められたい。

温泉法施行規則第三条において工事が終了したときは、その旨を届け出させることにしているが、現地立会調査により、許可条件との相違の有無、ゆう出量等を調査し、これに基いて前号の台帳を整理し置かれたい。」(傍点は川島による)

さらに厚生省は翌昭和二四年(一九四九年)に温泉台帳整備のため台帳用紙を都道府県に送り、その様式で台帳を作った上コピー一部を厚生省に送付するよう要望し(昭和二四年一二月二二日厚生省国立公園部管理課長通達)、昭和三一年(一九五六年)には「近時温泉数及び動力の装置等の増加にともない、これが整備遅滞の影響は、温泉行政の運営上著しい支障を与える傾向にあるので」、温泉の台帳の整備に一段の注意を払うよう要望した(昭和三一年一一月一四日厚生省国立公園部管理課長通達)。

温泉台帳制度の以上の経過から、次のことが知られる。第一に、それは、「温泉に関する行政の基礎」とするために設けられたものであり、その「整備遅滞の影響は、温泉行政の運営上著しい支障を与える傾向」がある、ということである。すなわち、温泉台帳は温泉権公示を目的とするものではなく、温泉行政のための資料とすることを目的とするものである。第二に、それは、温泉権公示を全く考えていないわけではなく、「将来温泉権設定の場合に備え」ることを目的としている。前記昭和二三年通達のこの文言は、ここでの問題にとってきわめて重要である。というのは、それは「将来温泉権設定」の場合にそなえると言うのであるから、現在は、「温泉権」はまだ存在しないということを論理的に前提しているように思われるからである。そうして、この「温泉権設定」ということばは、温泉権に関する・戦前の公法学の支配的学説に依拠していることを思わせる。すなわち、その学説によれば、温泉に対する私人の権利は私法上の権利ではなく——したがって県知事の温泉使用許可は警察許可ではなく——、公物たる温泉の上に県知事が使用権を設定することによって成立するのだ、というのであった。[47] 右のことばはこのような学説に従っているように思われるのであり、そうだとすると、現在はまだ温泉利用者には「温泉権」はないという見解を持っていることになるであろう。このような見解は、かつて公法学者のあいだで有力であった入会権公権論を思いださせる。というのは、入会権については民法中に第二六三条・第二九四条という疑いの余地のない明文の規定があり、そうして大審院の判例もこれを私法上の権利として肯定していたのに(明治三九年二月五日『民録』一六五頁、昭和一一年一月二一日昭和九(オ)一三八八号事件)、行政官庁および一部の学者は入会権を公権だと主張してきたことは周知のとおりであるが、温泉権についても大審院は古くからこれを私権と解してきていることは、周知のとおりであるからである。もちろん、「司法権の優越」(司法権からの行政権の独立を認めない)の原則の上に立つ現行憲法のもとにおいては、行政官庁の法律解釈は裁判所のそれに対抗し得ないのであるから、右の通達にあらわれた法律論そのものは、法律的には重要ではない。また、右の通達を作成した担当者も、あえて従来の行政庁の態度を積極的に変更することをしなかった、という程度の消極的な意図しかもっていなかったのであろう、と推測される。にもかかわらず私がこの点を問題にしたのは、行政庁がいかなる機能を期待して温泉台帳という制度を設けたのであるかを明らかにする上で、重要な資料となるからである。すなわち、「現在はまだ温泉権は存在しない」という前提に立って設けられた温泉台帳の制度は、はじめから、これを温泉権の公示方法とする趣旨を全く含んでいない、ということが明らかとなるからである。事実において、厚生省にはそのような意図はないようで、今日に至るまで、温泉台帳は温泉を有するすべての県に備えられているわけではなく、また温泉台帳に関する県条例のモデルを都道府県に送るという措置もとられていない、とのことである。

(47) 「(温泉の掘さくや利用には県知事の認可とか許可を要するという戦前の県令)は、果して温泉を私権として認め、唯警察上の取締に服せしむるに止まつて居るものであるや、又は温泉公有主義を認めて、特に国家から其の権利を与へられた者でなければ、温泉採掘の権利を有し得ないものとする趣旨であるや。私は県令の趣旨が後の主義を取つて居るものであることを信ずる。即ち静岡県令を以て定められて居る温泉場取締規則は決して単純な警察の規定ではなく恰も鉱業法と同様に、温泉採掘の権利を定めたもので、県知事の認可は警察許可ではなく権利を設定する行為と解すべきである。……即ち熱海温泉に付いては、我が国法は温泉公有主義を採り、恰も鉱業法に於けると同様に、未だ採掘せざる温泉は之を国有と為し、特に国家より其の権利を与へられた者のみが之を掘鑿することが出来るものとして居るのである。」(美濃部達吉「判例に見はれたる水法」(上)法律時報三巻一九三一年七号七三八頁)

このような行政上の環境の中で成立している温泉台帳が、温泉権変動の対抗要件たる明認方法としての機能ないし価値を有するかどうかは、大いに問題である。われわれの調査したところによると、温泉台帳を管理する末端行政機関である保健所は、一般には、温泉台帳の制度に関心をもっておらず、いわんやこれが温泉権変動の明認方法となる

(或いは、なし得る)ことについての認識をもっていない。温泉台帳上の名義変更は、「法律」によって強制されているわけではなく、一般に保健所は権利変動を温泉台帳に登載させようという熱意をもたず、また温泉権取引の当事者も同様である。そうして、これは、台帳制度の前述のような諸事情――「法律」の根拠がないこと、権利関係の公示を目的とするものではなく、「将来温泉権設定の場合に備え」て「温泉の現況の把握に努め」るためのもの(前掲通達参照)であること――のもとにおいては、むしろ当然である。したがって、現在のところ、多くの所で、温泉台帳は温泉権の法律関係――権利者・権利内容等――を推測するための信頼すべき資料となっているとは言い得ない実情にあり、また事実それを求めようとしても得がたいのである。もちろん、所によっては、温泉台帳の名義登載の信頼度の高い場合もないわけではない(たとえば静岡県)。しかし、われわれの調査の結果では、それは例外的であるように思われるのである。

ところが、大分地裁昭和三六年(一九六一年)九月一五日判決(『下民集』一二―二三〇九頁)は、県の温泉台帳の名義変更が温泉権変動の対抗要件としての明認方法であり得るかのような説明をして、名義変更手続請求権を是認したのである。事件の内容は次のようなものであった。別府市内の宅地と、同番地所在の源泉地(源泉地盤)の共有持分四分の一と、その鉱泉地所在の湯口に対する湯口権の共有持分四分の一とは、はじめAの所有であったが、Bはその姉の夫Cに印鑑と資金とを渡し、Cを代理人としてこれをAから買取った。Cは宅地については直ちに買主Bの名義への所有権移転登記を了したが、共有になっている鉱泉地と湯口権とについては、他の共有者との連絡が十分ではないなどの事情から、鉱泉地所有権の移転登記および温泉台帳の名義変更の手続を後日に延期して、印鑑と関係書類とをBの夫に送付した。ところが、Cは右宅地(所有名義はB)に居宅・浴場・石塀・門扉を築造してこの宅地を占拠し、そのうえこの宅地と鉱泉地と湯口権とをDに売渡し、湯口権については温泉台帳上の名義を、鉱泉地については登記簿上の所有名義を、AからDに移転し、宅地については占有をDに移転する（登記はB名義になっているから、CはDへの名義移転をなし得ない）に至った。そこで、BがCDを被告として、右三つの権利の確認とともに、登記簿および温泉台帳上の名義のBへの移転手続を請求した。第一審はBの勝訴としたので、CDが控訴したのが、本件である。右判決は、前記三つの権利がAからBに移転したのであり、Cは無権利なのであるから、Cからこれらの権利を譲りうけたDも無権利であり、したがってD名義の鉱泉地共有権の登記は権利関係と符合しない無効のものであり、Bはこの無効の登記の抹消を請求する代わりにB名義への移転登記を請求し得、また温泉台帳上の名義についても同様だ、と解して次のように判示した。すなわち、――

「……次に、引受参加人〔D〕に対し、大分県知事に右温泉権を温泉台帳に登録する申請手続をなすべしとする被控訴人〔B〕の請求につき按ずるに、大分県温泉条例第三条は『温泉権の所有者が変ったときは、六〇日以内に右に掲げる書類並びに大分県使用料及び手数料条例に定める手数料を添えた申請書（第2号書式）を知事に提出して、その認可を受けなければならない。……』と規定し、右第2号書式（温泉権所有者名義変更認可申請書）には、譲渡人並びに譲受人の各記名押印を要請しているから、右第三条の解釈として右認可申請は原則として共同申請を立前とし、各当事者には申請手続に協力すべき義務があるものというべきである。しかも大分県別府市地方においては、温泉法施行手続（昭和二四年〔一九四九年〕一一月一日大分県訓令第一二号）第八条所定の温泉台帳に温泉権利者として登載をうけることによって、恰も物権につき登記をうけるのに類似した事実上の公示作用を営んでいることは当裁判所に顕著であるから本件温泉権の四分の一の権利について、温泉台帳上権利者として表示されてない〔ママ〕真正な権利者である被控訴人〔B〕は真実に符合しない無効な登載をうけている引受参加人〔D〕に対し、温泉権の真正な帰属を温泉台帳上に顕現するための申請手続を大分県知事に対してなすべきことを訴求する利益な

しとしない。……」(傍点は川島による)

判決は、右の判旨のうちで、温泉台帳上の名義変更は「恰も物権につき登記をうけるのに類似した事実上の公示作用を営んでいることは当裁判所に顕著である」と言っている。もちろんこの部分は、この事件の結論の論理的理由づけにとって不可欠のものではなく——すなわち、いわゆる「傍論」である——、したがって重要視すべきものではないが、このような考え方が事実上——論理上、ではないが——この判決の背景となっていたことを推測させる点で、そのかぎりで、われわれの注意をひくのである。だが、問題は、はたして温泉台帳上の名義変更が「恰も物権につき登記をうけるのに類似した事実上の公示作用」を別府市地方でもっているかどうか、である。右判決は、そのことが「当裁判所に顕著である」と言う。現地を調査していない私はこの点について判断——いわんや批判——する能力をもたないが、われわれが温泉台帳についての調査を通じて知り得た結果から考えると、一般には「物権につき登記をうけるのに類似した事実上の作用」はむしろ認められないのが普通であるように思われる(ただし、温泉台帳について県条例を設けているのは大分県だけであり、大分県はその例外であるかもしれない)。かつて武田軍治氏は、温泉権の変動を第三者に対抗するのに対抗要件を必要としないと判示した判決(前掲東京控訴院昭和一〇年七月一七日判決および同昭和一四年一〇月一六日判決)を論評して次のように言われたことがあるが、それはそのまま温泉台帳の公示力についての判断についてもあてはまる、と考える。

「それにつけても、斯る特殊の権利に付き確定せらるゝ内容は飽くまで事実に即し一般の要求に応ずるものでなければならぬ。而も此の特殊慣習の調査認定は事実上決して容易な業ではない。然るに此の点に関し、……東京控訴院に於ては毎に斯る地方慣習法の存在は『当院ニ顕著』なりとして同一地方に於ける類似先例事実の存否に付き証拠調はなされなかったのであるが、……。私は斯る重要なる事実の認定に際しては寧ろ進んで最も詳細的確に〔同一地方に於ける〕同種事例の有無を探査するを至当なりと解するもの」である。[48]

右の事件は、直接には明認方法としての台帳の効力に関するものではない。したがって、この判決から直ちに、裁判所が温泉台帳を明認方法として承認しているかどうかを推測することは許されない。しかし、前記昭和一五年(一九四〇年)の大審院判決との関連で、この判決を下した裁判官が、温泉台帳に明認方法としての効力を承認することの可能性を考慮していたことを推測することは、許されるであろう。私は、大分県の温泉台帳が取引界において実際にどのような機能をいとなんでいるか(人々が温泉権の取引をするにあたって、台帳の記載を信頼し、また取引にあたって、権利保全のためには台帳の名義を書きかえねばならぬと考えているかどうか)、また台帳管理者(特に末端の管理者——おそらく保健所であろう——)が、どのくらい温泉権の変動を台帳の名義に反映させるように努力し、また人々がそうするように指導しているか、を知らない。したがって、私は大分県下、特に別府地方の問題について、この判決の前提している考えを批判する能力をもたない。しかし、現在県が管理している温泉台帳の記載を温泉権取引の明認方法とするということは、一般には不適当であること、裁判所がこれを明認方法として認めるには特に慎重な考慮が必要であることを、強調したいのである。

(48) 武田軍治『地下水利用権論』一七八—一七九頁。

さらに、前記判決が示唆している第三の方法は「立札其ノ他ノ標識」である。言うまでもなく、これは立木や蜜柑・桑葉等の取引について判例が認めている明認方法から思いついたものであろう。

武田氏によると、「近く数年来行はれ出してゐる標識」として、湧出口等の掩蓋用の木製・コンクリート製・亜鉛製等の小建造物に「何某温泉」・「何某所有」と墨書または石灰書する方法、および県令の規則によって、許可事項・許可年月日・許可を受けた者の氏名を記した木製標札を立てる方法、[49]があったとのことである。後者は県令の規則で命令されていたのであるから、相当程度の普及性があったであろうが、前者にどの程度の普及性があったか、大いに問題であろう。しかし、「右の標札は単に許可のありたることを公示することを主たる目的とし、許可による工事終了の際には撤去するを例としてゐるが、若し之を継続的に使用し且つ権利変動の都度その内容をも記載したる標札を掲ぐることとすれば、併せてその温泉そのものの利用権の存在及内容等をも公示するに役立つことと思はれる(50)」というのであって、少なくとも戦前の事例においては、明認方法と認めるに値するような「立札其ノ他ノ標識」はなかったように思われる(51)。

(49)　武田軍治『地下水利用権論』一七六頁以下。武田氏が「近年」と言われるのは、同書の出版が昭和一七年(一九四二年)であることを考慮して、読まれるべきである。武田氏が引用されるのは、鳥取県の鉱泉地区取締規定(昭和二年(一九二七年)県令五六号。昭和一〇年(一九三五年)県令四二号により改正)第四条「第一条(温泉掘さくおよびその使用には県知事の許可を要すると規定する)ニ依リ許可ヲ得タルトキハ三日以内ニ許可ヲ受ケタル地点ニ許可事項(試掘、穿鑿又ハ浚渫等)、許可年月日、住所氏名、法人ニ在リテハ其ノ名称ヲ記シタル木製標札(長サ一メートル、幅三分一メートル)ヲ掲ケ之ヲ表示スヘシ」であるが、その他の県令にも同趣旨の規定が「若干ある」とのことである。

(50)　武田前掲一七六―一七七頁。

(51)　武田前掲一七七頁は、この二方法は「差当り実行可能にして有効なる公示方法なりと思料する。」と言われるが、私はむしろ反対である。第一の方法は、武田氏も言われるように一時的のものであって、「もしも継続的に立てられるものであるならば」という条件つきにしか、これを明認方法として認めるべきではない、と考えられる。また掩蓋用「小建造物」についても同様であって、はたして、それがどの程度普遍的で且つ正当視されているかということを度外視して、権利得喪の要件とすることには賛成できないのである。なお、我妻博士は武田氏前掲を引用して、「立札其ノ他ノ標識」は「一般的に謂つて最も普遍的な公示方法といふべきであらう。」と言われる(『判例民事法昭和一五年度』九三事件評釈)。

われわれの調査は、この問題についてはまだ十分ではないが、少なくともわれわれの得た資料の範囲では、明認方法として承認してよい程度の普及性と正当視とを伴うような「立札其ノ他ノ標識」は見出されなかった。これは、今後にのこされた調査研究の課題である。

前記判決が示唆する第四の方法は、「温泉所在ノ土地自体ニ対スル登記」である。前記東京控訴院昭和一〇年（一九三五年）七月一七日判決（『法律新聞』三八七三号五頁）によると、同一湯口に対する数人の湯口権者（浅間温泉）は、「各自の湯口権を保全する為……各自出捐を為し右温泉地及同宅地内に於て温泉を使用する権利を買受け之を共有するに至り……〔且つ〕右宅地〔につき〕……当時の共有者の共有名義に移転登記を為したり」という事実が見える。また前記大分地裁昭和三六年（一九六一年）九月一五日判決（『下民集』二三〇九頁）の事件においても、別府市内の鉱泉地の共有持分四分の一およびそこにある湯口に対する湯口権の共有持分四分の一の譲渡と、前者および後者のそれぞれについての不動産登記および温泉台帳上の名義変更が問題となっている。またわれわれの調査においても、湯口権者が同時に湯口地盤を所有している場合が少なくないという事実を発見している。しかし、前述したように、湯口権は湯口地盤から分離されて独立の権利として取引される傾向がつよく、判例もこれを認めているのであるから、湯口地盤所有権から分離して処分された湯口権について、湯口地盤所有権の登記を対抗要件とすることは、独立の権利としての湯口権の取引を認める立場と実質的に矛盾することになる、と考える。右の浅間温泉の事件は、まさに湯口地盤所有権と湯口権とが同一の所有者からそれぞれ別の者に譲渡され——しかも湯口地盤所有権の移転については登記がなされ——、湯口権者と湯口地盤所有者とのあいだで湯口権を争った事件である。そうして右判決は、湯口地盤所有者には湯口権は譲渡されていなかったと認定して、登記上の名義を有する湯口地盤所有者を敗かしたのであった。要するに、湯口地盤所有権から分離して湯口権を処分することを承認しながら、その対抗要件として湯口地盤所有権の登記を要求するということは、結局、湯口権の独立処分の効力を実質的に否認することと変りないことに帰着するのであり、法的論理としても不適当であり、また取引の実際の要求にも反するであろう、と思われる。

それ以外で、公示方法となり得べきものとして、次の二つが考えられる。

その第一は、証書、特に公正証書である。武田氏によれば、「現在（一九四二年出版当時）最も多く温泉に関する権利公示方法の目的にて実行せられつつあるは公正証書作成である」とのことであるが、「公正証書作成の場所は温泉所在地と法律上の連絡制限はないから、此の証書原本閲覧等の定めはあるにしても（公証人法第四四条）、第三者は一般にその証書作成の事実を確かむること困難であり、矢張り此の種の公示方法としては不適当である」と言われる。(52) たしかに、二重譲渡ないし処分が行なわれる場合に、後の取引の相手方は、それより以前に、それと矛盾する取引について公正証書が作成されているか否かを確かめることは、実際上はしばしばきわめて困難であろう。しかし、この不便は債権譲渡の場合にもあるのであり、それにもかかわらず民法は公正証書を第三者対抗要件としているのである（第四六七条第二項）。そうして、現に、温泉利用権が「債権」たる性質を有するものと認められる場合には、公正証書は民法上も対抗要件となるのである。したがって、温泉権についても公正証書という方法が全く不適当なものだと言うことはできないのであり、少なくとも多少の効用を有すると考えてよいように思われる。しかし、前述のような不便があることは否定できないのであるから、より適当な方法が他にあるならば、それによるべきであろう。

(52)　武田軍治『地下水利用権論』一六七頁。なお日本温泉協会『温泉引用の実情調査』(一)一二一頁以下にも公正証書による売買の実例が見られる。

このほかにもう一つ、第三者対抗要件として考えられ得るものがある。それは、温泉に対する現実支配である。ゲヴェーレのシステムにあっては、現実の引渡或いは証書の引渡によってゲヴェーレが移転したのであり、それが法的保護の基礎となることができたことは、前述したとおりである。旧慣による温泉権にあっても、おそらく同様であった、と思われる。そうして、この方法は、今日においても、一定の限度では、権利の対抗関係を処理する技術として有用であるように思われる。すなわち、湯口権の買主が現実の引渡をうけて事実支配をつづけているかぎりは、実際上は、二重にこれを買ったり担保にとったりする者はないであろうし(湯口権を買ったり担保にとったりしようとする者は、その現場を見るのが普通であろう)、かりに現場において売主ないし担保設定者以外の者が現実に温泉を利用しているのを見ていながらこれにつき何らの調査もしないで、温泉権を買ったり担保にとったりした者は、法の保護に値しないであろう。ことに温泉権を買う者は、売主から温泉権の権原を証する書類の引渡を受けるのが普通であるから、通常は、現場の調査によって二重処分は防止されるのである。問題を生ずるのは、(イ)買主が現実の引渡をうけなかった場合、或いは現実の引渡をうけたとしても、現実に湯口を占有したり温泉を利用したりしないで放置している場合(現場に行ってみても占有者ないし利用者を見ることができない場合)、或いは(ロ)買主が一たん引渡をうけたあとでその占有ないし利用を売主に許し、現実には売主が占有ないし利用をしている場合である。これらの場合には、買主の権利は、外部的に認識され得べき条件をそなえていないから、第三者は取引上通常なされる注意をしても権利者を確認することは困難であり、第三者が二重にその処分をうける事実上の可能性を含んでいる。ただし、権利者が現場に立札その他の標識(たとえば湯口をおおう小屋に表示する)で権利者を表示している場合には、現実の支配と同様に、第三者の権利取得に対する警告として機能する。要するに、温泉の現実の占有、温泉の現実の利用或いは立札その他の標識が存在する場合には、温泉権は第三者に対して容易に知られ得る状態にあるのであり、このような事実を欠く権利者はその権利を第三者(民法第一七七条にいわゆる「第三者」の範囲での)に対抗し得ないこととしても、不都合ではないであろう。

だが、このように処理することにすると、次のような反対論が予想される。すなわち、最近は各地で温泉の分譲がおこなわれ、しかも多くの人々は分譲をうけても直ちに現場で温泉を利用しないで放置している、したがって右のように処理することにすると、多数の温泉権者は不安な状態におかれる、と。しかし、現場に何らかの耐久的な公示標識を設置することによって、その不安はほぼ除去されるであろう。

次にもう一つ考えられる反対論としては、次のことが予想される。すなわち、今日温泉権譲受人が譲渡人に温泉の現実支配を許す場合の大部分は、譲渡担保の場合であるように思われるが、右のように処理することにすると、担保権者の利益はきわめて不安定なものとなり、温泉権の担保化——したがって資金化——を不安定ならしめる、と。しかし、担保権者が湯口権に関する証書類の引渡をうけておくならば、二重の権利を取得しようとする者は、そのような権原証書を受けられなくなるので、或る程度は、権原についての不安から取引をさしひかえる場合が多いであろう。また、源泉或いは引湯管の出口(多くは引用建物の内部にある)等に公示標識を設定し、債務者をしてその保存管理に注意させる(その毀損等についての注意義務・報告義務或いは修繕義務を約定し、違反に対しては期限喪失約款を定める等)ことによって、「第三者」の成立を防止することもできるであろう。

右は、私の一つの試案である。しかし、どのような方法を採用しようとも、法的に整備された公示方法がない現状のもとで、温泉権取引を第三者に対抗し得るものとして安定させる完全な方法はない。したがって、結局のところ、温泉の取引は現在きわめて不安定な状態と言うほかはないのである。

要するに、温泉権に関する諸問題の中で現在何よりも早く解決されなければならない問題の一つは、第三者対抗要件としての公示方法である。そうして、それはいわゆる法律解釈技術によって処理し得る限界をこえる問題である。一般に法律家は、特にわが国では、立法による解決に訴えないでなるべく「法律解釈」による解決に頼ろうとする傾向があり、また政府も立法による解決に対してとかく消極的になりがちであるが、この問題に関するかぎり、今日その立法的解決は緊急を要するものと考える。すでに早くから武田軍治氏は、立法による解決の必要を提唱しておられるが[53]、今日に至るまでまだその実現を見ないのは、はなはだ遺憾である。特に近時においては、温泉の売買が頻繁になっているのみならず、温泉経営に大資本を要するようになり温泉権の資金化＝担保化の必要が増大しているにかかわらず、その公示方法が確立していないため温泉の担保化が大きな困難に遭遇しているのであって、その立法的解決の必要性は最近特に高くなっていると考えられるのである。

(53) 武田軍治『地下水利用権論』一七七頁以下。

温泉権の公示方法としては、官庁が管理する公けの帳簿に記載するという方法がもっとも適当であり、それには、法務専門官による登記という方法と、行政庁による登録という方法とがある。権利の対抗要件とする目的から言えば、法務専門官によって管理される登記制度のほうがまさっていることは、言うまでもない。しかし、温泉権の帳簿による公示については、不動産登記とは異る重要な点がある。というのは、不動産登記においては、登記の出発点は土地および建物の所有権であって、土地および建物の同一性の認識は、特別の専門家でなくても、法務専門家がすることができるが、温泉権については必ずしもそうではない。まず第一に、旧慣温泉権は、その主体においてもその内容においても慣習によって規定されていて多種多様であり、それは、旧慣温泉について或る程度の理解をもち、また当該の土地の事情に或る程度精通している者でなければ、明らかにし得ない。第二に、温泉に対する権利については、何を「物権」とするかについての規定がないから、もし「物権」もしくは「物権」類似の取扱をうける権利のみを公簿に登載すべきものとするなら、その判断はきわめて困難となる。

右の事情は、二つのことを示唆するであろう。すなわち、右の第一の点を考えるなら、公簿の管理者は、むしろ各地方(おそらく都道府県)の行政官庁において、管内各地の温泉について調査の経験をもち、またその事情にも通じている者によって、管理されるほかはないであろう。現在、各地方庁において管内の温泉権の実態を把握している程度は必ずしも一様ではないが、過去において温泉行政にたずさわり、ことに「将来温泉権設定の場合に備え」て温泉台帳の整備に努力している地方庁関係者の中には、少なくとも現在のところでは、対抗要件としての公簿を管理するために必要な基礎知識ないし情報をもっている者があるのではないか、と思われる。この意味で、少なくとも権利関係の現状のもとにおいては、登録制度を採るほうが実際的ではないか、と思われる。

しかし、このように言うことは、温泉権登録の事務を、現在の源泉台帳のように地方庁の医事薬務行政担当者の所管としておいてよい、ということを意味しない。実質的には私法上の権利関係の公示という法務に関連するこの仕事は、その結果について重大な責任を伴うものであり、法務に詳しい者にこれを担当させ、その責任を明確にすべきである。そのためには、温泉権登録の事務は、医事薬務行政から分離して、独立の課の担当とすべきものと考える。そうして、そうすることによって、現在医事薬務行政の担当者によって、異物扱いされ時には邪魔扱いされている温泉の法的事務が分離され、担当者は医事薬務行政そのものに専念することができるようになるであろう、と思われる。

さらに第二に、前述の事情から見て、温泉権に関する登記ないし登録を制度化するには、その前提として、温泉に対する権利のうち何が「物権」であるかを制定法で明確にしておく必要があろう。旧慣にもとづくものについてはその都度調査によって判断すべきものとしてもよいであろうが、近代的所有権制度のもとで成立した温泉権については、実体法的規定がないかぎり、具体的な個々のケースにおける登記・登録は事実上きわめて困難なものとなるのを免れないからである。したがって、登記・登録の制度は必然的に温泉権についての私法的実体法についての立法をも必要とすることになる、と考えるのである。

要するに、私は温泉権公示方法としての登記もしくは登録の制度を確立することと、その前提として温泉権についての実体法（特にその物権関係）の規定を設けること、の急務であることをつよく主張するものである。

第二章　温泉権の担保

一　問　題

温泉権は、一般に高い利用価値を有し、その結果高い交換価値をも有するのを常とする。したがって、権利者から温泉権の使用価値をうばうことによって債務の履行を促し、或いは温泉権の交換価値をもって債務の優先弁済にあてるため、温泉権を担保にとることは、温泉権を資金化する方法として有力なものとなる。そうして、近時、温泉の経済的価値が高まるにつれ、また温泉を要素とする企業がますます多額の資本を必要とするようになるにつれて、温泉権を担保化する必要はいちじるしく増大している。

しかし、以上に述べてきたように、温泉に対する権利の現実の内容が明確でない場合があり（特に旧慣温泉権においてそうである）、また国家法（すなわち裁判所）における温泉権の取扱がどうなるのかが明確でない場合が多く、その結果、温泉権の担保化はいちじるしい障害に遭遇している。とくに、担保を伴う債権関係は、終局的には裁判所における法的保護を必要とするに至る潜在的可能性を伴っているのであるから、国家法の平面において温泉権の担保がどのように取扱われるかの見とおしが明らかでない場合には、担保はいちじるしく不安定なものとなるのを免れない。このような現状のもとにおいて、取引界は温泉権の担保を実際上どのように処理しているか、それらの担保型態は国家法上どのような効力を有するか、ということがここでの問題である。

国家法すなわち民法の規定の上では、温泉権担保の法的型態については、種々の不明確な点があり、担保当事者はこの点の問題を解決するため苦慮しているようである。次段に述べるように、温泉権担保に対する人々の態度には、二つのものがある。その第一は、このような法的不明確ないし不安定に当面して、温泉権を担保にとることをあきらめる態度である。今日多くの金融機関は、実際には、温泉権を担保にとっていないのであり、仮りに担保にとった場合にも、その国家法上の効果に不安を感ずるので、担保客体の評価にあたって建物や土地の価値以外に温泉権を評価することを欲しないのである。その第二は、国家法上の不明確不安定にもかかわらずあえて温泉権を担保にとる場合である。言うまでもなく、温泉権そのものは、民法上抵当権の客体となし得ない（またその抵当権の登記をなし得ない）。もっとも、実際には、温泉権に「抵当権」を設定する旨を表示する担保契約証書はあるようであるが[54]、これは非法律家が不用意に用いた表現にほかならず、国家法上抵当権の成立は不可能である。そこで、多くの場合には、譲渡担保という型態が用いられるようであるが、質権という型態も見られる。以下には、これらの諸場合について、その約定される担保の内容、その国家法上の効力を述べ、最後に温泉権担保の代用方法につき触れることにする。

(54)　武田軍治『地下水利用権論』三八頁は、「温泉に付き抵当権を設定し」た例がある旨を報告している。ただし、そこにいわゆる「抵当権」がどのような法形式によっているかは、明らかでない。

二　いわゆる「抵当権」

担保契約の当事者が、温泉権の担保を「抵当権」として契約証書上に表示している場合に、国家法上抵当権の成立し得ないことは前述したとおりであるが、その場合の担保は国家法上どのような権利関係として成立するであろうか。

まず第一に、ともかく当事者が温泉権の上の担保を欲しているのであるから、その契約によって何らの担保関係も生じていないと解すべきではなく、当事者の意図を尊重して何らかの担保関係の成立を承認すべきであることは言うまでもあるまい。では、どのような効力を認むべきであるか。

武田軍治氏は、「所謂動産抵当にもあらざる特別の法律関係と解するの外はない」と言われる。(55) その意味するところは、「譲渡担保でない一種特別 sui generis の権利関係」という趣旨であろうが、その「特別の法律関係」の具体的内容については述べておられない。

(55) 武田軍治『地下水利用権論』三七頁。

私はその契約約款の文書をもたないので、その具体的内容を論ずることはできないが、一般論として次のように考える。第一に、民法上不可能なことが明らかであるにかかわらず「抵当権」の設定を特約するのは、法律の知識のない者の間の契約と見られる。したがって、その法律上の効力を論ずるにあたってはこの点を考慮し、当事者の意図した経済的目的にもっとも近い実質的結果が得られるような法律的効力を認めるように、つとめるべきである。第二に、当事者が「抵当権」という表現を用いているところから見ると、この種の契約においては、占有ないし現実利用の移転とか証書類の移転のような「質権」設定の要件行為(後述)はなされていないものと推測される。もしそうであるなら、この種の担保を民法上の「質権」(債権質或いは権利質)として構成することは、これを法律上無効なものと解することになるから、右の第一点から考えて適当でない。第三に、現在承認されている約定担保物権としては、抵当権・質権以外には、譲渡担保しかない。私はこの種の担保を譲渡担保として構成すべきものと考える。譲渡担保以外の独立のカテゴリーとしての(いわゆる sui generis の)担保関係と認めることは、論理的には可能であり、また将来裁判所によって承認されないとはかぎらないが、さしあたりそのような独立のカテゴリーの担保関係が裁判所で承認されていない現状においては、譲渡担保をモデルとして構成することが、実際的であり、また少なくとも裁判所に対してはもっとも説得的であろう。その意味で、私はとりあえずこれを譲渡担保として構成することを提唱したい、と考えるのである(温泉権の譲渡担保については後に述べるところを参照)。

三 質権

温泉権に質権を設定した例が判決例に見えている。すなわち、前述した大審院昭和一五年(一九四〇年)九月一八日判決(『民集』一六一一頁)は、浅間温泉の温泉権(同地方で「湯口権」と呼ばれている)の上に「質権」を取得した債権者と、同湯口権を譲受けた(これもおそらく譲渡担保であろう)銀行との間の争いである。しかし一般にはその例は少ないようで、われわれは他にその例を発見すべく努力をしたが、今までのところこれを発見していない(その例を知っておられる方は、その内容を知らせて下さるようお願いする)。何ゆえ、質権の設定が少ないのであろうか。

民法の規定によると、一般に、譲渡可能な「財産権」の上に質権を設定することが可能であり(第三四三条・第二六二条)、抵当権の客体たり得べき不動産をも質権の客体とすることが認められている(いわゆる不動産質)(第三五六条以下)。したがって、温泉権に対する質権を否定すべき理由はない、と言うべきである。しかし、具体的にその要件および効果を考えてみると、種々の問題がある。

1 温泉権に対してはど・の・種・類・の質権が成立し得るのか、について問題がある。温泉の供給契約によって生ずる債・権・的・利・用・権は、一種の継続的供給契約による債権であって、これに対する質権は、権利質の一種たる債・権・質と解すべきである。

ところが、湯口権そのものに対する質権については、明らかでない。湯口権の客体は独立の「不動産」そのものではない(民法第八六条第一項、第二項)。また、民法の不動産質の規定は、「不動産」たる土地および建物の上の質権を土地登記簿または建物登記簿に登記することを前提としている(第三六一条)。したがって、湯口権は、土地に定着している湯口を支配する権利であるとはいえ、これを「不動産質」の客体とすることは、民法の予定しないところである、と言わざるを得ない。のみならず、民法の「不動産質」は、徳川時代以来の特殊の慣行にもとづき、質権者が利用権を有しそのかわりに債権の利息を請求し得ず、且つ客体の管理費用を払い、その他客体の負担(特に税金)に任ずるのを原則とするのであって(第三五七条・第三五八条・第三五九条)、このような特殊慣行がないかぎり、温泉権の「質権」を民法上の不動産質と同様——温泉権については登記の方法がないのであるから、民法上の「不動産質」そのものとして構成するのは適当でない——のものとして構成すべきではない、と考える。そうだとすると、湯口権に対する質権は、一種の「権利質」として構成するほかはないことになる。したがって、その要件および効果も「権利質」の規定によるべきこととなるであろう。

2 その成立要件については、二つの点が問題となる。

(1) 第一に、質権が成立するためには、その客体が譲渡可能であることを要する(民法第三四三条)。まず、源泉権には、譲渡の制限が存在する場合が多いことは、前述したとおりである。旧慣温泉権には、旧慣上譲渡が制限されている場合があり、ことに村落住民の総有となっている温泉権(湯口権)は、村落住民全員の同意がなければそれに対して質権を設定することができない。また、「組合」が有する湯口権に対しては、組合員全員の同意がなければ質権を設定し得ず(もちろん、代理権を授与されている業務執行組合員による質入が有効であることは、言うまでもない)、また個々の組合員が組合財産たる温泉権に対する持分に質権を設定しても、組合、または組合と取引をした当事者、に対抗し得ないことは、譲渡について前述したところと同様である。

次に、債権的温泉利用権には、これを他人に譲渡したり或いは他人をして利用させたりすることを禁止する旨の特約がある場合が多く、さらに、これに反した場合には給湯を停止する旨を特約する場合が多い(前述)。この特約に違反して質権を設定した場合の効力はどうであろうか。質権を設定しても、特に質権者に温泉利用を許諾する特約(後述)をしないかぎり、右の転貸禁止特約の違反とは言えず、質権者が競売権を発動したり或いは特約によって弁済期以後に流質したりする以前には、まだ温泉利用権の移転はないから、譲渡禁止特約違反にも該当しない、と言うべきである。しかし、そのような質権は、実際には留置権能以上の効力(優先弁済を得る機能)をもつことが困難であるから(後述)、質権としての機能は大いに減殺される結果となるであろう。

(2)　第二に、質権の成立要件としての要物性が問題となる。まず、債権的温泉利用権の上の債権質においては、「其債権証書アルトキハ……其証書ノ交付ヲ為ス」ことを要することは、民法の規定の上で明らかである(第三六三条)が、それ以外に、現実の温泉利用をも質権者に移転することを要しないか。判例は、賃借人がすでに賃借地の引渡をうけて占有している場合に、その賃借権に質権を設定するには賃借地を引渡すことを要しない、と解している。[56]地上権・永小作権に質権を設定する場合と比べて権衡を失するように思われるが、ともかくもこの判例にしたがうなら、債権的温泉利用権の質入の場合にも現実の温泉利用を質権者に引渡すことを要しないことになる。

(56)　大審院昭和九年(一九三四年)三月三一日判決(法律新聞三六八五号七頁)。事件は、保証人に対する貸金債権者の貸金請求の訴えであるが、債権者が、養魚場賃借権に対する質権を、保証人に無断で解除したことを理由として、保証人は民法第五〇四条による免責を主張したので、質権の有効無効が争われた。大審院は、賃借人が賃借地を引渡さないで設定した賃借権上の質権を有効とする原判決を維持して、次のように判示した。「按スルニ所論ノ地上権又ハ永小作権ニ在リテハ……宜シク質権者ヲシテ当該土地ノ占有ヲ得セシムヘキモノト為スヲ正当トスルモ賃貸借ニ在リテハ縦シヤ土地ヲ以テ其ノ目的ト為ストキト雖賃貸人カ賃借人ニ其ノ使用及収益ヲ為サシムルコトヲ約シ之ニ対シ賃借人ヨリ其賃金ヲ払フコトヲ約スルニ因リテ其ノ効力ヲ生スルモノニシテ爾後賃貸人ハ同契約ノ存続中終始賃借人ヲシテ同土地ノ使用及収益ヲ為スコトヲ得セシムルノ債務ヲ負ヒ従テ又賃借人ハ賃貸人ニ対シ絶エス斯ル行為ヲ為サシムルノ権利ヲ有スヘシト雖賃借地ニ対スル直接ノ支配ハ其ノ本質ニアラサルカ故ニ縦令賃借人カ賃借地ノ引渡ヲ受ケ之カ占有ヲ為ス場合ニ在リテモ賃貸人ノ承諾ヲ得テ賃借権ニ質権ヲ設定スルニ際リ地上権又ハ永小作権ヲ質権ノ目的ト為ストハ異リ質権者ニ賃借地ノ引渡ヲ為スノ要アルコトナク他ノ一般ノ債権ト同様ノ方法ヲ以テ有効ニ質権ヲ設定シ得ルモノト解スルヲ相当トス」——判旨の右の理由づけは、物権と債権についての論理構成に拘泥して、一たん履行が開始されたときは債権者の継続的占有状態を生ずるような継続的債権について、占有をとり上げることによって弁済を促すという機能をもつ質権が設定される、という具体的な機能上の問題点を見のがしているように思われるのであり、私は、この判決の当否について疑いなきを得ないのである。

湯口権に対する質権については、どうであろうか。民法は単に権利質について「本節ノ規定（第三六二条以下）ノ外前三節ノ規定ヲ準用ス」と言うのみである（第三六二条第二項）。しかし権利質の成立要件として、質権者に対する関係でなるべく質権設定者の権利行使を阻止すること（第三六三条・第三六四条・第四六七条第一項）に重点をおいている民法の規定の趣旨を考えると、温泉権の質入の成立要件としても、温泉権の現実行使を質権者に移転することを要し（第三四四条）、また質権者は質権設定者（温泉権者）をして自己に代って温泉権の行使をなさしめることを得ない（もし、温泉権者に温泉権の行使を許したときは、質権は消滅する）、と解すべきものと考える。というのは、もしそう解しないとすると——たとえば、温泉権の行使を温泉権者に保留しておいて、温泉権に関する証書類のみを質権者に交付すべきものと解すると（第三六三条参照）——、登記不可能な温泉権についてはこれを公示する方法は不完全となり、また質権設定者がその客体たる権利を行使するのを阻止することによって弁済を促す、という質権制度の本来の機能は失われるであろうからである。もちろん、このように解する結果として、湯口権に対する質権は、湯口権者から温泉利用による収益をうばうことになり、温泉利用による収益で債務の弁済にあてることを不可能にするのであり、担保型態としては湯口権者の——したがってまた、ひいては債権者の——経済的利益に適しない。しかし、まさにそのような方法で心理的に弁済を促すということが、質権の本来的な機能なのであり、そのような機能をもつ質権が今日利用されない理由でもあるのであって(それにひきかえ、そのような機能を有しない質権——有価証券質——は、今日ももっとも多く利用されている)、やむを得ないのである。

3　次に、その対抗要件が問題となる。債権的温泉権に対する債権質については、質権者は、債権譲渡の対抗要件に関する「第四六七条ノ規定ニ従ヒ(したがって「確立日附アル証書」によって)第三債務者(温泉供給義務者)ニ質権ノ設定ヲ通知シ又ハ第三債務者カ之ヲ承諾スル」ことを要する(第三六四条・第四六七条)。しかし、湯口権に対する質権については、規定がない。私は、質権の原型たる動産質——歴史上、質権は動産(或いは、動産と同視された人間)について、まず発生した——の規定の趣旨を類推し、占有の継続をその対抗要件とする、と解してよいと考える。湯口権については登記の方法もなくまた他にも適切な公示方法がないことも、このような解釈の実質的理由となし得るであろう(湯口権の譲渡の対抗要件として、その現実行使を明認方法と解すべきものとする私の見解について、前述したところを参照されたい)。

4　その効力が問題となる。

(1)　まず問題となるのは、質権者の利用権能である。民法によれば、質権者はその客体を占有する権能と保管する義務とを有するが、これを利用し収益する権能を有しないのを一般原則とし(第二九八条・第二九九条・第三五〇条)、この一般原則は権利質に準用される（第三六二条第二項）。したがって温泉権の質権者は単に湯口を「占有」する権能を有するだけで、温泉を利用する権能を有しないのを原則とし、[57] ただ特約ある場合にのみその利用権能を有する、と解すべきであろう。[58]

(57) 第二九七条は、質権者が果実収取権能を有すると規定する。しかし、留置している湯口から生ずる温泉を自ら利用し或いは他人をして利用させることは、第二九八条第二項の「使用」にほかならないから、第二九七条を理由として質権者の温泉利用権能を肯定することはできない。我妻栄『担保物権法』一九三六年(九)二、柚木馨『担保物権法』法律学全集一九五八年九五頁等参照。

(58) そのような特約は、債権者が旅館・ホテル業者である場合などに実益が有るであろう。

(2) 次に問題となるのは競売権である。質権者が競売権を有するのは当然である。しかし、温泉権に対する質権の要件が必ずしも明確でないので、質権者が競売を申立てても競売が許されるかどうか、実際には不安を伴うであろう。前掲の大審院昭和一五年（一九四〇年）九月一八日判決の事件では、債権者は浅間温泉の湯口権に質権を設定させる契約をしているのに、湯口権を換価するにあたり、質権の実行として競売申立をなさず、消費貸借公正証書の執行受諾約款にもとづいて差押をしているのであって、おそらくそのような不安があったからではないか、と推測される（同一湯口権をその後に長野農工銀行が譲りうけているという事実は、湯口権の現実行使が右の質権者に移転されていなかったことを推測させる）（質権設定の要物性の問題については前述したところを参照）。したがって、温泉権に対する質権の要件が判例上明確になっていない現在においては、競売権もはなはだ不安定な状態にあることを、否定し得ない。したがって、債権者としては、弁済期限後に流質を契約するほうが安全であるが、それならばむしろ最初から譲渡担保の方法によるほうが、安全なわけである。

しかし、かりに、競売が許されるとしても、前述のような譲渡制限が存在する場合には、さらに問題がのこる。すなわち、債権的温泉利用権に譲渡禁止特約が附せられている場合にその競売の効果がどうであるか、は必ずしも簡単な問題ではない。というのは、民法第四六六条第二項は、債権の譲渡禁止特約を善意の第三者に対抗し得ない、と規定しているのであるから、任意競売を私法上の売買として構成するか公法上の処分として構成するかはともかくとして、(59)譲渡禁止特約つき債権であってもその競売は全く無効なのではなく、ただ競売の意思表示の際に譲渡禁止特約を知らなかった競落人に対してはこの特約を主張し得ない(すなわち、競売の無効を主張し得ない)こととなるのである。ところで、債権的温泉利用権に譲渡禁止特約が附されている場合には、この特約違反があったときは温泉供給義務者は給湯を停止し得る旨を規定していることが多いが、右のように競落人の善意のゆえに競落が有効となったときにも温泉供給義務者は給湯を停止し得るであろうか。競売によって移転した債権の同一性が失われないかぎりこの特約も存続してよいように見えるが、もしこの特約の効力を認めるならば実質的には債権の譲渡性は完全に否定されるのであり、したがってたとえ特約で禁止しても善意の第三者に対する関係においては譲渡性を否定し得ないものとして、債権の譲渡性を原則的に保障しようとする民法の趣旨を、実質的に否定する結果となる。したがって、原則として、右の給湯停止権能に関する特約は善意の第三者に対しては主張し得ない、と解される余地がある。ただし、温泉供給関係そのものが本来的に受給者の個性に着眼した一身専属的なものである場合(たとえば、親せきであるがゆえに特に無償で余剰の温泉を供給するという約束のような)には、その性質上の不可譲渡性のゆえに(第四六六条第一項但書)、質権設定そのものが全く無効となるであろう。

(59)　かつて判例は、任意競売を私法上の売買——担保権者が担保権の内容たる処分権にもとづいてなす客体の売買——と解していたが、昭和一二年(一九三七年)以後はこれを公法上の処分と解するに至っていると言われる(斎藤秀夫『競売法』法律学全集三三—三四頁)。

四　譲渡担保

1　以上に述べたような理由により、温泉担保の方法としての民法上の約定担保物権の諸型態(質権・抵当権)は不適当または不可能であるので、譲渡担保の方法が用いられる場合が多いようである。この型態においては、担保設定者は担保設定後にも温泉権を利用して収益をあげ、それによって債務を弁済に役立てることができるので、少なくとも担保設定者の経済的需要に適するが、担保権者にとっては法律上若干の不安がないわけではない。

2　温泉権の譲渡担保の基本的法律関係は、一般の譲渡担保におけると、ことなるところはない。すなわち、(イ)担保設定者は温泉権そのものを債権者に譲渡した上、(ロ)債権者から温泉権の利用を許され、(ハ)債務を完済したとき温泉権を再取得することにある。そうして、右の(イ)が(a)「債権担保のため」の譲渡として表現されるか、(b)売買という形式をとる(被担保債権額を代金とする売買とする)か、によって右の(ハ)の法律関係はことなり、(a)の場合には、「債務の弁済」(厳格に言えば、弁済の提供)によって受戻権を生じ、(b)の場合には、当初の売買の際の約款内容により、或いは「契約によって留保された解除権の行使」とか、或いは「再売買の予約の完結権の行使」とか、或いは「解除条件の成就」とか、の表現形式のもとに受戻権を生ずる。また、(b)の担保設定者による温泉利用の法律関係も、或いは賃貸借として(譲渡担保が「売買」形式による場合には賃料は実質的には利息の表現形式にほかならず、「債権担保」が表面化している場合には賃料は利息に充当されるのが普通である)、或いは使用貸借として(利息付債権のための譲渡担保が売買形式による場合には利息請求権の構成が困難なので、使用貸借になることは原則としてない。また、「債権担保」が表面化している譲渡担保の場合には、使用貸借という構成は、利息の支払を譲渡担保そのものの法律関係に編入しないことを意味する)、表現され得る。これらは、一般の譲渡担保とことなるところはない。(60)

(60)　ただし、われわれが入手し得た温泉譲渡担保の実例は、「売買」形式によらず、温泉の利用は使用貸借の形式によるものである(前掲『温泉権の研究』資料二三参照)。

温泉権の譲渡担保について生ずる最大の問題は、どのようにしてこれを第三者に対して対抗し得るものとするか、ということである。前掲の大審院昭和一五年(一九四〇年)九月一八日判決(『民集』一六一一頁)は、まさにこの問題に関するのである。そうして、前述したように、この判決は、旧慣温泉権についても、第三者に対抗し得るためには明認方法を必要とする旨を判示したのみで(その点では従来の判例を変更した)、具体的に何が明認方法として承認されるのかを明らかにしておらず、しかも、それ以後この問題を明らかにする判決は、少なくとも一般に公表された判決のうちには見出されない。この点に関する問題点の所在および私の一おうの見解は、さきに温泉権譲渡の公示に関連して述べたところを参照されたい(前述第一節五。なお本巻所収「温泉権の譲渡および担保」三八五頁以下を参照されたい)。しかし、ともかくも、取引の実際にとってもっとも重要な問題は、今日も依然として未解決であり、温泉権を担保にとる安全且つ明確な方法は、現在のところまだ存在しないことに帰着するのである。

五　その他の方式

右のような事情の結果として、一般に金融機関は温泉権を担保にとらない。その結果、担保化されるのは、経済的に温泉権と不可分の関係にある土地・建物等のみであって、おそらくそれらに比べてはるかに高い担保価値をもつことの多い温泉権からは、資金をひき出すことができない結果となっているのである。

しかも、実際には、債権者は温泉権をこのように無視することですますことはできない。たとえば、或る土地で温泉を利用する場合に、その温泉権を無視して、その土地や、その土地の上に在る建物を抵当或いは譲渡担保としてみても、もし将来その担保権を発動して換価し或いは「流す」場合において温泉権のみが他の者の名義となったときは、温泉権者との間に錯雑した権利関係を生じ、その煩にたえなくなるおそれがある。源泉地盤の所有権をも担保にとり登記するという方法がおこなわれているが、湯口権が源泉地盤所有権から独立して存在することが承認されている以上、湯口権が他の者に譲渡されその者が何らかの明認方法――しかも、それが何であるかが分らない――をそなえて対抗力あるものとなる可能性は失われない。したがって、源泉地盤の所有権を担保にとって登記するという方法は、この問題の解決となるものではないと考えられる。

思うに、温泉権の譲渡および担保に伴う公示方法上の問題は、温泉権そのものについて解決を考えるかぎり、現在のところおそらく不可能――たかだか、きわめて困難――であろう。そこで、私は次のような方法を提案する。すなわち、温泉権の主体として会社を設立し、温泉権の現物出資によって、或いは他の財産による出資の場合には会社が温泉権を購入することによって、温泉権を会社の財産とする。そうして温泉権の売買ないし担保は、この会社の株式ないし持分の譲渡或いは質権或いは担保によって行なうこととする。そうすると、公示方法の問題は、株式或いは会社持分の公示の問題に転換され、以上に述べたような困難は解決される。ことに、温泉権が担保に供される場合には、温泉利用と経済的に結びついている土地や建物、或いはさらに什器等もともに担保に供される場合が多いであろうから、それらの財産を個々的に担保化するかわりに(もし右の種々の財産を個々的に担保化する形式をとると、それらが一括して単一個人に競落されるとはかぎらず、債権者にとっても債務者にとってもはなはだ不利益な結果となる)、一括して一つの企業財団として担保化する手段としては、これらの担保財産をすべて会社の財産とすることが、さしあたり可能な法的方法であろう、と考えられるのである。

（川島ほか編『温泉権の研究』一九六四年勁草書房）

物権的温泉利用権の設定とその「明認方法」

——葉山温泉(山形県)事件を中心として——

一　問　題

温泉権は一種の物権であり、その変動を「第三者」(民法第一七七条にいう「第三者」と同じ意味において)に対抗するには、不動産物権変動の場合における登記のごとき公示方法を要するということ、ならびにその公示方法は「其ノ権利ノ変動ヲ明認セシムルニ足ルヘキ特殊ノ公示方法」——学説のいわゆる「明認方法」——でなければならないということは、大審院昭和一五年(一九四〇年)九月一八日判決(『民集』一九巻一六一一頁)によって判例として確立しているが、具体的に何がその明認方法であるかについては、右判決は問題を提起するだけで、解答を与えていない。このことは、今さら言うまでもなく周く知られるとおりである。(1)

その後、県の温泉台帳への登載が明認方法と認められる旨(ただし傍論である)を判示した地方裁判所判決が現われたが、(2)別の機会に私が述べたように、(3)県の温泉台帳は県の行政の必要上設けられたものであって、一般的には、温泉権変動の対抗要件としての機能を果たすに十分な条件を具えているかどうか、大いに疑問である。温泉台帳を管理する末端行政機関たる保健所は温泉台帳の制度には深い関心をもっておらず、いわんやそれが私法上の権利としての温泉権の変動の対抗要件としての機能を果たすかどうかという問題そのものについて、明確な問題意識をもっていないのが普通であるようであり、またそうであるのは保健所としてはむしろ当然であって何らの非難に値しないはずである。

また、明認方法として認められる可能性のあるものとして前記大審院判決が示唆している他の方式――すなわち市町村または温泉組合が備付け管理する温泉台帳等の帳簿への登載とか、「立札其ノ他ノ標識」とか、「温泉所在ノ土地自体ニ対スル登記」とか――も、明認方法としての適性において、県の温泉台帳に比べ劣っているとしても優ることはあり得ないことは、私が別の機会に述べたとおりである。[4]

そこで、私は前著『温泉権の研究』で次のごとき提案をしたのであった。「このほかにもう一つ第三者対抗要件として考えられ得るものがある。それは、温泉に対する現実支配である。ゲヴェーレのシステムにあっては、現実の引渡或いは証書の引渡によってゲヴェーレが移転したのであり、それが法的保護の基礎となることができた……。旧慣による温泉権にあっても、おそらく同様であった、と思われる。そうして、この方法は、今日においても、一定の限度では、権利の対抗関係を処理する技術として有用であろう。すなわち、湯口権の買主が現実の引渡をうけて事実支配をつづけているかぎりは、実際上は、二重にこれを買ったり担保にとったりする者はないであろうし(湯口権を買ったり担保にとったりしようとする者は、その現場を見るのが通常であろう)、かりに現場において売主ないし担保設定者以外の者が現実に温泉を利用しているのを見ていながらこれについて何らの調査をなさずに、温泉権を買ったり担保にとったりすれば、法の保護に値しないであろう。ことに温泉権を買う者は、売主から温泉権の権原を証する書類の引渡を受けるのが普通であるから、通常は、現場の調査によって二重処分は防止されるのである。[5]」

(1)　一々学説を紹介しない。最初にこの点を論じたものとして『判例民事法昭和一五年度』九三事件評釈(我妻)を掲げるにとどめる。学説の詳細については川島ほか編『温泉権の研究』一九六四年五〇六頁以下(川島)、および『注釈民法(7)』一九六八年六三九頁以下(「温泉権の公示方法」)(川島)に掲げるところを参照されたい。

(2) 大分地方裁判所昭和三六年(一九五一年)九月一五日判決下民集二三〇頁。この判決については、前掲『温泉権の研究』五一九頁以下、特に五二一頁以下(川島)参照。

(3) 前掲『温泉権の研究』五一五—五二二頁(川島)参照。

(4) 同五二二—五二四頁(川島)参照。

(5) 同五二五頁(川島)。

二　葉山温泉(山形県)事件とその問題点

その後私は山形県上の山(かみのやま)市の地域に属する葉山温泉の温泉権紛争に関連して、山形地方裁判所から鑑定を依頼されて(昭和三九年(一九六四年)四月三〇日)、その鑑定書を同裁判所に提出したが、本稿の問題もその鑑定事項の一つであった。同事件の判決が下されるまでは、その鑑定書の内容を公表しないほうがよいと考え、公表をさしひかえていたが、たまたま私が編集した『注釈民法(7)』(一九六八年)の中で、温泉権に関する項目を執筆することになったので、その中に、右鑑定書で述べたところを要約して述べておいた。右事件の判決は昭和四三年(一九六八年)一一月二五日に言渡されたが(ただし、それを登載した『下級裁判所民事裁判例集』(以下、『下民集』と略称する)一九巻一一・一二号の刊行はそれよりおくれている)、右の『注釈民法(7)』は既に校了となっていたので、残念ながら同書中の説明はそのままの形で発表されることになった。[6] このたび『温泉権の研究』の続編を編集するにあたり、本稿を執筆することになったので、ここに右の鑑定書の内容を転載することにしたのである。

まず本件の事実関係は次のとおりである。訴外西方は山形県上の山市の一部である葉山において掘さくにより温泉権を所有していたが、原告(国家公務員共済組合連合会)が同地に設置する保養所「蔵王荘」のために原告と二回にわたり契約して、西方の有する温泉のうち毎分一斗二升(一升は一・八〇四l)および毎分五升(合計一斗七升)をそれぞれ一定の代金で「永久譲渡」して右保養所に供給する義務を負う旨を定めた(この契約の約款は、本稿のおわりに「資料」として掲載してあるので、以下必要に応じ参照されたい)。西方はこの契約に基き当初は毎分一斗七升全量の給湯義務を履行したが、その後右温泉の全採取量を超えて第三者数人との間に温泉供給契約を締結したので、温泉利用者全員に対する契約所定量の供給に不足を来すに至り、やむなく他の温泉利用者全員(ただし、原告は拒否した)の経費負担によって数回にわたり揚湯ポンプ座の切り下げ等の揚湯量増加のための工事を行ない、その結果ようやく契約配湯量の七割程度を確保するに至った。しかし、原告は、その特殊法人たる性質上、法律上の義務がない工事費用を負担することはできないとして、右の経費分担を拒絶したので、西方は原告に対する契約配当量を五割減じて毎分八升五合しか配湯せず、さらにその後、西方の温泉権を取得した被告(葉山温泉観光株式会社。ただし西方がその株式の大部分を所有し、実質的には西方はこの会社の社主であった)は、原告に対し温泉供給の義務を負わないと主張して給湯を停止しようとした。よって原告は裁判所に申立てて「送湯妨害禁止」仮処分命令を得、被告に対し温泉配湯請求の本件訴を提起した(山形地裁昭和三七年(一九六二年)(ワ)一七七号)。

本件の中心的争点は、(1)原告の有する、毎分一斗七升の温泉に対する権利は、単に西方に対する債権であるのか、それとも物権であるのか、(2)もし物権であるとすれば、原告はその権利取得を他の温泉権利者(特に被告)に対抗し得べき対抗要件を備えているか、ということであった。

次に、これらの問題についての私の鑑定書の全文を掲げるが、「鑑定書」としての形式体裁を若干改め、また若干の用語ないし表現を改めた。

(6) 前掲『注釈民法(7)』六四二―六四三頁。「温泉権変動の明認方法について私は次のごとく考える。そもそも判例が明認方法として承認してきたものは、何らかのしかたで土地に定着している物について取引をしようとする者が、その取引客体の存在する現地に赴き権利客体を自ら調査するのを常とする実際上の慣習がある場合に、その者が現地に赴いた時にその権利関係を識別する手がかりとなるのに適したもの、であった。そうして、山林の取引については立札を立てるという方法がかなり広く行なわれているが、明認方法は必ずしもそれに限らず、果実や桑葉については、引渡があり且つ「引渡アリタル事ヲ他人ヲシテ明認セシムヘキ方法」が講ぜられていることを要求し(大審院大正三年〔一九一四年〕九月二〇日判決民録二二輯一四四〇頁、同大正九年〔一九二〇年〕五月五日判決民録二六輯六二二頁)、また立木については、「山林内ニ小屋炭竈其他製炭用ノ設備ヲ為シテ製炭ニ従事シ居タル事実」を明認方法と解しているのである(大審院大正四年〔一九一五年〕一二月八日判決民録二一輯二〇二八頁)。これらの判決が明認方法の要点としているのは次の点にあるものと解することができる。すなわち、これらの取引客体は土地に定着ないし密着しているが、これらについて明認方法が問題となる取引は、これらの物を土地から分離して動産とすることを目的としているのであり、そうして、それについての権利変動を第三者に対抗するには、単にこれらの物の引渡という・過去の或る時点において完了した行為だけでは足りず、さらにそのほかに、これらの取引客体について新たに法的利害関係に入ろうとする第三者が、それらの権利客体について既に権利変動があったことを知る手がかりとなるような継続的な事実が存在することを要する、という趣旨であったと考える。

そこで、この基本的な考えを温泉権の取引の実情に適用するならば、その明認方法は、温泉の引渡――すなわち権利者が温泉を採取できる状態の変更――があったこと、および温泉を取引の客体としようとする者がそのような状態の存在することを知る手がかりとなり得るような継続的な事実があること、でなければならない。それは、具体的には、権利者が源泉における温泉の採取・利用・管理のための施設によって、および(または)源泉から現実利用個所まで温泉を移動させるための導管やタンク等の施設によって、現実に温泉権を継続して管理・支配しているという事実にほかならない。温泉権について新たな法的利害関係をつくろうとする人は誰でも、現地に赴き温泉の性質や量とともに、これらの諸施設を調査するのを常とするのであり、したがってそのような調査をしないで取引をした者が後になって他の権利の対抗を受けることによって不測の損害をこうむるに至ったとしても、その者は取引上なすべき通常人の注意を怠ったのであるから法の保護に値しない、と認むべきである。なお、このように解するときは、温泉権の変動は「其レ自体(何らの対抗要件があることを要せず)何人ニ対シテモ対抗シ得ルモノ」だと言う前掲東京控訴院昭和一四年判決(六三九頁)も、また古くは鉱泉採酌権については対抗要件不要と解した前掲大審院明治二八年判決(六三九頁)も、実質的には明認方法をそなえていた源泉権利者を保護したものとして、上述の解釈論と統一的に理解され得ることになるであろう。」

三　第一の争点——原告の温泉利用権の性質

原告(以下、「乙」という)が被告西方(以下、「甲」という)から取得した温泉に関する権利の性質は何であるか。

1　乙の権利の物権性

本件契約により乙が甲から取得した温泉に関する権利(以下、「乙の温泉利用権」という)は、甲に対する債権ではなく、温泉の採取利用を目的とする一種の物権である。

その理由は本件契約の次のごとき内容に存する。

(1)　温泉の「永久譲渡」

乙が本件係争の権利を取得した根拠は、甲第一号証ないし第三号証の契約であるが、それによれば、甲は一定の対価を得て、「甲の所有にかかる温泉湧出量のうち〔一定量〕を乙に永久に譲渡する」旨の合意がなされている。一般に、或る物の「永久譲渡」ということばは、その物に対する権利そのもの(通常は所有権)を移転し、そうして将来も新たな法律原因がないかぎり当該権利が譲渡人に復帰することのないことを意味するものである。したがって、本件の契約証書が、このような伝統的用語慣習のもとに「永久譲渡」ということばを用いているのは、「物権的権利そのもの」の譲渡を意味するものであることは、疑いを容れる余地がない。「或る物を給付する債務を負う」ということを表現するのに、「或る物を永久に譲渡する」というごとき奇妙な文言を用いることは、取引界にその例を見ないところであり、本件契約の「永久に譲渡する」という文言をそのような意味に解することは、法律行為解釈の根本原則に反するものと言うべきである。現に、温泉の物権的譲渡をその「永久の売却」として表現している例が報告されており(武田軍治『地下水利用権論』一九四二年三四—三五頁)、本件契約における「永久に譲渡する」という文言も、「湯口所有権の内容の一部たる、一定量の温泉を採取利用する権能(したがって一種の直接支配権すなわち物権)——その意味については後述する——そのものを譲渡する」趣旨と解すべきである。

(2) 対価との関係

さらに、右の「永久譲渡」の意味は、その対価に関する本件契約の内容からも明らかである。

本件契約においては、対価は、「永久譲渡」に対する対価として譲渡契約の際に一括して支払われているのであり、甲による温泉の給付という行為を条件としてそれに対する対価として支払われるものではない。このことは、本件契約において、乙が支払った対価が権利そのものの移転に対して支払われ、契約以後の譲受人の温泉利用は、譲受人の取得した物権的権利に含まれる利用権限の行使であって、これに対しては対価(水道料金のごとき従量的に定められる料金)の支払ということは存在の余地がない、ということに示されている。そう解しないで、取引客体たる権利そのものは移転せず単に継続的債権関係のみが発生するものとし、しかもその履行がなされると否とにかかわりなく永久の履行に対する対価を一括して支払う趣旨のものと解することは、この種の取引をする者の到底想像もできないところである。同様のことは、独立建物やアパートの「譲渡」契約について見ても、容易にうかがわれる。すなわち、建物やアパートの「永久譲渡」の対価として一定の代金を支払う(譲受人のその後の利用に対しては使用料を支払わない)ものとする場合には、「譲受」人は当該建物やアパートの所有権そのものを取得するものであり、したがってその者の利用行為は、債務者に対する利用請求権に基くものではなく、所有権に含まれる利用権限に基くものとする趣旨にほかならないことは、今さら言うをまたぬところである。

(3)　その他の契約内容

さらにまた、本件契約が甲ならびに乙の権利義務として規定しているところでも、右のごとき権利の「永久譲渡」の性質を具体的に示すものとして理解してはじめて、最も合理的なものとなるのである。すなわち、

(a)　温泉供給の債権関係を約定する多くの契約においてはほとんど例外なく、現実の利用(債務者の給付)に対する対価を規定しており、また利用債権者の利用権能および処分権能に種々の制限を附している場合が多く、ことに一定の場合に利用債権が消滅すべきことを規定している場合も少なくない。しかるに、本件契約においてはこのような規定を全く欠き、乙は甲の給付行為を前提することなしに、自由に利用しまた処分し得る絶対権的権能を有することを当然の前提としている。

また、温泉施設等の改修の費用(甲第一号証並に第二号証の第四条)、温泉の採取並に引用のための費用(同第五号)は、もし乙が単なる債権者であるとすれば温泉給付義務者たる甲が負担すべき性質のものであるのに、本件契約においては、乙のみならず他の温泉譲受人等の「各温泉利用者」(同第四条のみ「各」と言い、第五条は単に「温泉利用者」と言うにとどまるが、第五条は第六条のごとく特に「乙」とは言わないのであり、その意味するところは、「各温泉利用者」の共同負担を定めるにある、と解される)の共同負担とする旨を規定している。このこともまた、「各温泉利用者」が相互に、あたかも共有者相互間におけるごとき法律関係に立つことを示すものであり(詳細については後述する)、したがって「各温泉利用者」の利用は、温泉給付義務者の給付行為によって成立するものではなくて、温泉に対する所有権類似の権利(絶対権的支配権)(その意味については後述する)の行使である、と解すべきである。

さらにまた、甲の責に帰すべからざる事由により温泉の湧出量が減退した場合には、「他の温泉利用者と共に各々その供給量に比例して減量となる」旨を定める甲第一号証および同第二号証のそれぞれ第一条第二項もまた、乙の取得した権利が債権でないことを示すものである。すなわち、もし乙が取得した権利が債権であるとすれば、たとえ湧出が減量となっても、他の共同利用者で事実上その権利を行使しない(たとえば、温泉利用権者が別荘所有者であって不在の場合には、利用権の不行使があり得る)者がある場合には、甲が乙に対し給付義務を負うところの全量を供給すること(甲の債務の履行)が可能であることもあり得るのであり、その場合には乙は甲に対し契約した量の供給を請求し得べきは当然であり、またそのように処理しても何ら甲に新たな不利益を課するものではない。それゆえ、もし乙の取得した権利が一定量の温泉の供給を目的とする「債権」であったとすれば、前記のような規定を特約する実益はないのに、前記の規定は、温泉の自然減量の場合には常に共同利用権がその取得した権利内容たる温泉量に比例して(右規定が「その供給量」と言うのは、この趣旨の不正確な表現と解する)権利内容そのものが減少する、と規定しているのである。これは、各共同利用権者の権利が同一の温泉に対し共同して直接支配する(債務者の履行行為を媒介とするのでなく)ことを内容とするものであること(すなわち、権利者が自らの行為のみによって権利内容たる利益を享受することが法律上正当視されているということ、言いかえれば、各利用権者の権利は所有権その他の「物権」と同一性質――直接支配権能――をもっていること)、そうして各共同権利者の間の関係はあたかも同一客体に対して直接支配するところの準共有の関係にあること、の反映であると解してはじめて、合理的なものとなることは明らかである。

(b) そうだとすると、甲がその「所有にかかる前記温泉」を他に譲渡する場合にはその譲受人に対し「本契約による権利義務一切を継承せしむるものとする」旨の約款(同第三条)は、乙の権利が前述のごとく物権的性質のものであることと矛盾しないか。

まず第一に、甲の「所有にかかる……温泉」の譲渡が有り得ることを規定する右のごとき約款の文言は、本件契約第一条の文言と明らかに矛盾する。というのは、第一条は、甲の「所有にかかる温泉」の永久譲渡(譲渡というのは、権利主体の変更を意味することは、言うまでもない)を規定しているのであり、甲がその「所有にかかる」温泉を乙に永久譲渡した後にこれを「所有」するということは、法律上有り得ないからである。したがって、右第三条にいわゆる甲の「所有にかかる温泉」とは、甲がその「所有にかかる温泉」を分譲した後の残余の温泉に対する「所有」権(すなわち、採取し利用する物権)以外は、温泉源(湯口)に対する支配権(以下、「湯口権」という)を指すものと解するほかはない。後に詳細に述べるように、湯口権は所有権に類似した一種の物権であるが、本件契約(特に第三条)は、甲がその「所有する」――正確な法律的表現をするならば、「法律上の権能として採取利用し得る」――温泉の全部を「永久譲渡」した後にも、源泉(湯口)に対しては無権利者となるのではなく、源泉に対する支配権(所有権類似の物権)を保有するものであることを前提している、と解すべきである。このことは、本件契約書が、「甲の(所有する)源泉施設」が本件契約後に存在することを前提していることからも、うかがわれる(同上第七条)(ただし、この点については、甲第八号証の一との関係で異る趣旨の解釈の余地もないわけではないようであるが、立証上の問題を含んでいるので、ここではその点を留保しつつ、以上のごとく解釈することとする)。もっとも、甲が源泉権──したがって湯口等の源泉施設の所有権──を有すると解するとしても、甲のみが湯口等の源泉施設に対しすべての第三者に対する独占排他的な支配権をもつものではなく、乙もまた、その所有する温泉利用権の行使に必要な限度で、源泉施設に対して直接に管理支配の権能を有するということが、本件契約書において承認されている(同上第七条)。このこともまた、乙が単に甲の給付行為を請求することを内容とする債権を有するのではなく、その有する直接支配権の内容として自ら温泉を採取利用する権能を有することに、対応するものと見るべきである。

そこで、第二に生ずる問題は、甲がこのような湯口に対する支配権を第三者に譲渡した場合に甲が負うものとされる前記義務の性質が、どのようなものであるか、ということである。

先ずこの問題を考えるための前提として、ここで問題となるべき法律行為解釈の基本原則にふれておく必要がある。言うまでもなく、契約の内容を構成する個々の約款は統一的な全体としての契約の一部であり、したがってその個々の約款の意味は、契約を一つの統一的な全体たらしめる最も基本的な事項たる契約の中心的目的に照らし、それとの関連において、理解されることを要する(通説である。たとえば、我妻栄『新訂民法総則』一九六五年二五〇頁)。ところで、本件契約の中心的目的は、甲第一号証、同第二号証の表題(「温泉譲渡に関する契約証書」)ならびにそれぞれの第一条の規定(温泉一定量の「永久譲渡」)が表現するとおりである。したがって、この中心的目的に照らし、それを実現するための法的手段ないし技術として第三条を見るならば、同条の意図するところは、温泉利用権の「永久譲渡」の効力を具体化し確保することにある、と言うべきである。元来、一種の物権(絶対権)たる温泉利用権の「永久譲渡」が行なわれた場合には、譲受人の湯口支配権は温泉利用権という物権的負担を伴うものとなり(この点については後に詳述する)、したがってその湯口支配権が第三者に譲渡された場合には、湯口支配権の譲受人はそのような物権的負担を伴うものとして湯口支配権を取得するのは、当然である(「何びとも自己の有するより以上の権利を他人に譲渡することを得ない」のであるから)。しかし、源泉権(詳細は後述)の一権能たる温泉利用権の全部または一部の譲渡が、広汎に取引慣行となっておりまた裁判所においても承認されているにかかわらず、それが法文上の規定を欠いているので、契約当事者がその具体的な法律効果を確保しようとする場合には、約款によってこれを具体的に約定するほかはない。ここで問題としている本件契約書第三条のみならず、第四条ないし第八条はすべて、温泉利用権という物権的利用権ならびにそれと湯口支配権ないし湯口所有権との間のそのような具体的な法律関係に関するものとして、統一的に理解され得るし、またされることを要するのである。要するに、本件契約第三条の文言は、法文上に規定を欠く右のごとき法律関係——すなわち、温泉利用権という他物権(湯口に対する権利)の設定(温泉利用権の「永久譲渡」)があった場合には、その温泉利用権は湯口権に対する物権的負担として湯口権の承継人を拘束するという趣旨——を、温泉利用権設定契約の約款の形式で表現するものにほかならないと考える。

2　乙の温泉利用権の具体的内容

乙の温泉利用権が債権でないという消極的側面に焦点をおいて以上に説明したが、以下には、その物権としての具体的内容について説明する。

(1) 源泉権――源泉(湯口)所有権――の性質

乙の温泉利用権の具体的内容を理解するには、まずその前提問題として、源泉(湯口)に対する支配権の性質を明らかにすることを要する。

徳川時代以来の慣行によって成立している湯口支配権(以下、「旧慣による湯口支配権」という)については、それぞれの慣行によってその権利内容が限定されている。しかし、現代の私有財産制度のもとにおいては、すべての財貨に対して、まず第一次に、包括的全面的な支配を内容とする物権的支配権(その典型＝原型は、外界の「物」に対する私法上の「所有権」である)が成立するものとし、当該の財貨に対する他のすべての権利は、この第一次の包括的全面的支配権から第二次的に派生してのみ存在し得る、とする原則が存在している。したがって、温泉については、温泉が事実上人の支配に帰属し得る最初の状態――すなわち、湯口(源泉)――において、温泉に対する第一次的な包括的全面的支配権が成立すると認めるべきであり(神戸地裁豊岡支部昭和一三年(一九三八年)二月七日判決『法律新聞』四二九号参照。なお『温泉権の研究』八頁以下参照)、この意味において、湯口に対し第一次に成立する支配権を、湯口所有権或いは源泉所有権と呼んでよいであろう。したがって、源泉権すなわち第一次温泉権は、温泉を採取して利用したり、他人をして採取或いは利用させせたり、源泉を占有し、これを増掘・浚せつし、これにポンプを設置したりする(すなわち、温泉の湧出を維持・管理する)等の権能を包括的に含むのである(このことは、大分地裁昭和三六年(一九六一年)九月一五日判決『下民集』一二巻九号二三〇九頁が言及するところである)。なお、民法典の法的構成によれば、地下水の利用は、地下水の採取が行なわれる土地(源泉地盤)の所有権に含まれる一権能であるが(民法第二〇六条・第二〇七条)、温泉のもつ高度の経済的価値のゆえに源泉地盤所有権は源泉支配権能に対し従属的のものとして意識されるので、一坪、二坪（一坪は三・三m^2）等の小さな源泉地盤を分筆して「鉱泉地」として土地台帳ないし不動産登記簿（現在は後者のみ）に登録ないし登記するという方法で、民法の法的構成と源泉所有権の独自的存在価値とを妥協させ調整するに至っており、さらに進んで、湯口所有権を源泉地盤所有権から独立した財産権として法的に承認するに至っている（旧慣温泉権については以前からも承認されていることは周知のとおりであるが、民法の下における掘さくによる源泉についてもこの法理は承認されるに至っている。前掲大分地裁昭和三六年九月一五日判決参照）。しかし、これらの点は本件の問題には直接関係するところがないから、これ以上説明しない。

(2)　乙の温泉利用権と源泉所有権との関係

乙は、甲との契約により、甲の有する包括的な源泉所有権の一権能たる温泉採取利用権能を譲り受けたのであり、また乙がこの譲受けによって取得したのは、一定量の温泉を自ら直接に（甲の債務履行行為を媒介してでなく）採取利用することを内容とする直接支配権——すなわち、一種の物権——であることは、前述したとおりである。そうして、源泉所有権は、契約により、物権たる温泉利用権を他人に許与することができることについては、学説（前掲『地下水利用権論』三四—三五頁以下、前掲『温泉権の研究』一二頁以下）および判例（前掲大分地裁判決）が共に承認しているところである。

ところで、このように源泉所有権（源泉権）から派生した物権的な温泉利用権（以下、「物権的温泉利用権」という）には、二種のものを区別することができる。その第一は、物権的温泉利用権者が同時に源泉権の共同権利者となる場合であり、その第二は、物権的利用権者が同時に源泉権の共同権利者となることなく、源泉支配権そのものは従前の源泉権者に留保されている場合である。前者の場合には、物権的利用権は共同的権利（民法にいわゆる準共有）としての源泉権の一効力であって、独立の物権としての温泉利用権をこれについて観念する余地はない。このように、温泉の一定量(毎分何升或いは何リットルとか、源泉の何分の一或いは総何株のうちの何株という形で表示される)に対する物権的利用権が源泉権の共同関係として設定される場合は少なくないようであり、その場合には、従前の源泉権者(温泉分譲者)と物権的利用権者(この場合には源泉権の準共有者)とが契約によって「組合」を組織することが多いようである(そのいくつかの例については、前掲『温泉権の研究』第二編参照)。しかし、本件の場合はこれに該当せず、右の第二の型に該当すると解されることは、前述したとおりである。そうして、この第二の型であっても、一定量の温泉に対する権利を設定したのち、何らかの人為的手段(たとえば揚湯ポンプの設置)により或いは自然的条件の変化により、採取し得る温泉の量が増加した場合に、源泉権者がその増加の利益を独占しようとする場合には、その物権的性質が法的に有意義なものとなる。すなわち、この型態においては、温泉利用権は一種の他物権的温泉利用権として源泉権と並存するのであって、両者の関係は包括的な所有権と制限物権たる他物権との関係に準ずるものとなる。したがって、他物権的温泉利用権は、独立の物権として自由に(源泉権者の同意を要することなく)処分され得るのを原則とし、また源泉所有権そのものに対する物権的制限として源泉権に追及してゆくと解すべきは、当然である。なお、同一の源泉について数個の他物権的温泉利用権が存する場合には、他物権的権利者間、或いは他物権的権利者と源泉権者との間に、組合契約がないかぎり、民法にいわゆる共有に類似する法律関係(若干の点については前述した)を認めるべきであろう(ただし、温泉の他物権的共同利用においては、温泉の利用が常に客体そのものの分割利用であるのに対し、民法上の共有においては不可分な客体の全部に対する利用が持分に応じて配分される、というちがいがある)。しかし、この点は本件の問題には関係するところがないから、これ以上立ち入らない。

四　第二の争点――温泉利用権設定の明認方法

1　問題

民法その他の法律には、温泉に対する私法上の権利関係について規定したものがなく、したがってその得喪変更を第三者に対抗する要件についても規定するところがないこと、かつて(民法施行前)大審院は、温泉利用権の変動を第三者に対抗するには不動産物権や動産物権の変動の場合(民法第一七七条・第一七八条)におけるごとき対抗要件を必要としないと解したが(明治二八年(一八九五年)二月六日判決『民録』一巻八三頁以下。なおこの判決については武田軍治『地下水利用権論』前掲二一二頁以下参照)、その後大審院は昭和一五年(一九四〇年)九月一八日判決(『民集』一六一一頁)でこの判例を変更し、「民法第百七十七条ノ規定ヲ類推シ第三者ヲシテ其ノ権利ノ変動ヲ明認セシムルニ足ルヘキ特殊ノ公示方法ヲ講スルニ非サレハ之ヲ以テ第三者ニ対抗シ得サルモノ」と解するに至ったこと、しかし、この判決は、何が「権利ノ変動ヲ明認セシムルニ足ルヘキ特殊ノ公示方法」であるかについて具体的に判示することなく、「例ヘハ温泉組合乃至ハ地方官庁ノ登録」とか、「立札其ノ他ノ標識若クハ事情ニ依リテハ温泉所在ノ土地自体ニ対スル登記」が明認方法たり得るかどうかを審理判断しなかった原審に、審理不尽の違法があったとして、原判決を破毀差戻し、右の点の審理判断を命じたこと、等はすでに周知のとおりである(川島「温泉権の譲渡および担保」『温泉権の研究』前掲五〇六―五二九頁参照)。また、最高裁判所においても、この問題が正面から争われたことは、発表された資料に関するかぎり見当らないが、学界は一般に対抗要件として明認方法を要すると解する点では右の昭和一五年判決を支持しており、また下級審裁判所もこのことを判決理由の前提として承認している(後述大分地裁判決参照)。

思うに、温泉に対する直接排他的な支配権の変動を第三者に対抗するには、これを公示する機能をもつところの、いわゆる「明認方法」があることを要する、と解すべきことについては、今日問題の余地はない。しかし、具体的にいかなる事実を明認方法と解すべきかについては、いまだに上告審の判例は存在しない。それゆえ、以下では、実際の取引においてはいかなる事実が、温泉権の変動を明認せしめる機能をもっているか、また諸種の取引に関する従来の判例において明認方法として承認されたものの具体的な内容の法的評価、という二つの側面からこの問題を検討することとする。

2 昭和一五年判決が示唆した明認方法

まず、明認方法たりうる可能性あるものとして前記昭和一五年(一九四〇年)判決が指摘している諸事実を考察しよう。

第一は、「温泉組合乃至ハ地方官庁ノ登録等」である。たしかに、多くの温泉地では、温泉権者が組織した組合が、温泉の権利関係を登録する帳簿を備えている。しかし、温泉組合は既存権利者の組織であり、新たに権利者となった者を組合員とする強制力は存在しない(法律上はもちろん、事実上も)のが通例であり、また帳簿の管理も、一般には大福帳的な覚書的性格を多分に有しており、権利変動の公示方法とすることについての明確な意識をもつことなく行われているのが普通であり、また一般には温泉組合の台帳はきわめて不完全にしか権利変動の実態を反映していないことは公知の事実である。私が個人的に知見する範囲では、組合の帳簿が権利変動の実態をかなりの程度で反映している例も稀には存在するが（たとえば伊豆の熱海や伊東）、それとても、法律上の対抗要件と認められるほどの公示的機能を承認してよいかどうか、問題の余地があるのであり、一般には温泉組合の帳簿への登載を明認方法と認めることは、はなはだしく不適当である（武田軍治前掲一七六頁、前掲『温泉権の研究』五一五頁）。

また、「地方官庁ノ登録」に該当するものとしては、現在は、都道府県庁に備えられている「温泉台帳」の制度があるが、これは法律上の根拠を欠き、厚生省公衆衛生局長通達（昭和二三年（一九四八年）八月二六日厚生省衛発一一六号。ここで問題となる部分の原文は、前掲『温泉権の研究』五一六頁に掲げておいた）によるものであって、その目的は「温泉に関する行政の基礎」とするにあり（同通達参照）、その事務は医薬行政担当者によって管掌されており、「法務」としては処理されておらず、私が従来厚生省の事務担当者（国立公園部管理課）に接触して聞き得たかぎりでは、この台帳は権利変動の公示方法となり得るような性質のものではないことが力説強調されてきているのであり、また県庁の担当者も同じ趣旨を強調するのが通例である。もっとも、大分地裁昭和三六年（一九六一年）九月一五日判決（『下民集』一二―三〇九頁）は、湯口権を無権利者から承継取得したにかかわらず権利者として県の温泉台帳に登載されている者に対し、真正の権利者が、温泉台帳上の権利名義を自己に移転すべきことを請求した事件において、この請求を認容し、その理由の中で、「〔温泉台帳への名義登載は〕恰も物権につき登記をうけるのに類似した事実上の公示作用を営んでいる」旨に言及したことがある。この説示部分はこの事件については「傍論」であるから、必ずしも重要性を認める必要はないのであるが、温泉台帳の制度が元来前述したような経過と根拠とによって成立したものであり、一般には不動産登記と「類似した事実上の公示作用」を営まないのが普通であることにかんがみ、右判決のごとき認定はよほどの特段の事情があるのでないかぎり許されないものと考えることを、附言する（前掲『温泉権の研究』五一六―五二二頁参照）。

そうして、山形県の温泉台帳も何ら例外ではなく、山形県庁の温泉台帳所管者の談話によれば、温泉権の譲渡はわかりしだい「行政指導」で登録するよう勧奨しているとのことであり、県所管者にわからない権利変動について登録を実行させる事実的基礎はないのである。また温泉利用権の設定や譲渡は温泉台帳に登載されておらず、別に「温泉利用者施設台帳」というものを設けてこれに登載しているが、これは一般には公開されていない。したがって私の調査した限りでは、山形県庁の温泉台帳ないし類似の帳簿への権利変動の登載を明認方法と認めるべき特段の事情は、全く存在しないのである。

第二は、「立札其ノ他ノ標識」である。学説中には、右の昭和一五年判決と同様に、明認方法としての法的効力をこれに認める余地のあることを承認する見解もあるようであるが、私は反対である。そのような考えの背後には、立木の皮を削って権利者名等を書いたり刻印を施したりすることを明認方法と認める判例の考え方からの類推があるように思われるが、温泉については「立札其ノ他ノ標識」という方法(その具体的な方法については、武田軍治前掲一七六頁以下、前掲『温泉権の研究』五二二頁以下参照)は、立木におけるほどあまねく行なわれているわけではないのみならず、多くの場合に伐採が予定される立木の売買とはことなり、取引された温泉の利用は相当長期にわたるのであり、いわんやこれを温泉の「永久譲渡」の明認方法と認めることは適当ではない。それゆえ、前記昭和一五年判決の判示部分は温泉権取引の実情にうといものと評するほかはない(これらの点については武田軍治前掲、前掲『温泉権の研究』参照)。

3　その他の方法

昭和一五年判決が言及例示してはいないが明認方法として問題となり得るものとしては、次のごときものがある。

第一に、契約証書、特に公正証書を明認方法と認めるべきかどうか、が問題となるであろう。これはかつて武田軍治氏が問題とされたところであるが(武田軍治前掲一七六頁)、私は武田氏とともにこれを否定に解したい。かつては契約証書が物権取引の公示手段の機能を果したことがあるが(たとえば、戸長の奥書証印がなされた契約証書に不動産物権変動の公示手段としての機能を認めた明治初年の法制、中世ゲルマンの traditio per cartam など)、往時におけるように不動産取引が当該不動産の所在する地域社会の中で誰の目にも明らかであり且つその取引証書の所在をつきとめることに困難もなかった時代ならばいざ知らず、今日のごとく温泉の所在する地域社会の外部者との温泉取引が頻繁に行なわれ、温泉権取引の有無やその内容が地域社会にとって必ずしも明らかでないのみか、むしろ明らかでないのが普通になっており、しかも公正証書作成の場所と温泉所在地との連絡がない今日の経済的・社会的・法律的状況のもとにおいては、温泉権の取引をしようとする者が当該の取引客体についての公正契約証書の内容を探りあてることは極度に困難――否むしろ不可能――であるのが普通であろう。したがって、今日の時点において、契約に関する公正証書――いわんや単なる私署証書――を明認方法とすることは、問題外であると言うほかはない(武田軍治前掲一七六頁、前掲『温泉権の研究』五二四―五二五頁参照)。

第二に、温泉権の明認方法として考慮に上るのは、現実に温泉を支配し利用しているという事実(以下、「温泉支配の事実」という)である。一般に、温泉権の取引をする者は、現に温泉が湧出している湯口と、そこから湧出する温泉を利用している状況とを、その現場に赴いて確かめるのが、ほとんど例外のないやり方である。すなわち、温泉取引は、温泉に対する現実支配の事実の有無とその内容とを信頼しこれに基いて行なわれる。これはあたかも、立木やみかんや桑葉の取引において新たに権利関係に入ろうとする者がその現場にのぞみ現状を調査するのを通常とするのと、類似しているであろう。そうして、このような取引の現実を考慮に入れて、判例は、これらの物件の現実支配の事実を、それらの権利――立木やみかん等の買主の所有権――の変動の公示方法として承認しているのである。

私は温泉権についても同様に解すべきものと考える。すなわち、温泉に対する現実支配の事実は、温泉権の内容とその主体とを明認せしめる公示的機能を有するものだと言うことができるのであり(この点は、つとに武田軍治前掲二三頁の指摘されるところである)、したがって、温泉に対する現実支配の事実は、温泉権の変動の明認方法として承認されるべき事実的基礎をそなえている、と言うことができるのである。

しかし、このような事実を法律上の対抗要件たる明認方法として承認するためには、それが明認方法に関する既存の法体系とどのように関係するか、という法技術的な考察をも必要とする。この点は、次に述べるとおりである。

4　明認方法に関する諸判例との関係

判例のうちで本件の問題にもっとも関係が深いのは、言うまでもなく、未だ採取されるに至っていない状態(未分離状態)におけるみかん・桑葉・立木等の所有権変動の明認方法に関するものである。判例はこれらについて次のごとく解している。すなわち、未分離のみかんは未だ動産になっているわけではないから、その所有権の変動を第三者に対抗するには民法第一七八条によるべきではなく(すなわち、単なる引渡のみでは対抗要件とは認められない)、「其果実ノ定着スル地盤又ハ草木ノ引渡ヲ受ケ若クハ売主ノ承諾ヲ得テ何時ニテモ其果実ヲ収去シ得ヘキ事実上ノ状態ヲ作為スルト同時ニ其状態カ外部ヨリ明認セラレ得ヘキ手段方法ヲ講スルコトヲ要ス」(大審院大正五年(一九一六年)九月二〇日判決『民録』一四四〇頁)、また、未分離の桑葉についても、「単ニ引渡ノ一事ヲ以テ足ルヘキニ非スシテ同時ニ其引渡アリタル事ヲ他人ヲシテ明認セシムヘキ方法ヲ講スルコトヲ要ス」る(大審院大正九年(一九二〇年)五月五日判決『民録』六二二頁)。では、引渡があったこと、もしくは、何時でも果実を採取し得べき事実上の状態を明認せしむべき方法というのは、具体的には何を意味しているのであろうか。この点をより具体的に判示したのが、立木所有権の譲渡の明認方法に関する大審院大正四年（一九一五年）一二月八日判決（『民録』二〇二八頁）である。同判決は、時間的に右の二つの判決に先だつものであるが、「他人ヲシテ所有権ノ移転ヲ明認セシムルニ足ル方法」をその対抗要件とするものと解した上、「山林内ニ小屋炭竈其他製造用ノ設備ヲ為シテ製炭ニ従事シ居タル事実」がそれに該当する、と判示したのである。

これらの判決を統一的に理解するならば、次のように言うことができるであろう。すなわち、これらの権利の変動を第三者に対抗するには、単にこれらの権利の客体の「引渡」という過去の或る時点において完了した行為だけでは足りない（その点で、動産所有権の譲渡の場合と異る）のであって、これらの権利について新たに利害関係に入ろうとする者が、その権利客体の存在現場に臨み、権利変動があったということを知るための手がかりとなるような継続的な事実が存在することを要する、というのが、これらの判例の本旨とするところだ、と考えられる。判例が明認方法として具体的に承認した諸事実はこのような性質のものであったこと、ならびに、「対抗」関係に立つ「第三者」が当該の権利について新たな利害関係に入る時に明認方法が存在しているということを判例が要求していること（大審院昭和六年七月二二日判決『民集』五九三頁、最高裁昭和三五年三月一日判決『民集』三〇七頁）は、右のように解してはじめて統一的に理解される。そして、このような判例の考え方は、権利客体の性質上きわめて正当であるのみならず、むしろ当然である、と私は考える。その理由は、次のとおりである。

一般の動産は容易にその所在する場所を変え、これに対する物権的権利の変動（特に譲渡）のみならず動産の寄託や貸借等の債権契約もきわめて頻繁に行なわれるのを常とするから、現実的な支配（占有）の移転という事実は、動産に対する所有権譲渡の対抗要件とするには不適当である。したがって、民法が、ドイツ民法における動産物権変動の成立要件としての「引渡」(これは、過去の或る時点において完了する事実である)にならって、引渡を「対抗要件」としたのは、不手ぎわであったと言わざるを得ず、むしろ動産については、第三者が新たな権利関係に入る時点における権利の外観としての現実支配事実を中心として、公信原則を規定するにとどまるところのフランス民法(第二二七九条)にならうべきであった、と考える。このように考えるときは、「引渡」という過去の或る時点に完了する事実は、本来、対抗要件としての機能を十分に果し得ない性質のものであるが、みかん・桑葉・立木等についても、過去の或る時点において完了する行為たる「引渡」そのものは、対抗要件としての機能を果すに適しない。しかし、これらの物は未だ動産になってはおらず、土地に定着しており、これらの物に対する所有権の変動は、通常、これらの物の所在する土地に対する何らかの事実上の支配と結びついており、またこれらの物について新たな権利関係に入ろうとする者は、これらの物の所在する現場に赴きその現状を調査するのを常とする(したがって、これをしない者は、取引上通常なされる注意を怠ったものとして、法の保護に値しない)。したがって、これらの物に対する所有権の変動(たとえば売買による取得)を第三者に対抗するには、「第三者」が新たな権利関係に入るその時点において、その所有権変動をその「第三者」が知り得るような何らかの現実的支配事実が当該動産の定着する土地において存在するということを要する、と解すべき実質的理由が存するのである。

　私は右のように解することによって、判例の法的構成に十分な合理的理由を発見し得るものと考えるのであり、したがって、立木所有権の変動の明認方法として、立木の皮をけずって「何某所有」と墨書するという方法(たとえば大審院大正一〇年(一九二一年)四月一四日判決『民録』七三二頁)のほか、前記の大審院大正四年(一九一五年)一二月八日判決が承認した「山林内ニ小屋炭竈其他製造用ノ設備ヲ為シテ製炭ニ従事シ居タル事実」は、取引界の現実に適合した判断であった、と考えるのである。

このように考えると、温泉権譲渡(物権的な温泉利用権の設定を含む)の明認方法についても、右の判例の趣旨と同様に解すべきことは、明らかであろう。すなわち、温泉権譲渡を第三者に対抗するには、単に温泉を「引渡」した(湯を供給した)という、過去の或る時点で完了した事実があっただけでは足らず、「対抗」すべき第三者が新たな権利関係に入る時点において、その譲受人が「現に」——特に、一定の設備をして——温泉を利用しているという事実があったこと、或いは、何らかの事情で(たとえば、温泉湧出の一時的停止とか、湯口権者による、温泉利用権者の利用妨害とか)温泉の現実利用が中断していたとしても、少なくとも、外形的に認識し得られる温泉利用施設(給湯管の施設のごとき)が存在したこと、を要し且つそれで足る、と解すべきである。これらの事実は、まさに前記大正四年判決において明認方法として承認された諸事実——製炭用の設備をして製炭に従事していたという事実——に対応する同性質の事実であり、これらの事実以外に、明認方法として甚しく不完全な——実際上必ずしも普遍的には行なわれていない——立札、温泉組合の帳簿や地方庁の帳簿への登載というごとき事実を要する、と解すべき根拠は、以上のごとく積重ねられた判例からは見出され得ないのである。

5　温泉利用のための地役権

最後に、本件紛争所在地に近い上の山(かみのやま)温泉(本件紛争の温泉地ではない)において、温泉利用権の設定の場合には地役権を設定しこれを登記するという方法が行なわれた例があるのだから、温泉利用権の設定を第三者に対抗するには地役権登記を要する、と解すべきかどうか(本件被告はこれを主張し、本件の争点の一つとなっている)について考察する。

第一に、前記大正四年(一九一五年)判決は、立木所有権譲渡の対抗要件として、「製炭設備をして製炭に従事する」という明認方法を承認しつつ、立木所有権譲渡の際に立木生立地盤に対する地上権もしくは賃借権を設定しこれを登記するという方法が、対抗要件としてどのような効力を有するかを論じて、次のごとく述べている。すなわち、(イ)「土地(立木生立地盤の所有権の意)ト共ニ若クハ立木ヲ所有スル為メノ地上権等ト共ニ立木トシテ之ヲ買得シ及ヒ保存スル場合ニ非サル限リハ」いわゆる明認方法で第三者に対抗し得るのであり、「特ニ地上権ノ譲渡ヲ受ケ又ハ賃借権ヲ設定セシメテ其登記ヲ為スコトヲ要スルモノニ非ス」、(ロ)「又其後(立木所有権譲渡後)第三者カ地上権ト共ニ立木ノ譲渡ヲ受ケ其登記ヲ了シタルト否トヲ問フヘキモノニ非ス。」

ところで、この判決は、立木を譲受けて立木生立地盤に対する地上権の登記をした者(A)が有る場合に、その後に同じ立木を譲受け製炭設備をして製炭に従事する者(B)と、その後に右立木の生立地盤所有権を譲受け登記をなし更にAから右立木と地上権とを譲受けて地上権登記を抹消した者(C)との間に、立木所有権を争った事件に関するのであり、原審判決ならびに右の大審院判決は共に、Bの勝訴としたのであった。したがって、この判決の結論を右の事実関係と対照すると、この事件は、明認方法を伴う立木所有権の変動が成立した時よりも前に、同一の立木の所有権の変動がその生立地盤に対する地上権登記という公示方法を伴って成立していた場合に関するのであり、そうして立木所有権変動の対抗要件としては明認方法の効力が生立地盤の地役権登記に優先する、ということがこの判決によって承認されたことになる。いわんや、対抗要件としての効力を地上権登記と争うのでなく、単に明認方法それ自体の対抗要件的効力を問題とする本件のごとき事案について、右判旨部分を問題にする余地がないのは、言うまでもない。

明認方法についての右の法理は、温泉権の変動についての明認方法にも当然に類推されるべきである。すなわち、(i)湯口権者から温泉利用権を取得した者は、明認方法をそなえるだけで第三者に対抗することができるのであり、「特ニ〔地役権を〕設定セシメテ其登記ヲ為スコトヲ要スルモノニ非ス」、と解すべきである。⑵のみならず、前記判旨を類推すれば、明認方法を伴う温泉権譲渡以前に、地役権登記を伴う温泉権譲渡があった場合、および、明認方法を伴う温泉権譲渡以後に地役権登記を伴う温泉権譲渡があった場合にすら、明認方法を伴う温泉権譲渡が優先する、と解すべきことになる。

第二に、温泉権譲渡の公示方法として地役権を設定しその登記をするという方法は、上の山温泉地において行なわれた例があるが、これは上の山においても支配的な取引慣行となっていた——と、被告は主張しているのであるが——と認めることはできない。私の調査したところによると、上の山の鶴踁温泉の源泉は二つあり、県温泉台帳上の利用者はその何れについても二六名あるが、そのうち地役権登記を行なっている者は六名にすぎない。村尾源泉には四人の利用権者があるとのことであるが、地役権の登記は全くなく、有馬館源泉にも三人の分湯権者があるとのことであるが地役権の登記は存在しない。なお、本件係争地葉山温泉地域においては、地役権登記は一件も存在しない。要するに、上の山地区においては、物権的温泉利用権につき地役権登記を行なうという取引慣行が存在すると断定することはできないのであり、ことに葉山地区についてはそのような断定は問題外である。しかし、このことがどうであれ、前記判例によれば、明認方法はそれ自体独立して効力を認められているのであるから、地役権登記の有無についてはそもそも問題とする余地がないのである。

付記　私は、上の山地区における温泉利用権の現状ならびに地役権登記について調査したが、ここには記さない種々の事情により十分な資料を得ることができず、したがって、この点に関する以上の記述——特に統計的数字——が一〇〇パーセント正確であるとは言い得ないことを遺憾とする。

〔資料〕 本文に指摘されている甲第一号証「温泉譲渡契約書」(公正証書)の中の関係条文は左のとおりである。なお、甲第二号証の内容はこの第一号証と全く同じであるから、ここに掲げない(条文中には用語の矛盾や不適切があるが、すべて私が入手した契約書コピーどおりである)。

第一条 甲はその所有にかかる温泉湧出量のうち毎分壱斗弐升を乙に永久に譲渡するものとする

但し甲の責に帰すべからざる原因により湧出量が減退せる場合は他の温泉利用者と共に各々その供給量に比例して減量となるも乙は異議を申し出ない

第弐条 乙は前条の対価として甲に金壱百万円也を昭和弐拾八年九月弐拾五日に支払い残金壱百万円也は契約完了後壱週間以内に支払うものとする

第参条 甲はその所有にかかる前記温泉を他に譲渡する場合はその譲受人に対し本契約による「権利義務」一切を継承せしむるものとする

第四条 将来源湯施設タンク並びに送湯管幹線の改修を要するときは各温泉利用者協議の上各々の温泉使用量に比例してその費用を分担するものとする

源湯及び送湯管配管図を本証書末尾に添付する

第五条 揚湯電力量並びに甲の源湯管理人に対する費用は温泉利用者においてその使用量に応じて分担する

第六条 乙が本契約に基き温泉を使用する為に必要な送湯管支線の設備並びに維持改修費は乙の負担とする但し乙が右支線を改修する場合は工事計画につき予め甲の承諾を得て実施する

第七条 甲乙又はその指定する者が給湯施設の管理改修のため必要とするときは夫々甲の源湯施設或は乙の宅地建物に立入ることを認める

第八条　甲は乙に給湯するに必要な諸施設につき善良なる管理者の注意をもってその保全に努めなければならない

乙は甲が右の注意を怠った場合は第四条及び第五条に定める費用は負担しない但し甲に故意又は重過失のない場合はこの限りではない

（以下略）

五　葉山温泉事件の判決

この事件の判決（山形地裁昭和四三年（一九六八年）一一月二五日判決『下民集』一九巻一一・一二号七三一頁以下）は、原告の主張を認容し、原告の勝訴とした。判決が述べている理由の中で、右の二つの問題に関する部分を摘出すると次のとおりである（判決文中の傍点は川島による）。

〔判　旨〕

二　本件温泉利用権の性質（物権か、債権か）

そこで、原告が〔A〕との契約により取得した本件温泉利用権が物権か否かについて判断する。

㈠　原告〔B〕の取得した本件温泉利用権は、源泉権そのものが〔A〕に依然帰属していることを前提として、その源泉地に湧出する温泉のうちの一定量につきこれを引湯利用することを内容とする権利であり、いわゆる通常源泉権或は湯口権と称されるものと同一のものでないことは前記認定したところにより明らかである。

ところで前記上山〔かみのやま〕地方の温泉地区を含む各地の温泉保養地と称される地域においては、設定当事者において、この種の温泉利用権を、当該源泉に温泉の湧出する限りその権利の存続を目的として、多額の代価で設定し、さらに、これが(ママ)源泉権とは別個に、自由に譲渡取引の対象となし、源泉権者或は利用権者のいずれに変更があっても、その権利関係を覆滅させないものとした契約のなされる事例のあることは当裁判所に顕著な事実である。しかも右のような温泉利用権は一定の温泉量につき直接排他的に利用することを内容とする権利として把握し得るものと理解されるから、右のような経済取引において、独立の直接的支配を認める価値のある温泉の利用関係の実態とその利用の態容が一般に外形的にも認識し得られる客観的状態を有する等の一定の慣行としての公示方法を具備する限り、その温泉利用権に慣習法上の用益物権の成立を肯認するのが相当である。

被告は近代法の支配の下において成立した温泉利用関係については慣習法上の物権の成立する余地がない旨主張するのであるが、しかし、温泉権ないし温泉利用権が夫々一個の財産権としての交換価値を有し、また利用権としてのそれらの権利が、債権の如く権利当事者の変更により一挙に覆滅させるべきでないとする社会的、経済的要請の強いのにかかわらず、未だ温泉の採取および利用の私法関係について何らの立法がなされていないことを考慮すると、それが近代的所有権を中心とする物権の体系に悖るものでない限り、現行民法の下においても一定の慣行にもとづいて発生し、法的確信を得るに至り、慣習法たる物権としてその存立を認めることは決して法の理想に反するものでないと解する。

(二) 原告〔B〕と〔A〕との間の本件温泉利用権の設定契約は、第一回契約および第二回追加契約とも、その契約書(公正証書)に、〔A〕が、その所有する温泉湧出量のうち一定量(第一回契約分は毎分一斗二升宛、第二回契約分は毎分五升宛)を永久に譲渡する旨の文言を記載して約定されていることは前記のとおりである。ところで、このような文言は通常債権契約にはみられないものであり、これを素直に解釈すれば、その契約により〔A〕が原告〔B〕に対し、湧出温泉のうちの一定量を引湯利用する権利を、温泉の湧出する限り、契約当事者が変っても消滅することのない権利として設定する旨を合意したものとみることができる。さらに、右契約において、原告は毎分合計一斗七升の量の温泉利用権を取得した対価として合計二九五万円の一括支払義務を負っていることは前記認定のとおりであって、右価格は、温泉権が他に譲渡された場合、その譲受人に当然対抗し得ないような債権としての利用権の代価としては、客観的にみて高額過ぎることは明らかであり、……〔A〕は原告との右契約に前後して、他の十数名の温泉利用者との間に、温泉利用権の設定を目的とした契約を各別に締結しているのであるが、それらの契約の条項においていずれも利用者がその権利を譲渡する等の処分をするには〔A〕の書面による承諾を必要とする趣旨を明記していることが認められるところ、原告との右契約には、その権利の譲渡等の処分を制限するような約定がなされていないことは当事者間に争いがなく、前記「永久譲渡」の文言に、これらの事実を併せ、綜合すると、原告と〔A〕は右契約において慣習法上の用益物権としての温泉利用権を設定したものと解するのが相当である。〔中略〕

次いで、被告は、契約成立の経緯および他の温泉利用者の契約内容との異同を示し、〔A〕は原告との間においても債権としての温泉利用権を設定する意思であった旨主張するのであるが、しかし、契約当事者がいかなる効果意思をもって契約を締結したものであるかは、表示された行為を客観的に観察して決すべきであり、表示されない、単なるその主観的な内心の意思等によるべきでないというべく、また、その契約条項を定めるに当り他の温泉利用者の契約条項に準拠して作成されたとしても、その間に前記の重要な条項ないし表示文言を故らに相違させて作成したことから考えれば、むしろ、契約当事者は本件契約において、他の温泉利用者の契約におけるよりもより強い法律効果の設定を目的とする契約をしたものとみるべきが相当である。また、被告は、原告の本件温泉利用権の取得の代価は、他の温泉利用者のそれとほぼ同じであって、それはいわゆる権利金ないし謝礼金としての性質を有する旨主張するのであるが、他の温泉利用者の権利自体いかなる法的性質を有するかはたやすく即断し難いばかりでなく、原告の代価の額がこれらのものと異ならないとしても、右代価が客観的にみて高額であることは先にみたとおりであり、これを権利金ないし謝礼金と認める何等の証拠もない。

かえって本件源泉権全部の譲受代金が五五〇万円であることは被告の自認するところであるが、右譲受代金額との比較によっても明らかなように、原告の温泉利用権の代価は高額であり、その価額からして、物権たる温泉利用権の譲受代価の性質を有するものと解することができる。〔中略〕

㈣ 次いで、原告の本件温泉利用権が物権としての対抗要件を備えているか否かを検討する。

本件温泉利用権のような慣習法上の物権的温泉利用権は、対抗すべき第三者が新たな権利関係に入った当時において当の譲受人が現に送湯管の設備と営業施設等による温泉の現実支配という事実から温泉を利用していると認めるに足る客観的徴証が存在することによってその第三者に対抗し得るものとされていることは当裁判所に顕著な事実である。

これを本件についてみるに先に認定した事実により明らかなように、原告は国家公務員の保養所なる恒久的な施設として前記「蔵王荘」を設備し、訴外〔P〕や被告が本件源泉権を取得する……数年前から引続き源泉地から右「蔵王荘」に送湯のための配湯管を通じて、(契約面)毎分一斗七升の割合で引湯し、これを直接、排他的に利用していたものである。そしてこれらの設備は全体として相当な施設物であって、一般に、外界からたやすく認識し得る客観的な存在物として顕然たるものであるから、物権変動の際の公示方法として、第三者の保護に欠けるところがないというべきである。とすると本件の温泉利用権は、物権としての権利の変動を第三者に明認させるに足りる特殊の公示方法として充分であるから、対抗要件を具備しているものといわねばならない。

なお被告は、上山地区においては温泉利用権に物権的対抗力を具備させるためには源泉地を承役地とし、各温泉利用者の浴槽に至る土地を要役地とした地役権を設定し、その登記をもって公示方法としている旨主張するが、……上山温泉地区においては多数の温泉利用者中地役権を設定し登記している者は、或る程度はいるが葉山温泉地区には地役権の設定登記を経た者は一人も存在しない。

しかも、いずれも温泉を現実に引湯利用して支配しているため、利用権の確保については何等不安を抱いていないことが認められ、他に右認定に反する証拠がないから上山地区においては、地役権の設定登記をもって公示方法とする慣習はなく、被告の主張はあたらない。

六　白浜温泉（和歌山県）事件の判決

さらに裁判所は、和歌山県白浜温泉の事件においても、同趣旨の判決をした（東京地裁昭和四五年（一九七〇年）一二月一九日判決、昭和三九年（一九六四年）(ワ)二九五三号・同四三年（一九六八年）(ワ)三一九九号、『下民集』二一巻一一・一二号一五四七頁）。

本件の事実関係の概要は次のとおりである。Ａは本件源泉地盤の所有者で、その土地の源泉掘さくの許可を得ていた。Bはボーリング業者で、昭和三〇年(一九五五年)一月にAと次のごとき契約をして掘さくに着手した。すなわち、もしBのボーリングが成功して温泉の湧出を見るに至ったときは、Bが温泉権を取得し、Aは温泉権の名義をBに移転する、またBがその温泉によって利益を得るに至ったときはAに謝礼をし、またBが温泉採取や送湯に必要な土地の買取をAに申出たときはAは時価でBに売渡す、というのであった。昭和三三年(一九五八年)一〇月、Bの掘さくは成功し、温泉の湧出を見るに至ったので、BはAに対し温泉権の名義をBに変更する手続への協力を求めたが、Aはこれに応じなかった。

その後、昭和三八年(一九六三年)一二月に、Aは右土地と源泉権とをCに売渡しCはこれをDに売渡した(仮りにそうでないとしても、DはAからCを仲立として買受けた)、としてDはAに対し、源泉権の名義変更手続を求めて本件の訴えを提起した。この訴えに、BはAおよびDを被参加人として当事者参加し、源泉権の確認、Aによるその名義変更手続への協力、源泉地の地上権(或いは賃借権)の確認等を請求した。

本件の争点はきわめて多岐にわたり、また理解に困難な点もあるので、一々紹介しないが、本稿の問題に関連する点のみに限定すると、次のとおりであった。すなわち、原告Dは、参加人Bの源泉権や土地利用権が対抗要件を具えていないから自分(D)に対抗できないと主張し、これに対し参加人Bは、「温泉湧出口の上に……温泉櫓を建設し、同櫓に『B所有』と書いた看板を取付け右作業所建物……の所有権保存登記をなした」と主張し、且つ原告Dの源泉権は対抗要件を欠く、と主張した。

判決は原告Dの請求を棄却し、Bの源泉権の存在を確認し、その源泉権に基くBの温泉採取・利用・管理に対し、またそのためのBによるA所有地の使用に対し、Dが妨害することを禁止し、その理由として次のごとく判示した。

〔判旨〕「二……以上の事実によれば、前記温泉の湧出によって温泉掘さく工事が成功したものと認められるところ、それによってその土地所有者であって前記温泉掘さく許可名義人である被告〔A〕が一たん温泉源から温泉を採取する等の権利、すなわち、源泉権を取得してこれを参加人〔B〕に譲渡するものではなく、前記約旨から参加人はその頃本件源泉権を原始的に取得したものと解すべきである。なお、被告がその土地所有者であり、温泉はそもそもその土地の構成物と解することができる関係から、あるいは、被告がその名で温泉掘さく工事許可をえ、ついでその終了届けをなし、また、動力装置設置許可申請、温泉利用許可申請等をしている関係から、被告のみがまず本件源泉権を取得できるものであると解さなければならない法理上の根拠はなく、また、それに反する契約をもって無効とすべき事情等を認めることができる何らの証拠もない以上被告が土地所有者であることや右申請の事実も前記認定の妨げとなるものではない。

三　……原告は本件各土地と本件源泉権を売買により取得した旨主張するが、仮にそのような売買契約の成立が認められるとしても、前記認定のとおり、被告は当初から本件源泉権を取得しておらず、また、参加人による前記原始取得後、参加人においてこれを被告に対し譲渡し、あるいは原告に対し譲渡した旨主張立証がない以上、原告においてこれを取得するわけがないことは明らかである。……

四　さらに、参加人は、原告に対する関係で、本件源泉権が参加人に属することの確認を請求するので検討する。

1　いわゆる源泉権(温泉権、温泉専用権、湯口権とも称される)は一種の慣習法上の物権と認めることができるが、かかる権利の取得や変動についても対抗要件たる公示方法がとられて始めて取引関係にある第三者に対抗しうべきことはいうまでもない。本件源泉権についても、参加人においてこれを原始取得した後その対抗要件を具備したかどうかであるが、一般に源泉権者が温泉の採取、利用、管理のための施設によって現実に源泉を継続して管理・支配しているという客観的事実が存在する場合、それによって、その権利が公示されているものと解し第三者にも対抗できるものというべきである。

2　これを本件源泉権についてみると、……参加人は昭和三〇年初め本件掘さく工事を開始するにあたって、本件土地上に本造トタン葺作業所、ポンプ室(床面積合計四平方メートル余り)、……温泉櫓を建造し、掘さくを始め、前認定のとおり温泉湧出に成功したが、ひき続き参加人は右建物等を所有して右源泉の管理に当り、その後作業所、温泉櫓が台風等のためしばしば破損したが、その都度にこれを建てなおしていたこと、そして、昭和四〇年二月頃からは右櫓上に参加人の所有を表示した看板を掲げ、また、昭和四四年三月一〇日には右作業所、ポンプ室の建物について参加人名義で保存登記をして、現在に及んでいること、なお、右看板をかかげ、右作業所について参加人名義の保存登記がなされる以前においても参加人がそれら作業所や櫓によって本件温泉を管理していることは同地域においては全く容易に判明することを推認できること等が認められる。そして、以上認定の建物等は本件源泉権に従たる相当な施設物であって、外界から容易に認識することのできる客観的存在で、本件源泉権の明認方法と認めるにたる標識というべきである。従って参加人の本件源泉権はその対抗要件を当初から具備しているものといわねばならない。

しかるに、原告が参加人の有する本件源泉権を争い、その取得を主張することは弁論の全趣旨から明らかであるから、参加人が原告に対する関係で本件源泉権を有することの確認を求める請求はさらに判断をすすめるまでもなくその利益があるものと認め、これを認容すべきものとする。」

思うに、右の判旨中の、「源泉権の対抗要件」に関する部分は一般論としてはきわめて適切であることは前述したとおりである。しかし、その点の判断を本件の判決の結論の前提として説明する判旨部分(右の四の1と2)については、次のごとき疑問がある。第一に、物権の原始取得を第三者に対抗するには対抗要件を要しないのであるから、判旨の言うごとくBが源泉権を原始取得したのだと解するなら、Bの源泉権が公示方法を備えているかどうかを問題とする余地はないはずである。しかし、前述したように、AB間の契約によると、Bの掘削により温泉が湧出したときは、Aは源泉権の名義をBに移転する義務を負う、と定められていたのであるから、本件源泉権をBが原始取得したとする右判決の認定が、そもそも問題ではないかと考える。また第二に、そもそもAは源泉権の主体ではなかった、という判旨の判断に従うなら、Aから承継取得したと主張するDも無権利であることになり、そうして無権利者に対抗するのに権利者たるBがその源泉権について公示方法を備えていることを要しないことは、これまた対抗要件に関する判例上問題の余地はないはずである。以上のとおりだとすれば、この判決における温泉権の明認方法に関する説示は、判決の結論にとって無関係(irrelevant)なものと言うべきであろう。しかし、大審院昭和一五年(一九四〇年)判決以来、定説を見なかった問題について、地裁判決とはいえ、二回にわたり右の理論を肯定したことは、今後の温泉権の取引にとって重要な意義をもつことになるように思われる。

Ⅳ 温泉の集中管理

温泉の集中管理
——その法的側面と社会工学的＝法的処理の必要性——

一　問　題

「集中管理」ということばは、従来、所によって人によって種々の意味で用いられている。しかし、法律上の問題に焦点をおく場合には、それは次のことを意味するものとすべきである。すなわち、それは、「温泉が集中して管理されること」であり、言いかえれば、「複数の温泉権——源泉権および第二次温泉権[1]——がそれぞれの権利主体によって独立別個に——法的に表現するなら、財産権行使の「自由」という近代法的原則によって——行使（特に利用）されるのでなく、何らかのしかたで統一的に行使（特に利用）されること」である。それゆえ、「集中管理」の法的意義——法的問題に関連する意義——は、「それぞれの権利に当然に承認されているところの利用および処分の権限（管理権）を集中すること」にほかならないのである。

（1）　これらの用語については、川島ほか編『温泉権の研究』一〇頁以下（本書「温泉法学への序説」第二章）参照。

温泉の「集中管理」の必要性ないし効用を説く声が高い。しかし、「集中管理」ということばの意味するところは、必ずしも明らかではない。温泉工学者ないし配管業者の立場からは、それは、「複数の源泉から湧出する温泉を混合して配分すること」を意味するようであり、また特にいわゆる循環式配管工事による給湯の方式を指すもののようである。しかし、私がここで「集中管理」と言う場合には、温泉という液体の混合ないしその配分という物理的作業を指すのではない。単なる物理的作業それ自体は、法的規制ないし法学的研究の対象とはならないからである。私が法律上の問題として研究対象とするのは、温泉に関する数個の権利ないし権能が或る主体(以下、「集中主体」と呼ぶことにする)に集中され、その主体がその集中された権利に基いて温泉を管理——特に配分——する、という「法的に意味のある行為」なのである。

言うまでもなく、このような意味——法的意味——での「集中管理」は、必ずしも物理的ないし工学的意味における「集中管理」とは一致しない。同一の主体者に属する二つの源泉から採取される温泉を混合して配給することは、右の工学的意義における集中管理であるが、そこには権利ないし権能を移動して集中するという行為が存在していないから、法的意義における集中管理は存在しないのである。

近代法においては私的自治の原則が支配しており、したがって、そのコロラリーとして、すべての権利者は、当該の権利にもとづいて、その権利内容たる一定の利益を享受したりその権利を処分したりする権能(管理権)を有するのを原則とする。したがって、近代法における財産権自由の原則の下においては、複数の権利者が存在する場合には、それぞれの権利は相互に独立に行使されるのを原則とする。そうして、温泉の「集中管理」は、複数の温泉権が相互に独立に行使ないし処分されないようにすることによって、必要以上に温泉が利用ないし処分されることを防止するとともに、そのことによって生ずる余剰を、温泉を必要とする者の利用にゆだねることを可能にすること——すなわち、温泉の計画的・合理的な利用ないし処分を可能にすること——を意味するのである。

温泉の集中管理にかかわる法律上の問題は、(1)温泉権の集中に関する問題と、(2)集中された温泉の管理に関する問題と、に大別することができる。以下には、それぞれについて、現在までに知り得た実例に即して若干の説明を試みることにする。

二　温泉の集中

集中管理の概念について右に述べたところから明らかなように、温泉の集中にかかわる法律上の問題は、基本的には次のいずれか、もしくはその混合である。

(1)　温泉権そのもの(すなわち源泉権)の帰属を単一主体に集中することに関連する法律上の問題。この場合には、源泉権そのものの集中によって、その管理権も集中され、源泉権は単一主体によって統一的計画的に行使され得ることになる。

(2)　源泉権そのものではなく、温泉の利用権(第二次温泉権)のみを集中することに関連する問題。温泉利用権は、その母体たる源泉権から派生した権利であり、一般には――旧慣による温泉利用権の場合を除き――温泉利用権はおそかれ早かれ消滅して源泉権者に復帰することが予想されるから、温泉利用権の集中管理はその限度で不安定であることになる。そこで、次に、右の二種の法律上の問題について若干の説明を試みることにする。

1　源泉権そのものの集中

(1)　掘さく権の集中

源泉権そのものを集中する法的方法は、通常は、単一主体(その種々の法的形式については後述する)への源泉権の譲渡(法律行為による権利移転)である。しかし、既存の源泉権をことごとく単一主体に集中したとしても、集中管理のために源泉権を譲渡した前源泉権者があらたに源泉掘さくの許可を得て源泉を得ることができるのであるかぎり、通常はその新規掘さくによって既存の源泉が影響をうけその湧出量の減少や泉温の低下を招くから、(2) 集中管理の実質的効果はその限度で減殺される。したがって、多くの場合には、源泉権の集中管理は、新規掘さくの制限を伴わないかぎり効果的でないことになる。

(2) 地質学者から私が聞いたところによると、地下の水(ひろい意味での)は相当広範囲にわたり相互に連なっており、それぞれの場所での地質構造に規定されて一種の均衡を保っているのだ、とのことであり、それゆえ、少なくとも同一の旧村(徳川時代のムラ)の地域内で新規掘さくをすると、多かれ少なかれまたおそかれ早かれ既存源泉に影響を与える(湧出量の減少または泉温の低下をきたす)のが、通例なのである。このことは、新規の源泉掘さくと既存源泉権との法律上の問題——私法上も、温泉法上も——を考える場合に、忘れてはならぬところであろう。

問題は、新規掘さくのみに限定されない。或る地区内の源泉権の中の一部分が集中されても、なお他に別の主体に属する源泉権が存在する場合には、やはり問題がのこっている。というのは、もし、集中されていない源泉について権利者が深掘したりポンプ揚湯したりすると(それには、温泉法の許可を要することは、言うまでもないが)、多かれ少なかれ、またおそかれ早かれ、他の源泉の湧出量の減少や泉温の低下をきたすことが多いからである。したがって、源泉権の集中は、網羅的になされない限り、集中管理の実をあげ得なくなる危険をはらんでいる——もちろん、非集中源泉の深掘やポンプ揚湯の許可を阻止することができればこの限りでないが——のである。

このような事情を考慮すると、源泉権の集中は、必ずしも源泉権の「譲渡」という方法によることを要しないことになる。すなわち、集中主体(たとえば町、村や財産区など)が新規に大規模の——広い地域にわたったり、或いは深く掘ったりして——新規掘さくをすることによって自ら源泉権を獲得することにそなえ、そのようなことによって既存源泉が影響を受けても異議はない旨の意思表示を、あらかじめ既存源泉権者からとる、という方法によって、その集中主体は新規掘さくによる源泉を取得し、同時にその新規掘さくによって当該地区の既存の源泉は涸渇もしくは著しく減量するので、その新規掘さくは事実上当該地区の温泉を独占的に支配し、源泉を集中するのと同一の結果を生ずるのである。この方法は、その法的形式においては、新規掘さくによる既存源泉の侵害についての被害者の承諾により、新規掘さくの違法性(不法行為性)を阻却するものであるが、その実質的機能においては、既存源泉権者の意思表示による源泉の集中にほかならず、したがって、「譲渡」(既存源泉権者と集中主体との契約)による集中に酷似することになる。この方法は実際にもしばしば行なわれており、財産区を集中主体とした兵庫県城崎温泉、町を集中主体とした青森県大鰐温泉、集中主体を協同組合とした山形県天童温泉などは、その例である。

源泉権は、単に「現在湧出している量の温泉に対する権利」であるだけでなく、「深掘ないしポンプ揚湯によって温泉採取量を増加する権能」をも含むものであるから、源泉権を集中することは容易ではなく、またその譲渡の対価を決定することもしばしば困難である。それゆえ、或る地区の源泉権の全部もしくは大部分を「譲渡」によって集中することは、実際上はなはだ困難であることが、推測される。それにもかかわらず、右に述べたような若干の地区でこの方法による集中が実現されたということは、右の三つの温泉地がいずれもいわゆる「村落共同体」的意識のつよい所であった、という事実と無関係ではないように思われる。右の三つの地区のうち、第一および第二のケースにおいては、集中主体が町ないし財産区であったこと、また第三のケースにおいても、「協同組合」という集中主体の形式にもかかわらずその実体は「共同体」的規制のつよい・近代法的な組合からは程遠い・「村落共同体的」集団であること、は右の私の推測を示唆しているように思われる。

しかし、それにもかかわらず、はげしいテンポで社会的「近代化」の過程をたどりつつある今日のわが国では、「村落共同体」がいつまでも「共同体」的性格をそのまま持ちつづけることは有り得ない。「共同体」の中へ外来の異分子が転入し、在来の共同体構成員が外へ転出して、「共同体」的結合を弛緩させ、また個々の共同体構成員の個別的利害がつよくなって「共同体への没入」ないし「没我的奉仕の精神」は弱くなる。このような一般的環境のもとにおいては、共同体構成員の没我的犠牲的精神のみを頼りにして安易にその構成員の源泉権を犠牲にすることを期待することは、非常にしばしば非現実的であり、紛争の危険をはらんでいるのである。城崎のごときは、例外的とも見られるほどの共同体意識があったからこそ、あのような強力な源泉権の集中ができたのであって、多くの所では、そのようなことは容易になし得られるものではない。それゆえ、源泉権の集中の成功は、集中によって源泉権を失う者に対しどのように補償をするかにかかっている、と言っても過言ではない。源泉権を集中する法的技術は、この観点からも吟味される必要があるのである。城崎の温泉集中においては、源泉権者に対し、きわめて行きとどいた配慮がなされ、法的に周到な注意をして契約書が作成されていることが、注目されるべきである。大鰐温泉では、町による集中掘さくに際して、既存の源泉権を保障する旨の「権利証」なるものが交付されており、これは源泉権の処理という点で模範的措置であった、と言うことができる。しかし、町の新規掘さくによる新源泉からの配湯にあたり、旧権利者に対する権利保証(右の「権利証」によるもの)を町側が履行しなかったので、紛争を生じている。これは、源泉権の「権利」としての性質についての無理解、ならびに、温泉共同体における構成員の没我的犠牲的精神に対する過大の期待、によるものであって、右に述べた問題の重要性を示す一適例である。

(2) 源泉権の譲渡

既存源泉権者と集中主体との契約により源泉を集中主体に移転すること(譲渡)によって源泉権を集中する場合の法律関係を見ると、通常は次のとおりである。

源泉権はほとんど常にはなはだ高価な財産であるから、これを無償で譲渡(贈与)することは、人がその将来の相続人にあらかじめ与えておくというような場合に例外的に行なわれるだけで、実際にはほとんど行なわれるものではなく、したがって温泉の集中管理のために行なわれることも、まずないと考えられる。すなわち、温泉の集中管理のためにおこなわれる源泉権の譲渡は、原則として常に有償――すなわち、対価との交換――である、と考えられる。ところで、一般に対価というものは、金銭である場合と、そうでない場合とがあるが、金銭である場合が多く、また法律上は、対価が金銭でない場合には対価が金銭である場合(すなわち売買)に関する規定が準用されることになっている(民法第五五九条)から、ここには、源泉権の売買によって集中管理がおこなわれる場合について述べることにする。

源泉権の移転に対し集中主体が代金を支払う場合が、これに該当する(民法第五五五条)。売買契約は有償譲渡契約のもっとも基本的且つ本来的な型態であることは言うをまたぬところであるが、温泉の集中管理のために源泉権の売買という法的形式が用いられることは、実際上は稀ではないか、と思われる。というのは、集中主体が新規掘さくをしないとすれば、既存源泉から湧出する温泉に対してしか集中管理は行なわれ得ず、既存温泉の単なる再配分にすぎぬものとなるのであるが、集中管理がそれ以上の積極的意義をもち得るものとする――既存温泉の単なる再配分にとどまらず、採取可能の温泉の量を増加させる――ためには、集中主体による新規掘さくを必要とするのであり、そのためには、既存源泉権の売買だけでは足らず、さらに新規掘さくに対する既存源泉権者による新規掘さくの抑制について同意(前述)を得ることをも要するのである。

(3) 源泉権の出資

或る事業体に源泉権を出資すること(源泉権を集中して或る事業体を設立することを含む)は、狭い意味での「譲渡」と同一ではない。「出資」とは、出資者がその事業体の集中管理に参加する法的地位を取得することを意味するのであり、「譲渡」のごとく、源泉権の単なる移転を生ずるにとどまるものではないのである。

源泉権の出資については、出資によって出資者が取得する法的地位に焦点をおいて、種々の場合を区別することができる。

(a) 会社への出資——通常は、出資による会社設立

この型態においては、既存の源泉権者は、出資によって、集中管理主体たる会社の構成員となる。すなわち、株式会社においてはその株主に、合名会社・合資会社においてはその社員に、なるのである。出資の本来の形式は、現物出資である。もっとも、源泉権を「現物出資」しないで、しかも源泉権を会社に集中し且つその源泉権者がその会社の株主ないし社員となることも可能である。すなわち、源泉権者が源泉権を集中主体会社に譲渡し、その代金をその会社の株式で受けとる、という形式がそれである。

会社への出資による集中管理の例は少なくないようである。私の知っているかぎりでも、奥日光(栃木県)、箱根仙石原(神奈川県)等がある。会社という型態は、集中管理を企業的に行なうのに適した合理的なものであると言うことができるであろう。しかし、実際の例で見ると必ずしも手放しでこの型態を推せんするわけにはいかないように思われる。というのは、一般には株式会社に関する知識が必ずしも十分に普及しておらず、源泉権者は源泉権の代りに株

式を取得することによって従前どおり源泉に対する権利者として安定しているかのような錯覚をもつ場合が少なくないようであるが、株式は多数決原則に服するのであるから、多数株主は集中したすべての源泉を支配するのにひきかえ、少数株主は当該会社の経営や管理に対する決定的な発言権を有しない場合が多いから、源泉権に基いて有した温泉利用権はその限度で不安定になるのを免れないのである。それゆえ、源泉権の現物出資による株式会社設立という方式は、外部資本が源泉権を比較的少額の代金で買取るのと同様の成果をあげるための方法として利用されている例が見られる。

(b)　民法上の「組合」への出資

源泉権を組合に「財産出資」する場合には、出資者は組合員として他の組合員とともに共同して源泉権の主体となるのであり、したがって複数組合員の源泉権が組合という団体によって共同所有され共同管理されることになる。しかし、この共同所有は当該の出資者が組合員であるかぎりでのみ存続するのであり、組合員が組合から脱退し或いは除名されると(民法第六七八—六八〇条)その者は組合上の共同権を失い、彼が組合員として源泉権に対してもっていた権利は単なる「金銭ヲ以テ……払戻」をうける債権に転換される。この意味においては組合への出資も、一種の譲渡たる性質を有するわけである。また、出資者が組合員として源泉権に対し共同の権利を有する間においても、その管理は組合員の多数決によるのを原則とするのであり(民法第六七〇条)、当該の出資者が少数派に属する場合には、実質的に管理権を喪失するのと同一の結果となるのである。なお、組合が合名会社の型態をとる場合には、外部との関係——組合員(共同所有者)相互間の内部関係には変化はないが——においては、組合財産は、「法人」たる合名会社の所有として取扱われるが、共同主体者として組合員が源泉権に対してもっている地位(持分)には変化はない。

(c)　権利能力なき社団への出資

源泉権が権利能力なき社団——しばしば「組合」と称せられる——に出資される場合がある。赤倉(新潟県)の温泉組合はその例であり、それは地元の部落集団がその所有する源泉権を出資して組合を設立することによって成立したものである。この種の「組合」は法人格を有しないから、「部落構成員」が総有していた源泉権は、「総組合員」の合有ないし総有となる。ところで、一般には部落集団の財産管理は、日常的のもの以外は全員一致によるのを原則とするのであるが、権利能力のない社団たる「組合」が設立されると(その設立には、部落構成員全員の同意を要する)ほとんど常にその「規約」に多数決原則を規定するので、議決において少数派に属する部落構成員は実質的には管理権——正確に言うと、管理への参加権——をその限度で失うのと同様の結果を生ずる。

2　第二次温泉権の集中

温泉の集中は、源泉権そのもの(すなわち、第一次温泉権)を集中することなしに、すなわち、複数の源泉権を従来の主体に帰属させつつ——法的には第二次温泉権を取得することによって——、これを行なうことができる。わかりやすく言うと、それは、源泉権者から単に温泉の供給をうけて集中的に管理する、という方法である。その法的型態には種々のものがある。

(1)　物権的温泉利用権を設定することによる集中

源泉から湧出する温泉の量の一定割合——通常、「何分の一」とか、「毎分何リットル」とか「総数幾株のうちの幾株」というふうに表示される——を、集中主体が源泉権者から取得する、という方法がそれであり、法的には一種の泉権の集中について前述したところを類推して考えることができる。これは、源泉権を物権的に制限するものであり、その法律関係については、源泉権の集中について前述したところを類推して考えることができる。

(2)　債権的温泉受給権を取得することによる集中

これは、契約により、集中主体が源泉権者から温泉の供給を受ける「債権」を取得する、という方法であり、この場合における源泉権者と集中主体との法律関係は、前述した源泉権そのものの集中ないし他物権的温泉利用権の設定による集中の場合におけるとは、全く異っている。すなわち、反対の特約がないかぎり、源泉権者は深掘やポンプ使用等により採取温泉量を増加させる権能を有する。またこの場合には、源泉権者は依然として源泉権を保有しており、約定した存続期間の経過または解約により、集中された温泉権は温泉権者に復帰するが、その反面、集中管理はその限度で言わば一時的経過的なもの、不安定なものとなっている。しかしまた、それゆえに、この方法による集中は源泉権者にとっては有利である。というのは、源泉権者は、将来の自分自身の需要の増加に際して必要量の温泉を取戻すことがありうるからである。すなわち、この方法は、源泉権者が、湧出する温泉の全部を譲渡することを欲しないが自らはその全部を使用する必要もない場合に、その余剰湯を一時的に融通する、という意味をもつ場合が多いであろうと思われる。このような利害関係の存在ゆえに、この方法は、源泉権そのものの集中もしくは他物権の設定――特に、無期限もしくは長期の他物権の設定――よりも実行しやすいという利点をもっている。湯河原温泉(神奈川県)や浅虫温泉(青森県)の集中管理は、この方式によるものである。(ただし、浅虫温泉では、源泉権者と集中主体との温泉供給契約に、「鉱泉地賃貸借」という法的形式が与えられているが、その実質は、ここに説明する債権的温泉供給契約にほかならないことは、その調査報告書(川島ほか編『続温泉権の研究』一九八〇年三九八頁以下)が示すとおりである。)

三　集中された温泉の管理

温泉の集中管理の終局の目的は、集中された温泉を統一的に管理することにあることは、前述したとおりである。そうして、その統一的管理は、統一的計画のもとに温泉を配給することにあることは、言うまでもない。それに関しては、温泉の配給一般に関する問題のほかに、特に集中管理における温泉の配給に特有の問題がある。ここでは、後者について、簡単な説明を加えておくことにする。

集中管理においては、集中された既存温泉権との関係で、集中温泉の受給権(以下、「集中温泉受給権」という)の取扱に種々の区別がなされる——且つなされることが必要となる——のが普通である。そこで、温泉受給権別に問題を示すと、次のとおりである。

(1)　既存源泉権者への配給

統一的管理のために既存の源泉権を集中するにあたって、源泉権者に時価を払って源泉権を買取るという方法をとることは稀であり、実際には、源泉権を集中主体に移転するかわりに、その対価ないし対価の一部として、既存の源泉権をもってするのと同等の温泉利用を無償で保障する、ということを約定するのが普通である。しかし、多くの場合に、その契約ないし保障書の文言は法的に完全なものではないので、実際に配湯をはじめてから紛争を生ずる場合が少なくない。一般には、このような場合には、特に反対の特約がないかぎり、当該の旧源泉権者は、集中主体の源泉に対し一種の物権的利用権を有するものと解すべきである(それゆえ、この種の権利は、後述の「受給権」と区別して「受湯権」と呼ぶことにする)。すなわち、既存源泉権者の受湯権は、第三者に対抗し得る権利であり、また他の受給権(後述)者に優先して温泉を利用する権利である。旧源泉権者への配湯を「保障配給」とか「権利配給」とかの名称で呼んでいる例が多く見られるが、これらの名称は、法的にはこのような物権的利用権を意味しているものと見るべきである。なお、既存源泉権者の受湯権を債権とする旨の明示の特約が存在する場合においても、一般の受給権者に優先して配給をうける権利を有すると解すべきは、疑いを入れないところである、と考える。

また、泉温について明確な定めをしておかなかった場合には、後になって、旧源泉よりも低い温度の温泉を——時には、配給する温泉量を増やすため別の水などを混入して——配給して、争いとなった例がある。しかし、たとえ配給量は同じであっても泉温が低い場合には、旧源泉の同一量とその実質熱量を異にするのであり、温泉にとって泉温は本質的重要性を有するものである以上、受湯権の侵害となることは明らかである。

また、集中主体が泉質の異る温泉(たとえば、成分を異にする温泉)を混合して配給することがあるが、旧源泉がその有する特定の成分にもとづいて利用されていたと認められる場合(たとえば、特定の成分のゆえにその温泉が主として医療ないし保健の目的に利用されていた場合は、これに該当する。しかし、医療ないし保健に全く関係なしに、単に慰安歓楽のために温泉が用いられていた場合は、これに該当しないであろう)には、混合された温泉の配給は、たとえその配給量ないし泉温に関しては約束に反していないとしても、受湯権の侵害であることは、疑いがない。いわんや、集中主体が約束した量に足りない温泉しか配給しない場合には、受湯権の侵害となることは議論の余地がない。しかるに、実際にはこのような違法行為がなされている場合が少なくないのである。

(2) 公益事業ないし公共団体等への配給

集中管理主体が町村とか財産区のごとき公共団体である場合には、公共団体とか病院のごとき公益的意義を有する事業主体には優先して配湯する旨を定めることが多いようである(「公益配給」と呼んでおこう)。将来は、ヨーロッパ諸国におけるごとく、医療や保健のための入浴や飲用の施設を町村等の地方公共団体が設置・管理するようになることが望ましい、と考えるが、これらの利用のための温泉を確保するために、少なくとも公共団体が集中管理主体である場合にはそのような優先権をあらかじめ規定しておくことが望ましい。

一般に、保障配給以外の場合には、計量器をそなえつけて従量制で配給料金を徴収するのが普通であり、公益配給もその例外ではないようである。集中管理は、限られた量の温泉をできるだけ効率的に多くの需要者の利用に供することを目的とするものであるから、従量制で料金を徴収することによって受給者が温泉利用を自発的に節約することをねらっているのである。

(3) 前二者以外への配給

今までのところ私が知り得た範囲では、前二者以外の者への配給(かりに、「一般配給」と呼ぶことにしよう)は、受給者ごとに計量器をそなえつけておいて従量制によって料金を徴するものとするのが、一般の習わしであり、受給者の法的地位は一種の債権である。しかも、多くの例では泉温を「摂氏何度」というふうに特定的に定めて約定し、またその旨を定める配給規定を設けているのが、普通である。

四　集中管理の社会工学的＝法技術的処理の必要性

温泉の集中管理は、廃棄される不要の余剰湯を需要者に供給することを可能にするためだけでなく、温泉の消費を合理化する（通常は従量式給湯を行なうので、受給者は無駄な消費を避けるようになる）ために行なうものでもあることは、前述したとおりである。しかし、このような社会的な利益の達成は、温泉権という個別的利益の処理なしには実現され得ない。言いかえれば、集中管理という社会的利益に対して、集中される温泉権という個別的利益が対立している。財産権の自由を前提とする現在の社会体制——その法的表現としての憲法第二九条——のもとにおいては、この二つの利益の調整は、きわめて深刻な原理的な問題を含んでいる。それゆえ、温泉の集中管理の成否ということは、きわめて重要な社会的な問題なのである。この点について、少し立ち入って考察しておこう。

このような観点から、温泉の集中管理の成立を容易にし或いは困難にする諸条件を見ると、ほぼ次のとおりであるが、以下の所論は、今までに私が知り得た資料の範囲での試論にすぎず、言わば一種の問題指摘の域を出ない。今後さらに詳密な研究がなされるための素材となることができれば幸いである。

(1)　当事者間の力関係（経済的、社会的、政治的）

当事者の一方が他方当事者よりも強い実力を有する場合には、集中管理を行なうべきか否かおよびその方式は、多かれ少なかれその強者の望むところによって決定される。関東地方の某温泉地においては、元来源泉権者は集中管理を欲しなかったが、温泉地盤の所有者たる林野庁の出先機関である地元営林署長の強い圧力によって、源泉権を或る大資本観光企業との合弁株式会社に現物出資することを余儀なくされ、その結果、温泉は株式会社によって管理、配給されることとなり、株式会社の多数決原則をとおして大株主であるその観光企業に支配されるに至った例がある。

(2) 当事者が入手する情報

集中管理を行なうべきか否か、するとしてもどのような方式によってこれをなすべきかの決定は、しばしば当事者が入手する情報によってつよく影響される。集中管理の工学的技術に関する情報、集中主体の掘さくによる新源泉取得の可能性やその内容(特に泉温、湧出量)や、集中主体の源泉掘さくによって既存源泉が受ける影響(特に泉温の低下、湧出量の減少ないし涸渇)等に関する情報、集中管理の結果損害をこうむる既存源泉の保障として配給される温泉が従前の温泉と成分や温度を異にする可能性に関する情報、また集中管理の法的形式ないし効果に関する情報等は、集中管理が問題となる際の当事者に均等に入手されるわけではない。その結果、当事者は異る情報にもとづいて異る判断をして、集中管理を行なうべきか否か、どのような内容の集中管理を行なうべきか、に関する決定をする場合が多い。そうして、ひとたび集中管理を実行してはじめて、自分のもっていた情報の不正確ないし不十分をさとるのであり、しばしばそのことが原因となって紛争を生じているのである。

このことに関連して特に次のことを指摘しておく必要がある。非常にしばしば、集中管理の目的——温泉の合理的、計画的な配給——を達成しようとする気持にかられて、不用意に——すなわち、集中管理に関する十分且つ正確な情報を関係者に与えることなしに、そうして時には自らも不正確、不十分な情報にもとづいて——集中管理の勧奨や指導が行なわれることがあり、その結果、あとになって不満や紛争をひき起し、当該温泉地に永く傷あとを残すに至った例が少なくない。集中管理は単に工学的技術上の問題のみならず、多くの深刻且つ重大な社会的な或いは法的な問題をも含むものであり、集中管理を勧奨したり指導したりする者は、この点について慎重でなければならないのである。今日、少なからざる温泉地で集中管理について大なり小なりの紛争が起っており、しかもその原因が右に述べたような情報不足にあることにかんがみ、現在のごとく集中管理が言わば「野放し」に行なわれている実情に対し、監督指導の権限と責任とを有する官庁が、十分な準備をした上で適切な監督指導を行なうことを、切に希望する。

(3)　共同体規制

ほとんど常に高額の収入の源泉であり、したがってまた高い商品価値を有する温泉権——特に源泉権——に対する管理権を放棄して集中主体に任ねるということは、既存の権利者に大きな経済的犠牲を強いることを意味し、また将来に経済的不安をのこすので、集中管理事業がそれら権利者のつよい抵抗ないし反対に遭遇する場合が多いのは当然である。そのような抵抗や反対を克服して集中管理を実現するための条件として、しばしば当該温泉地における地域住民集団の共同体的規制が多かれ少なかれ作用しているように思われる。というのは、元来、温泉に対して地元の地域共同体(部落)が何らかの規制を及ぼしている場合が多く、しばしば温泉は地元部落の総有であり、またそのシンボルとして地元部落の構成員の共同入浴施設が存在している。また、種々の事情で、温泉が単なる地元部落共同体の総有ではなく、その部落の中の個人(多くの場合に複数)の所有となっている場合においても、地元部落が何らかのしかた、何らかの程度で、温泉に対して共同体規制を及ぼしている場合が少なくない(たとえば、地域共同体構成員のための共同浴場の設置、或いは地域共同体構成員が個人所有の温泉(たとえば、旅館内に設置されている浴場)に入浴する権利など)。したがって、地域共同体全体の繁栄のために個々の温泉権者が何らかの程度でその権利を犠牲にすることを強いる雰囲気が存在している場合が少なくないのである。そのもっとも典型的な例は、城崎温泉(兵庫県)における財産区による集中管理であって、そこでは、部落の有力者たる温泉権者が源泉権を財産区に集中独占させることに同意したのである。また財産区による集中管理を行なっている山代温泉(石川県)も同様の事例と見ることができる。

以上は、集中管理の成否を決定する事情の主なものである(このほかにも考慮すべきものがあると思うが、今のところ私には詳らかではない)。要するに、集中管理は、種々の利害の対立――しばしば重大な利害の尖鋭な対立――のもとにおいて社会的ないし政治的問題を惹起するのであり、その背景は複雑である。しかし、ここで特に注意を要することは、たとえその社会的背景においては集中管理が成立する条件が熟しているとしても、それだけでは集中管理が円満に行なわれることにはならない、ということである。集中管理は、何にも増して、重要な既存の財産権の処分を伴うものであり、その法的な処理が適切に行なわれなかったならば新たな不満や紛争をひきおこすことになるのであり、また逆にその法的な処理が適切に行なわれるならば集中管理を容易に促進することができるのである。すなわち、温泉の集中管理は、単に液体としての温泉を集中混合する物理的作業にとどまるものではなく、同時に、対立する重大な利益の処理を含む社会工学的手続であり、そうしてその重要な構成部分として権利の法的処理という問題が存在するのである。

われわれが今までの調査において痛感したのは、このことである。温泉の集中管理は、単なる物理的ないし工学的作業として行なわれてはならない。それにも増して、社会工学的・法的な処理に対して十分な注意を払うことが必要である。その効率的な促進のためには、地質学や配管工学の専門家や管工事業者のみでなく、社会工学の専門家――特に法律の専門家――の協力が必要であり、また行政官庁の適切な指導が必要であることを、関係者につよく訴えたいのである。

(川島ほか編『続温泉権の研究』一九八〇年勁草書房)

事例研究　1

城崎温泉（兵庫県）の集中管理（意見書）

まえがき

本稿は、城崎の湯島区（財産区）の依頼によって、温泉の集中管理に関する法律上の問題についての意見を述べたものである。そこでの問題は、温泉の集中管理における核心的な法律上の問題たる、集中のための私的温泉権の処理に関するものであり、具体的には、城崎の温泉訴訟（これについては、本書収録の「城崎（兵庫県）の旧慣温泉権にかかわる訴訟事件」において詳しく紹介した）の結末たる「調停条項」および「内湯条例要綱」という特殊の前提条件のもとで私的温泉権の処理の権利関係はどうであるべきか、に関するものである。

すでに裁判上の和解によって、集中管理のための最も基本的な法律上の問題については枠組が決められていたとはいえ、本稿（意見書）は、将来にわたって集中管理の法律関係を決定するための区議会の審議にかけられることになっていたので、私は重い責任を感じたし、また、集中管理の権利関係の側面の重要性をかねてから指摘してきた者として、本件の問題にはことのほか興味をもったので、相当の熱意をもって本稿の問題の研究にあたった。

幸いにも、湯島財産区の区議会議員の全部が本稿に賛意を表されて、本稿は湯島区のその後の集中管理に貢献することができた、とのご報告をうけ、私は安堵したしだいである。

城崎の旧慣温泉権は、或る意味ではユニークなものであるが、それにもかかわらず、本稿は集中管理における私有温泉権の処分の根本にかかわるいくつかの問題について、他の地での集中管理にも何らかの参考になり得るのではないかと考え、ここに本稿を収録したしだいである。

意見書

第一　前提となる法律問題——私有温泉権の法律関係

本件の問題についての措置を考える場合には、その前提問題として私有温泉権の法律関係を明らかにしておく必要がある。近時多くの土地において、集中管理の対象となる私有温泉権の法律関係について十分な理解を欠いたまま、単に温泉という液体の集中とか、それによる利用上の効率とか、集中管理の経営ないし町村財政への配慮とかによって、集中管理を押しすすめた結果、紛争を生じているところが少なくないことにかんがみ、私有温泉権の法律関係の十分な理解と顧慮とが特に必要であることを、まず最初に指摘しておくしだいである。このことは、私有温泉による内湯の問題に端を発して二〇年間以上深刻な紛争に苦しんだ城崎町湯島区の人々にとっては言うをまたぬ事であろう。

本件の問題を考えるにあたっては、私有温泉権一般に関する法律関係のほか、特に城崎の私有温泉権に特有な法律関係をも、考慮する必要がある。

(1)　私有温泉権一般に関する法律関係

私有温泉権は一種の私有財産権であり、これについては、ここでの問題に関連して次の点に留意しなければならない。すなわち、それは私有財産権であるから、これについては憲法第二九条の保障がある。したがって、市町村や財産区が温泉の集中管理をする場合にも、私有温泉権を「侵してはならない」ことは言うまでもない。そこで、集中管理のためにこれに制限を加えたり或いはこれを消滅させたり(たとえば、財産区が新規掘さくをして私有温泉権の源泉を涸渇させたり)するには、当該の私有温泉権者の同意を得るか、そうでなければ——すなわち、「公共のために用いる」ために強制的に制限したり消滅させたりするとすれば——「正当な補償」を与えるか、の何れかの方法によらねばならない(法学協会編『注解日本国憲法』上巻五六八頁以下参照)。そうして、ここで言う「正当な補償」については、「当該の財産権の本来あるべき額よりも低く見積ることは許されない」ということ(前掲書五六九頁)、および、権利者の意思に反して(言いかえれば、権利者の同意を得ないで)強制的に私有温泉権を制限したり消滅させたりするには、それをすることを許す「法律」の規定(たとえば土地収用法とか、都市計画法第二五・二六条、第五六・五七条等)があることを要するということ(前掲書五七〇頁)、を忘れてはならない。現に、これらのことを無視して私有温泉権を否認ないし無視して集中管理を強行したため紛争を生じている事例があり、特に市町村や財産区を主体として集中管理を行なう場合にはこの点を忘れないよう厳に注意する必要があるのである。

(2)　城崎の私有温泉権の法律関係の特異性

かつて城崎では、私有温泉権の法律的性質ないし内容をめぐって二〇年以上にわたる大訴訟がおこり、その第一審民事訴訟では私有温泉権者が勝訴し、判決は私有温泉権に対する湯島区の共同体的規制を承認しなかった。そこで、これを不服とする湯島区は控訴して争ったが、結局、区側と私有温泉権者とは区全体の平和と発展のために譲歩し、昭和二五年(一九五〇年)三月六日に大阪控訴院において調停が成立し、湯島区における私有温泉権とこれに対する湯島区の共同体的規制に関する基本原則(「調停条項」)が約定された(以上の経過の詳細については、川島武宜・潮見俊隆・渡辺洋三編『温泉権の研究』一九六四年勁草書房三八二頁以下、特に三八五頁以下参照)。このようにして城崎湯島区では、上述した一般理論のほかに、この基本原則が、温泉に関する法律関係の基礎となることとなったのであり、この調停条項は湯島区にとってきわめて重要な意義を有するものである。それゆえ、以下にこれを具体的に説明する。

第二　昭和二五年「調停条項」の内容

調停条項は四ヶ条から成立っているが(そのテキストは、本書収録の「城崎(兵庫県)の旧慣温泉権にかかわる訴訟事件」の末尾に、資料として掲げておいた)、その内容を要約すると次のとおりである。

(i) 湯島財産区の区域内に湧出する源泉については、財産区がこれを「利用する権利」を有する(「調停条項」一)。

(ii) 湯島財産区は、従来の慣習にしたがって「外湯」(共同湯)(旅館業の私的個別的施設の外部において区という地域共同体が設置した浴場)を維持するが、それとならんで「内湯」(旅館業の私的施設の内部に設置される浴用施設によって個別的私的に入浴して温泉を利用すること)を承認することとし、この内湯の規制は区条例によることとする(「調停条項」二)。

(iii) 同訴訟の被告たる私有温泉権者が従来設置してきた内湯(以下、「被告内湯」という)に、二つの点で保護を与える。すなわち、その一つは、被告内湯を、「調停条項」二に定めている「内湯」と認める(ことを約束する)ということであり、もう一つは、内湯条例による一般内湯については、「共同浴場(外湯)泉源の泉量に著しい不足を生じたときは、町長が配湯の減少または中止を命じ得る」(「調停条項」二の定めに基いてこの調停において定めた「内湯条例要綱第五」末尾の資料2参照。「内湯条例要綱」のテキストも、本巻六二二頁に掲げてあるので、参照されたい)のと異り、被告内湯についてはこの「調停後十ヶ年」は配湯の減少または中止をしない(ことを約束する)ということである(以上は「調停条項」三に定められている)。

以上のごとき内容は、私有温泉権の法律関係として他に例のない独特のものであるが、湯島区の伝統と訴訟の経過と本件調停成立時の事情とを背景において眺めるならば、私有温泉権者の温泉利用権と区の温泉利用権との関係は次のごときものと考えられる。すなわち、

(1) 私有温泉権者の「温泉利用権」

前記の「調停条項」一は、湯島財産区が湯島区域内に湧出する「温泉を利用する権利」を有すると言っており、私有温泉権者は「温泉を利用する権利」を全く有していないかのごとき印象を与える。ところが、「調停条項」三は、私有温泉権者たる被告の現存の内湯を、内湯条例による内湯として承認し、且つ内湯条例による一般の内湯とは異るところの一種の権利保障を与えている。したがって、これを綜合して眺めるならば、財産区が「温泉を利用する権利」を有するということは、私有温泉権者が「温泉を利用する権利」を全くもたないということを意味するのではなく、次のごとき内容を意味するものと解すべきことになると考える。すなわち、

調停成立時に存在した私有温泉権者は、調停成立時における利用(「現存する内湯」)を限度としてその利用権を有し、その限度を超える利用については財産区の規制をうける、ということが、この「調停条項」の決定した基本原則である。もっとも、「調停条項」三は、ひろく私有温泉権者一般について規定しているのではなく、単に「被控訴人〔被告〕方に現存する内湯」についてしか言っていないのであるが、この「調停条項」一は、「被控訴人以外の他の私有温泉権者の『総員が同調することを条件として』、財産区が区域内のすべての温泉について『温泉利用権』を有する」という原則が効力を生ずるのだ、と規定しており、そうして「調停条項」の二および三はこれを前提としこれと一体をなすものであるから、実際上の結果から見るなら、「調停条項」三はすべての私有温泉権の内容をも規定していることになるのである。しかし、区域内のすべての温泉に対して財産区が「利用権」をもつという「調停条項」一の下では、この調停成立後に湧出した――採取可能となった――温泉に対しては財産区の独占的「利用権」が成立するのであるから、「調停条項」三が承認し保障した私有温泉権的利用権は、この調停の成立した当時に存在していた私有温泉権(以下、「既存温泉権」という)のみに関することが、明らかである。

(2)　財産区による「温泉利用権」独占との関係

次に、右のような調停条項のもとにおいて、右のような私的温泉権の利用権を承認する、ということの法律的意義について述べる。

(a)　湯島区域内に湧出する温泉に対する財産区の独占的利用権という原則のもとで、上述のごとき私的温泉権の利用権を承認するということの具体的内容は、前記の昭和二五年の和解に至る本件の経過を考えると、おのずから明らかとなる。すなわち、前記の調停では、被告(被控訴人)は、原審において勝訴してその私有温泉権を承認されたにかかわらず譲歩して、当時現存の利用の限度での利用権の承認で満足し、私有温泉権の他の権能――当時以上の量の利用権能、源泉を増掘する権能、ポンプ等の人為的方法で揚湯量を増加する権能など――を放棄したのであったから、当時現存の利用限度を超える利用は財産区の利用権の範囲内にあるものとして財産区の規制に服することになるのであり、その範囲で、「調停条項」一が規定する「財産区による温泉利用権の独占」ということが、意義を有することになるわけである。

(b)　財産区がその区域内に湧出するすべての温泉に対して利用権を有するということは、財産区がその区域内で温泉採取の目的をもって自由に掘さくする権利を有すること、および、その区域内では財産区以外の者は温泉採取の目的で掘さくする権利を有しないこと、を意味している。ただし、法的には、これは当該紛争の当事者の間の約束であるにとどまり、第三者たる湯島区住民――いわんや湯島区住民でない者――を拘束する効力を当然に有するものではない。しかし、この調停は、財産区および相手方ならびに他の私有温泉権者が温泉利用に関する従来の慣行を変更することを約束するものであり、そうしてこの調停のあとでその慣行の変更に対し湯島区住民が湯島区議会の議決という形式で同意を与えたのであるから、上記の調停条項は湯島区住民を拘束する効力をもつに至った、と解すべきことになるのである。

(c)　財産区は、その有する「利用権」にもとづきその区域内で温泉採取の目的をもって掘さくすることにより、私有温泉権者の源泉を減少或いは涸渇させたり或いはその温度を低下させたりした場合に、いかなる責任をおうか、ということが問題となる。言いかえれば、「調停条項」一は単に当時現存した利用を継続することを承認したにとどまるのか、それとも、当時現存した利用を保障したものであるのか、ということが問題となる。

思うに、財産区がこの調停で内湯並存を承認することに踏みきったのは、財産区が自ら掘さくによって源泉を開発して外湯を維持しつつなお内湯を並存させることを見込んでいたからである。したがって、財産区としては、新源泉のための掘さくによって既存の源泉に影響を及ぼすことが有り得ることも予期していたはずであるが、「調停条項」三は、財産区が一般の内湯へ配給する温泉の量に不足を来した場合にも既存の私的温泉権は従前の量の利用を継続し得ることを保障しているのであるから、同条項は、既存の私的温泉権に対し当時現存の限度での利用を権利として保障する趣旨を含むものと解せざるを得ない。というのは、もしそうでないとすれば、私有温泉権者の源泉は財産区の新規掘さくによって翌日にも涸渇し温泉権は全く無に帰してしまうのであり、そのような結果を承認するということは、もはや単なる和解のための譲歩ではなくて、「無条件降服」を意味し、かりそめにも原審で勝訴した当事者の調停和解の条項としては、合理的には了解できないものとなるからである。それゆえ、「調停条項」三の法的意味内容は次のごときものと理解すべきである。すなわち、(イ)既存の私有温泉権者に対しては、調停当時現存の利用の現状での利用権を保障する、(ロ)ただし、調停成立から一〇年を継続した後は、調停成立当時に現存した共同浴場が必要とする温泉の量に「著しい不足」を生じた場合には、財産区は「内湯引湯の分量を減少し、或いはこれを中止する」ことができる、ということになるのである。

第三　私有温泉権の利用に関する具体的な法律問題

以上のように、昭和二五年の調停条項は湯島区内の温泉の利用権について重要な基本原則を定めたとはいえ、それは全く基本原則であるにとどまり、温泉利用の具体的な問題に関しては法律関係は必ずしも明白ではない。それは、結局、私的温泉権や区の共同体規制の一般原則および前掲の調停条項の解釈によって決すべき法律問題であり、そうして、そのような法律問題は、現在、湯島区が実施しようとしている水道方式のもとで既存私有温泉権についてどのように措置すべきかを決定するにあたって考慮しなければならないものである。それゆえ、まずそれらの具体的問題について略説しておくことにする。

(1)　湯島財産区の新規掘さくが既存私有温泉の湧出に影響した場合における既存私有温泉権の措置

財産区が新規掘さくによって既存私有温泉の湧出を減少または涸渇させ、或いは泉温を低下させたときは、区は、そのような不利益な影響を受けた権利者に、区有源泉の温泉で補償を与える義務を負うことは前述したとおりであるが、その場合の補償の具体的内容については、次のごとく解すべきものと考える。

(a)　泉　質

新規掘さくによって得られた温泉（以下、「新規温泉」という）が、既存の私有源泉の温泉と泉質（成分）を異にする場合には、その新規温泉を配給しても、厳格な意味では既存温泉の補償とは見なされない、と言うべきである。現に、他の温泉地では、集中管理のために町が新規掘さくを行なった結果、既存の私有源泉が減少ないし涸渇し、町はその補償として泉質を異にする温泉を配給しようとして紛争を生じている例がある（青森県大鰐温泉）が、そこでは、古くから既存温泉の特定の成分ゆえに浴客が療養のために毎年訪れてきていたという事実があったのであるから、泉質の異同ということは補償の法律上の適否を決する重要な要素と見られるのである（大鰐温泉の集中管理にかかわる紛争については、本巻六三一頁以下を参照されたい）。私は城崎ではこの点の事情がどうであるのかを知らないが、新規温泉が既存温泉と全く或いは僅かしか成分を異にしない場合、または浴客の大部分が泉質の異同を問題にしない場合には、区が異る成分の温泉を配給することによって補償を行なうことに対して既存私有温泉権者は異議をとなえることができない、と解すべきであろう。

(b) 泉温

当該の温泉の利用の形態が、飲用ではなくて浴用である場合には、泉温は温泉の利用価値ないし経済価値の重要な要素である。したがって、既存私有温泉権者に泉温の異る温泉で補償する場合には、泉温の相違を考慮に入れて補償量を調整すべきは当然である。この調整の基本原則は、補償として配給される温泉の熱量(以下、「配給熱量」という)が、補償されるべき熱量(以下、「被補償熱量」という)にひとしいように措置する、ということであるが、それを実際に行なうにあたっては、複雑な問題を生ずる。ここには、抽象的には、次の点を指摘するにとどめよう。すなわち、(i)補償として配給される温泉の方が、補償されるべき既存温泉よりも低温である場合には、たとえ配給熱量が被補償熱量と等しくても、被補償者にとって燃料費の負担を伴っている。(ii)補償として配給される温泉の方が、補償される温泉よりも高温である場合には、たとえ配給熱量が被補償熱量にひとしくても、配給される温泉の温度が浴用温度よりも高い場合には被補償者にとって冷却用の水の代金の負担を伴っている。(i)および(ii)の何れの場合にも、その経済的負担は配給温泉量の調整上考慮に入れられるべきである。(iii)また、上記の(ii)の場合の熱量計算にあたっては、一年間の気温の変化に伴って冷却水の温度も変化し(地下水を汲み上げる場合と、水道の水を用いる場合とでは、その差は著しい)、補償温泉の量を季節的変化によって変化するものとするか否か、そうしないとすれば如何なる季節に如何なる水を用いることを規準として補償温泉の量を決定すべきか、を慎重に考慮する必要がある。

(2) 私有温泉権者の温泉利用の方法・態様に対する規制

元来、私有温泉権は一種の私有財産であり、私有財産権の典型たる私的所有権と同様に権利行使の自由(民法第二〇六条)を有するのを原則とすることは、言うまでもない。しかし、城崎では、温泉は元来村落共同体の規制のもとにあり、古くは宿屋を中心とした「湯方」の管理下におかれ、また後には宿屋と商店を中心とした「湯会」の管理下におかれ、外湯(共同湯)として維持されてきたが、明治以後私有源泉が生じてこれに対する村落共同体の抑止的反応が起り、ついに昭和二年(一九二七年)以来の大訴訟となり、最後に昭和二五年の調停条項という形で温泉利用の方法・態様に対する規制が一応明確化され且つ固定化されるに至ったのである。ところで、この調停条項は、一方で当時現在の限度で私有温泉権を権利として承認したが、「調停条項」三の文言上は、当時の現存内湯を「内湯条例に則った内湯とする」と言うのみで、具体的にどの程度まで区の規制が及ぶのかは、その文言上は明らかではなかった。しかし、当時、既存私有温泉権者はそれぞれ異った泉温および量の温泉を内湯として利用していたのであり、それを承認するということは、本来はそれぞれの温泉権者がその実際の需要にしたがって行なっていた具体的な利用内容を権利として承認する、ということが言わば当然視されていたのではないかと推測されるのであり、そうだとすると、「調停条項」三が現存内湯を「内湯条例に則った内湯とする」と言うのは、それら既存温泉権者の内湯については、それぞれの個人的事情ないし需要にしたがった利用を、区の「利用権」による管理ないし規制に則ったものとして承認する、という意味であったと解することができるのである。

ところが、その後に制定された城崎温泉利用条例(末尾の資料三参照)では、「この条例施行に必要なる細則は別に之を定める」(第一二条)と規定し、これにもとづく城崎温泉利用条例細則(そのテキストも、本稿の末尾に、資料として掲げてあるので、参照されたい)第九条は、「……温泉利用の承認申請に対し承認の基準は下記によるものとする」として、同条第三号および同細則別表において、旅館の宿泊専用室数に応じて設置し得る浴槽の数および大きさを制限している。しかし、法律上、調停成立当時の既存私有温泉権者がこのような規定の規制を受けるか否かは、はなはだ問題である。というのは、それらの浴槽制限は、温泉利用を城崎町長が承認する場合の規準であることは前述したとおりであって、調停条項によって既存私有温泉権者の「現存する内湯」がすでに承認されている(「調停条項」三においてそれは「内湯条例に則った内湯とする」とされている)以上、改めて温泉条例によって町長の承認を受ける必要ないし余地はないのであり、したがって前述のごとき浴槽制限は私的温泉権者には及ばない、と解すべきだからである。

(3)　温泉の利用料

私有温泉権者は現在、城崎温泉利用料条例(そのテキストも、本稿の末尾、六二八頁以下に、資料として掲げてある)の定めるところに従って利用料を納付しているが、前述の調停条項の規定のもとにおいて私有温泉権者が利用料納付義務を負うか否かは、法律上問題である。

そもそも温泉利用料については、「調停条項」二の附属文書として定められた「内湯条例要項」の中に規定されており(同第四)、「右内湯開設の許可を得た者は湯島区に対し所定の施設分担金を支払い且つ使用量に比例する所定の使用料を支払わねばならない」とされていた。そうして、内湯のための温泉の「使用料金」の支払義務を定める城崎温泉利用条例(末尾の資料三参照)第九条、それにもとづいて温泉利用による「使用料」に関する細則を他の条例に委任する城崎温泉利用条例細則(末尾の資料四参照)第二〇条、およびそれにもとづいて「利用料」に関する細則を定める城崎温泉利用料条例(末尾の資料五参照)は、この「内湯条例要項」第四に基いているのである。ところが、「内湯条例要項」(以下、「要項」と略称する)第四は既存私有温泉権に関するものであるかどうか、二つの点で問題となるのである。すなわち、——

第一に、「要項」第四は、使用料支払義務者を「右内湯開設の許可を得た者」と規定しているが、「要項」第三は「内湯開設の許否は温泉委員会に諮問し、且つ湯島区議会の議決を経て城崎町長が決定する」と定めており、したがって「要項」第四は、このような手続で許可を得た者が使用料を支払う義務を負う趣旨を定めているものと解されるのであり、また第二に、「要項」第四は、使用料支払義務とならんで「施設分担金」の支払義務を定めているが、既存私有温泉権者の内湯は当時「(権利者)方に現存」していたのであって内湯開設のために新たに湯島区が施設工事を行なう必要はなく(利用条例細則第一五条参照)、したがってその工事費を既存私有温泉権者が分担する(利用条例細則第一六条参照)余地もなかったのであり、少なくとも調停成立当時においては、「要項」第四は既存私有温泉権利者方に当時現存した内湯には適用されない趣旨のものであった、と解される。したがって、財産区が源泉の新規掘さくによって既存私有源泉の湧出を減少させたり涸渇させたりした結果その補償として区有源泉から新たに引湯する必要を生ずるに至ったときは、当該の私有温泉権者にその施設費を分担させることはできず、また補償として配給される温泉については利用料を支払わせることはできない、と解すべきことになる。

要するに、既存温泉権にもとづく内湯利用権の行使として利用する温泉に対しては、受給温泉権の対価たる性質をもつ「使用料」は権利の性質上有り得ず、むしろ「手数料」的性質をもつ料金を徴収すべきものと考えられるのである。したがって、現在施行されている温泉利用料条例の別表第一は改められるべきものと考える。

ただし、既存温泉権者が権利内湯の量を越えて温泉を使用したときは、その超過分は一般内湯権者の使用分と異るところはないのであるから、これに対しては、対価的意味を有する「利用料」を徴収するのは当然である。

(4)　既存温泉権者の有する内湯利用権の法律上の性質

以上のごとき法律関係を伴うところの・既存私有温泉権にもとづく内湯利用権は、どのような法律上の性質を有する権利であるか。

一般に、私有温泉権者の同意を得てその温泉権そのものを集中管理主体が取得するという方式で集中管理が行なわれる場合（集中管理の方式としてはそうでない場合もある。詳細については、川島「法律上の問題としての温泉の集中管理」『集中管理面から見た温泉に関する権利の法制的研究』（昭和四四年度厚生科学研究報告書）厚生省国立公園部管理課、七一—二二頁（のち川島ほか編『続温泉権の研究』一九八〇年勁草書房三頁以下、本書「温泉の集中管理」に、収録）参照）には、「温泉所有権」に類似する既存私有温泉権者は、集中によって喪失する権利の代償として永久存続の温泉利用権を取得する——言いかえれば、そのような権利を取得するのでなければ集中に同意しない——のが普通であり、その権利は、源泉における湧出温泉に対する包括的支配権（法律用語としての「所有権」に類似するところの「温泉所有権」）の共有的持分たる性質を有するものであり、言うまでもなく一種の物権であると解される（川島「法律上の問題としての温泉の集中管理」前掲二二—二三頁（のち川島ほか編『続温泉権の研究』前掲一一—一二頁に、また本書「温泉の集中管理」に収録）参照）。しかし、湯島区における私有温泉権は、このような一般の例とは若干性質を異にしている。前記の調停条項によれば、既存私有温泉権について現存する内湯は、湯島区の有する温泉利用権を前提した上で湯島区の「温泉利用条例に則った内湯」とみなされているのであり、したがって、その内湯利用権は、「所有権」と同様に第一次的に湯口に対して存在する「温泉所有権」について湯島区と「共有」する関係にあるのではなく、湯島区の有する独占的利用権から派生した「第二次的な温泉利用権」（その意味については、川島ほか編『温泉権の研究』前掲一〇頁以下参照）たる物権的利用権と解されねばならない。

しかし、この第二次温泉利用権は、温泉利用権を有しなかった者と湯島区とのあいだの配給契約によって新たに発生したものではなく、既存の私有温泉権者――すなわち、「温泉所有権」者――が、調停による和解のために譲歩してその権能の一部を放棄することによって、「既存の温泉所有権を湯島区の専用的利用権にもとづく内湯――すなわち、第二次温泉利用権――とみなす」という調停条項を通じて、発生したものである。それゆえ、この内湯利用権は、従来温泉利用権を有しなかった者が配給契約によって取得するところの一般の内湯利用権（それは、継続的供給契約にもとづく一種の債権的利用権たる性質を有する。川島前掲報告書二六頁参照）とは異り、一種の第二次的物権としての温泉利用権（他物権的温泉利用権）（この観念については、前掲『温泉権の研究』一二頁参照）と解すべきものである。

既存温泉権者の内湯利用権の上述のごとき特質は、具体的に特に次の点にあらわれている。すなわち、「調停条項」三によれば、この内湯利用権は一般の内湯利用権とは異り、たとえ共同湯が必要とする温泉量が著しく不足するに至った場合でも、同調停後一〇年間は内湯量の減少または中止の処分を受けない（内湯条例要項第五）、という権利保障を与えられているのであって、言うまでもなくこの定めは城崎の外湯優先主義に対する重大な例外を意味している。言いかえれば、このような調停条項は、「城崎区内湧出温泉総量－（外湯需要量＋既存温泉権者内湯権利量）＞0という条件が与えられている場合には、一般内湯を認める」という原則のもとに、一般内湯の制度を発足させたことを示しているのである。したがってまた、このことは、湯島区の温泉利用が、第一外湯、第二既存温泉権者の権利内湯、第三一般内湯という優先順位で行なわれることを示しているのである。

第四　水道方式を採る場合における既存私有温泉権にもとづく既存内湯権の措置

湯島区が区内湧出の温泉の利用についていわゆる水道方式を採る場合に、以上に述べたような既存内湯権の法律上の性質およびその法律関係のもとで、既存私有温泉権者の既存内湯権を措置するための基本問題点を述べると、次のとおりである。

(1)　内湯の権利量の決定

既存私有温泉権にもとづく内湯の権利量は、水道方式のもとにおいても、本来の権利量が有していた熱量とひとしい熱量を権利者に与えるものでなければならないことは、言うまでもない。ところが、冷却に用いる水の温泉によって所要温泉量が変化するのであるから、供給量の決定にあたっては、もし水道方式により供給される温泉の温度が浴用温度よりも高い場合には、いかなる季節にいかなる種類の水（井戸水か、自然湧水か、渓流水か、水道水か等）を用いて冷却するのを規準とすべきであるのか、季節ごとに冷却用水の温度を考慮に入れて季節別の供給量を決定すべきであるのか、等が先決問題となる。そうして、この問題の決定は、一種の既得権としての既存温泉権の権利内容に影響を及ぼすものであるから、将来に問題を残さぬよう、権利者との十分な協議によってなされることが必要である。なお、供給量の決定にあたっては、泉温に関して前述した他の問題点（第三の⑴の⒝）をも考慮することが必要である。

⑵　利用料および負担金

これらに関する法律上の問題点については前述した。具体的な措置としては、特に、「利用料」を徴収しないこと、既存内湯の権利量についても、もし手数料的性質を有する料金を徴収するとすれば、「利用料」としてではなく別の名義で徴収することとし、且つその金額については区と権利者との間で協議により決定することが望ましいこと、既存内湯の権利量を超えた利用に対しては一般内湯に対するのと同様の「利用料」を徴収することを明定すること、等を勧告したい。

⑶　浴槽制限

現行の利用条例細則第九条第三号ならびに同別表の認可基準は、既存温泉権にもとづく内湯については法律上の根拠を欠くものと解されることは、前述したとおりである。したがって、既存温泉権にもとづく内湯にはこれらを適用しないものとし、もし何らかの浴槽制限をするとすれば、権利者と区との協議によって行なうことが望ましい。のみならず、現行の浴槽制限という制度が設けられたのは、内湯の浴槽を無制限に承認すると、城崎へ来た旅客が外湯を訪れなくなるので城崎町の種々の業者の収益の機会を奪う結果をきたすということ、および限定された配給量をもってする内湯の規模を限定しておかないと一定成分の温泉の浴場としての意義が少なくなるということ、という二つの考慮に因ったものと言われているが、今日のように多数の旅館や保養所等に内湯用配湯が行なわれ、しかも将来は水道方式のもとでさらに多くの内湯用配湯を行なうことが予想される現状においては、湯島地区の他業者の収入機会という点ではすべてに外湯主義の存在意義は減少しているのであり、現行の浴槽制限は、この点での実質上ないし政策上の根拠に変更をきたしているのであって、今後の浴槽制限は、利用量ないし配湯量との関係で公衆浴場の衛生上の見地、および「温泉」として成分の保持という見地から、且つ既存温泉権にもとづく内湯の法律上の性質を考慮して、再検討されるべきであろう。

(4)　その他の問題点

以上のほか、既存温泉権にもとづく内湯利用権については種々の法律上の問題点があることは、前述したとおりであるが、水道方式への転換に際してそれらの諸問題をも条例に規定する必要があるかどうかは、湯島区内部の種々の事情にかかるところが多いと考えるので、ここには具体的提案をさしひかえることにしたい。

〔資料一〕　調停条項

一、被控訴人は城崎町湯島に於て現に温泉の湧出する土地を有する者の総員が同調することを条件として、控訴人が城崎町湯島の地域に於て湧出する温泉を利用する権利を有することを確認する。

二、控訴人は城崎温泉の外湯を堅持する外、新たに内湯を設けるため、直ちに別紙要項の内湯条例を制定実施するものとする。

三、控訴人方に現存する内湯は、右内湯条例に則った内湯とする。但し、同条例要項第五の規定に拘わらず、控訴人は本調停成立後十年間は、被控訴人が現有する内湯を継続することを認める。

四、本案訴訟の第一、二審に於ける訴訟費用及び本件調停に要した費用は、各自弁とする。

〔資料二〕　内湯条例要項

第一　城崎町湯島に於て湧出する温泉は、この条例によって浴客用内湯に利用せしめることが出来る。
第二　第一項運営のため、湯島区に温泉委員会を設ける。
　右委員会は城崎温泉源の調査、掘さく、湧出温泉の配分等を研究調査し、城崎町長の諮問に応ずるものとす。温泉委員会の委員は九名とし、城崎町会議員より二名、湯島区会議員より三名、商工業者より三名、兵庫県知事の推薦する者一名を町長に於て委嘱するものとする。
第三　第一項内湯開設の許否は温泉委員会に諮問し、且つ湯島区議会の議決を経て城崎町長が之を決定する。
第四　右内湯開設の許可を得た者は、湯島区に対し、所定の施設分担金を支払い且つ使用量に比例する所定の使用料を支払わねばならない。
第五　城崎町長は現存共同浴場泉源の泉量に著しい不足を生じたときは、温泉委員会に諮問し且つ湯島区議会の議決を経て、既に許可した内湯引湯の分量を減少し或いはこれを中止することができる。

〔資料三〕　城崎温泉利用条例（昭和二五年三月一七日制定）（抜すい）

第一条　この条例は城崎町湯島区が有する地域で、その湧出し又は湧出せしめた温泉を利用する権利を適正に運営し、延いて温泉源の保護を行い、公共の福祉の増進に寄与することを目的とする。

第二条　この条例の施行地域で温泉源を掘さくし又は温泉を利用せんとするものは、温泉法並びに関係法例に拠る外、本条例に従わなければならない。

第三条　この条例の施行及び運営を行うために、湯島区に温泉審議会を設ける。

第四条　前条に定める温泉審議会は、城崎温泉の温泉源の掘さく並びに温泉の利用配分等を研究調査し、城崎町長の諮問に応ずるものとする。

第七条　この条例の施行区域内で温泉を掘さく又は利用する許可を申請しようとするものは、城崎町長の承認を受けなければならない。

前項の承認を受けようとする者は、所定の書類を具して申出なければならない。

第八条　城崎町長が前条の許否を決しようとするときは、温泉審議会に諮問し、且つ湯島区議会の議決を経なければならない。

第九条　温泉利用承認及び許可を受けた者は、湯島区に対し別に定める施設の分担金を支払い、且つ利用量に比例する使用料金を支払わねばならない。

第十条　城崎町長はこの条例施行のとき現存する共同温泉浴場の泉源の湧出量に支障を生じ又は生じる虞れありと認めたときは、温泉審議会に諮問し、且つ湯島区議会の議決を経て、温泉源掘さくの承認を取消し若しくは温泉の利用量を減少或いは中止せしめることが出来る。

附　則(抜すい)

第二条　この条例施行のとき現に温泉を利用しているものは、この条例施行の日より六十日以内に届出なければならない。

前項により届出たものは、第七条による承認を受けたものと看做す。

第一項により届出た事項に変更又は異動を生ぜしめようとするときは、この条例の定めるところによる。

〔資料四〕　城崎温泉利用条例細則（昭和二五年制定、三四年・三七年・四〇年一部改正）（抜すい）

第一条　この細則に於て条例と称するは城崎温泉利用条例をいう。

第六条　条例及びこの細則による申請の資格を有するためには原則として本条例施行区域内に住民登録をなし且つ一定の職業又は収入の途を有し、温泉掘さく増掘修理又は利用土地、家屋の所有者でなければならないが、その他のものについても、温泉利用許可申請の資格を有することができる申請者が現に旅館営業による別館若しくはそれに準ずる家屋を有し同一地番外で営業をなすものについてはその土地、家屋の所有者といえどもこれを別個として看做して申請しなければならない。この場合条例細則の定めるところをすべて準用するものとする。

前項による外特に湯島区議会の議決を経て承認された場合はこの限りでない。なお温泉利用申請者が多く、万一供給不能の虞れありと認められる場合には町長は温泉審議会に諮問し、且つ湯島区議会の議決を経て温泉利用申請の承認を取消し又は中止せしめることが出来る。

第七条　条例及びこの細則に基づいて町長は申請事項の承認についての可否を文書により申請者に通達するものとする。

第八条　前条により利用の承認を受けた者は湯島区議会で決定した既設設備費負担金を前納しなければならない。

第九条　条例に基づく温泉源の掘さく、泉源の増掘修理及び温泉利用の承認申請に対し承認の基準は下記によるものとする。

一、温泉源の掘さく

(イ)　新たに温泉源を掘さくする箇所は既設泉源及び区の指定した地点の何れよりも百米以上の距離を置かなければならない

(ロ)　新たに温泉源を掘さくする場合に、その掘さく予定深度が七十米以上であって、且つその深度内で温泉を採取しない工法に依る場合は前項の距離を短縮することができる

(ハ)　新たに温泉源を掘さくする場合にその掘さく箇所に対する距離深度にかかわらず既設泉源の湧出量及び施設の影響のおそれが無いことにつき、学識経験者の調査報告を提出し立証した場合は前二項に依らないことが出来る

二、泉源の増掘及び修理

(イ)　泉源の増掘は総て温泉源の掘さくと看做し、その取扱いに準ずるものとする

(ロ)　湧出する泉源で湧出量の減少又は泉温の低下を生じた場合に支障無きものと認められるものに限り修理を承認する。但しその修理の工法については制限又は指定することがある

(ハ)　湧出管の附属工作物の修理又は湧出管の取替は原形に復旧する程度を以て承認する

(ニ)　下記の各号の一に該当する泉源の修理は掘さくに準ずるものとする

一、湧出が停止したもの

二、湧出管口温度が摂氏二十五度以下に低下したもの
三、温泉保持の施設がないものと認定せられるもの

三、　温泉の利用設備

(イ)　入浴用として温泉を供給する設備基準は左記の通りとする
一、浴槽の数は別表に定めるところによる。但し法(法に準ずるもの)により定めるものは届出により承認する
二、一浴室の浴槽は一個を原則とし、その容積は一二立方米以内とする
但し十室以上の場合は別表の認可基準により二個までを併置しうる
三、温泉を利用しない浴槽についても前一、二号を適用する。但し室内バスは除外する。承認後において前一、二号に違反したときは承認を取消すことがある。
四、その他不適当と認めた場合は承認しないものとする
(ロ)　入浴用以外の目的に温泉を利用するものの設備の申請は、その都度審査の上決定する

第一一条　温泉の供給は昼夜不断とし一時間につき八石以内とする但し天災地変により温度の低下、供給装置の破損、泉源湧出量の減少その他避けることの出来ない事故の発生した時及び町長に於て公益上必要あると認めた時は一時温泉の供給を停止し、又は供給時間を制限し或いは湯島区会の議を経た上廃止することがある。この場合区は損害賠償の責に応じないものとする。

避くることの出来ない事故の発生により、泉源地が廃滅し、供給不能になった場合も亦同じとする。

供給を受けた温泉はその目的以外に使用してはならない。

第一五条　温泉に関する一切の工事は湯島区に於て之を行なう
但し申請者に於て工事者を申請し湯島区の承認を受け又は湯島区が指定した工事者が行なう場合はこの限りでない。
第一六条　前条の工費は湯島区及び受益者の負担としその負担割合は湯島区会の議を経て之を決定する。
第一七条　工事は町長に於て工費の概算をなし負担額を受益者に前納せしめた上で着工する。
第一八条　泉源掘さく及び温泉供給の工費に対する受益者負担額はその工事完了後之を精算し前納額との差額は還付又は追徴を行なう。
第一九条　前条第一五条より第一八条までの規定により徴収の受益者負担金はその工事の結果による温泉供給の成否にかかわらず之を還付しない。
第二〇条　温泉利用による使用料は温泉利用料徴収条例に定めたところにより納付しなければならない。
二、使用者の装置した一切の受湯設備の故障による供給量の減少或いは受湯不能を理由とする使用量の減額又は免除は行なわない。

別　表

浴槽数の認可基準

浴槽設置数の認可基準は左記による

一、旅館営業及びそれに準ずるもの

一　浴槽数の算定は宿泊専用室数による
　但し宴会用広間及び控室、応接室並びにろう下は除外する
二　浴槽設置認可基準
一　九室まで　浴槽一個
二　一〇室より一四室まで　浴槽二個
三　一五室より二一室まで　浴槽三個
四　二二室より二八室まで　浴槽四個
五　二九室からは一五室以上の七室を増すごとに浴槽一個を増す

公布　昭和四〇年九月二四日

〔**資料五**〕　城崎温泉利用料条例（昭和四〇年城崎町条例第三号）

（目　的）

第一条　この条例は城崎町湯島区において温泉の利用を許可承認した者が納付する利用料について定めるを目的とする。

（利　用　料）

第二条　温泉の利用料は別表第一のとおりとする。

（利用料の納付）

第三条　利用料の納付は(温泉利用料納額告知書)により温泉を利用しようとする前月二五日までに城崎町収入役に納付しなければならない。

(利用料の減額及び還付)

第四条　温泉の利用者が九〇日(三カ月)以上施設の改造、変更等において一時温泉の利用を休止しようとする場合は城崎温泉利用条例の正規の手続きをした上、第二様式による利用料の減額申請書を提出し利用料の減額をすることができる。

但し温泉の利用休止が九〇日(三カ月)以上の場合で、減額は次の割合とする。この場合第二条別表第一における計器使用料は減額の対象としない。

(1) 温泉休止が九〇日(三カ月)を越えて三〇日(一カ月)以内のとき、その月は一割を減額する

(2) 温泉休止が九〇日(三カ月)を越えて六〇日(二カ月)以内のとき、その月は二割を減額する

(3) 温泉休止が九〇日(三カ月)を越えて九〇日(三カ月)以内のとき、その月は三割を減額する

(4) 温泉休止が九〇日(三カ月)を越えて九〇日以上のとき、その月から休止期間まで五割を減額する

2、その他の理由による減額及び既納の還付はしないものとする。但し天災地変等災害の場合は管理者が別に定める

(利用の停止)

第五条　温泉利用料の納付が期限内に納付されず納期限より三〇日(一カ月)以上滞納の場合は温泉の利用を停止するものとする。

（附　則）

この条例は公布の日から施行し昭和四〇年一〇月一日より適用する。但し昭和四〇年五月二五日付区議会議決の利用料金（第二次内湯配湯実施に伴う暫定料金）は昭和四〇年度に限り有効とする。

別表第一

1　区有泉

区　分	1日配湯量	1カ月利用料
一般旅館	48石	24,000円
施　設	48石	24,000円

2　私有泉

区　分	配湯量	1カ月利用料
西村六左エ門	1時間7石（1日168石）	35,000円
片岡真一	1時間7石（〃）	35,000円
日生下塡一	1時間4石（1日96石）	20,000円
西村四郎	1時間3石（1日72石）	15,000円

3　計器使用料

流量計　1カ月　500円

（別表第二削除）

事例研究　2
大鰐温泉（青森県）の集中管理

一　大鰐温泉における集中管理の経緯

大鰐温泉は古く藩政時代から引湯利用されてきた、と言われる。その泉源は、町を貫流する平川の水量と深く関係しており、河川敷地内にも源泉があり、また河底を掘り下げると源泉の涸渇をきたすことが知られていた。

大鰐町は、温泉開発のために行なわれた専門家の地質調査に依拠し、源泉を掘さくして利用温泉量を増加させて「一大温泉場を実現」することを企画し、昭和三八年（一九六三年）に「温泉開発要綱」を作り、もし町が行なう源泉掘さくにより既存源泉に損害を及ぼしたときは減量分にその一割を加えた量の温泉を町営温泉から「永久無償配湯する」ことを基本として、泉温その他の細目を定め、その旨を記載した「無償配湯証券」を「各源泉所有者及び権利者に交付する」ことを約し、これに基き全権利者の同意を得て掘さくに着手した。

ところが、予想されたとおり、既存源泉は涸渇するに至ったので、昭和四一年（一九六六年）、町は「大鰐温泉事業条例」を制定し、温泉利用権者を五つの地域ブロックに分け、各ブロックごとに温泉を集中して「タコ足方式」で配湯することにしたが、多くの権利者に保証量の配湯をすることができないので、紛議を生ずるに至った。そのころ、

「水道方式」(循環式)で集中配湯すれば湯量は十分であるとして、町にその実行を勧める者があり、昭和四四年(一九六九年)七月、町はそれを実施するに至った。しかし、その実施にあたり町は権利者の意見を聞くことなく、また工事に際し権利者の反対があったにかかわらず工事を敢行して、同年一二月工事を完了した。

水道方式による集中管理は、主として二つの事情により、権利者との間で紛争を生じた。その一つは、町は「永久無償配湯」を約したにかかわらず、水を混入し温度の下った温泉を配湯したり、配湯量を一方的に減らし、また種々の名目で対価ないし費用を徴収しようとし、もしそれを支払わないなら配湯を差止めると主張するに至ったことであり、もう一つは、医療効果が全く異る温泉(「冷之湯」(ひえのゆ)と呼ばれる特殊の温泉がある)を混合して配湯したので、それぞれ特殊の医療効果があるとして古くから訪れてきた浴客(湯治客)にとっては、無意味のものとなるから、本来の泉質の温泉を配湯せよという強い要求が町に対し提出されるに至ったことであった。

左に掲げるのは、そのような紛争に際し、昭和四五年(一九七〇年)、大鰐温泉利用協同組合の依頼により私が行なった調査研究の報告書である(今回、若干の表現を訂正した。なお大鰐の温泉開発要綱・温泉事業条例・同施行規則および温泉受給権利証の内容は、資料として末尾に掲げておいた)。

二　温泉引湯権および温泉熱利用権の法律上の性質

1　温泉引湯権

大鰐における従来の温泉引湯権(ただし、引湯権者の同意を得てさらにその者から分湯して配給を受ける者の権利

――「分湯権」――を除く）（以下、「引湯権」という）は、一種の物権であり、しかも所有権に類似する物権である。

その理由は次のとおりである。すなわち、(イ)引湯権は、引湯権者が何びとかの許可ないし同意を得て温泉を利用する権利ではなく、自ら固有の権利として――大鰐町温泉事業条例（以下、「条例」という）第三条はこの権利者を「既存温泉の所有者」と呼び、また同第一条はこれを「既得権」と呼んでいる――、自らの行為のみによって――すなわち、温泉を「直接に」支配して――引湯してきていること、(ロ)引湯権者が町の掘さくによって受けた損害の賠償の方法として町から引湯権者に交付された「温泉受給権利証」（以下、「権利証」という）ならびに「条例」第七条には、引湯権に代わる権利たる「補償供給を受ける権利」（以下、「補償受給権」と略称する）の譲渡可能性を認めているが、一般に温泉地においても債権的引湯権には譲渡可能性を承認していないこと（大鰐においても、債権的引湯権には譲渡可能性がない。この点については、町と普通受給者（条例第三条第二号参照）との「契約書」の文言が明確に規定している）、(ハ)町営の温泉開発管理事業の基本構想を定めた――そうして、その事業の実行について町と個々の引湯権者および温泉熱利用権者との間の協定の基本的前提となった――「温泉開発要綱」（以下、「要綱」という）には、町の源泉開発により既存の源泉権者および引湯権者の湯量に不足を来たした場合にその不足分に一定量を加えた温泉を「永久無償配湯する」旨を定めていること、(ニ)「要綱」は源泉権と温泉引湯権とを同一範疇に入れて規定していること、以上の事実は、引湯権が物権――しかも所有権に類似する物権――であることを示している。というのは、一般に、債権的温泉利用権が「永久」である例はどこにも見られず、しかも「永久」存続を認められる権利であるということは、物権的温泉利用権の中でも特に「所有権」的性質をもつものの特性なのであるから、大鰐における引湯権が源泉権と同様の「温泉所有権」であり、したがって同一の湯口に対する複数の引湯権は温泉権の準共有にほかならないことは、明らかであるからである。

2　地熱利用権

温泉熱を利用する味噌醤油醸造業者およびモヤシ生造業者の権利も、一種の物権と認められる。その理由は、(イ)それらの者は、そのような温泉利用を多年にわたる慣習によって承認されてきているということ、(ロ)しかも、その利用は何びとかの同意ないし行為を得て行なわれているのではなく、自分の行為だけで――すなわち直接に――一定の場所(土地)において温泉を利用してきているのであること、(ハ)その利用には何らの期限がなく、永久(無期限)利用が可能なものとして承認(慣習上)されてきていること、にある。

3　これらの権利の法律関係

(イ)　引湯権および温泉熱利用権(以下、「温泉利用権」という)は、右のとおり一種の物権なのであるから、一般の物権と同様に、その権利者の承認なしに侵害された場合には、その権利者はその妨害の主体に対して、妨害行為の停止、妨害状態の除去を請求し得、また妨害を生ぜしめた者に故意または過失があったときは損害賠償を請求し得、また、妨害を生ずるおそれがある場合には、妨害の予防に必要な行為を請求し得る、と解すべきは当然である。

(ロ)　温泉利用権は私法上の財産権であるから、町条例をもってしても、権利者の同意なしにはこれを侵害することは許されない(憲法第二九条参照)。

(ハ)　温泉利用権は自らの行為のみによって――すなわち、「直接に」――温泉を支配する物権であるから、温泉利用権利者は、源泉ないし源泉地の管理者や所有者に対し、また管理者ないし所有者が変更した場合には、新管理者ないし新所有者に対し、温泉利用権を主張し得る。ただし、温泉利用権の存在を第三者に明認せしむべき方法(いわゆる「明認方法」)をそなえていることを要する(大審院昭和一五年九月一八日第三民事部判決『民集』一九巻一六一一頁参照)。そうして、温泉権の明認方法は、温泉に対する現実支配の事実が存在することであり、実際には、一定の利用施設(たとえば、揚湯施設・配管施設等)が存在すること、である(山形地方裁判所昭和四三年一一月二五日判決『下民集』一九巻一一・一二号七三二頁、本書「物権的温泉利用権とその「明認方法」」五参照)。

三 「温泉受給権利証」の法律上の性質

1 「温泉受給権利証」の内容とその成立要件

温泉受給権利証(以下、「権利証」という)は、前述したように、物権たる温泉利用権が町の源泉開発によって侵害された場合(湧出量の減少、或いは湧出の停止等)に、その侵害分を補償すること(「要綱」はこれを「保証配湯」と呼び、「条例」はこれを「補償供給」と呼んでいる)を内容とするものである。「要綱」は、「保証配湯」が契約に基いて交付される旨を定めているが、それは、私法上の財産権たる引湯権をその権利者の同意なしに侵害する権利を町条例をもってしても町に与えることは許されないから、町は引湯権者との「契約」で——すなわち、引湯権者の同意を得て——はじめて、保証配湯と引きかえに引湯権を侵害する権利を取得する、という意味に理解されなければならない。「条例」第三条が、補償供給は「権利者が承諾したもの」だという文言を用いているのも、同様の趣旨と解される。

は物権であるか、債権であるか。

2 「温泉受給権利証」に表象される権利の性質

「権利証」に表象される権利――すなわち、「補償、受給権」――の性質は何であろうか。具体的に言うなら、それは物権であるか、債権であるか。

結論を先に言うならば、それは物権である。その理由は次のとおりである。

この権利は、温泉権利者が「要綱」ないし「条例」の約束する諸条件に同意することによって発生したものであり、町の源泉開発によって侵害された温泉利用権に代わるものである。それゆえ、この権利は、「要綱」により「永久無償」の権利と定められ、また「条例」により無償(第二一条・第二二条二号)且つ無期限(すなわち永久)のものと定められているのである。また、この権利は、譲渡することができる。権利証の裏面には単に「この権利証は、譲渡することができる。ただし、この場合は大鰐町温泉事業条例に定める手続をとらねばならない」と書かれており、権利の譲渡性が明示されるだけで、町の認可については一言も触れられていない(権利者は一般に、この権利証の文言によって権利証の内容を考えるのを常とし、「条例」を熟読しないことを考え合せるべきである)。しかるに「条例」には、「この湧出量及び引湯の可能性等を検討の上、支障がないと認めたときは承認(譲渡を)する」というのである(第八条)と規定されており、この規定を見るかぎり、補償受給権の譲渡は町長の承認を要件とするとの印象を与える。しかし、そう解釈することは許されないと考える。その理由は次のとおりである。

第一に、右の規定は、明らかに、すべての受給権に関するものではない。右の規定は、町長が承認を与えるための要件として「湧出量および引湯の可能性等を検討の上、支障がないと認める」ということを定めているが、補償配給についでは湧出量の如何を考慮する余地はないのである。たとえば、この規定は、町営の源泉で町が入手し得る温泉の量が減少した場合には受給権の内容がそれに応じて減少する、ということを前提するのでなければ意味をなさぬものであることは明らかであるが、「補償配給」は、「〔町営の集中管理のための源泉掘さくが開始される以前に〕既に町内に源泉を有し又は利用権を行使していた既得権利者に……、〔町営掘さくにより影響を受けたことに対する〕補償として受渡受給権利者〔補償受給者たる既得権利者〕が従来保有し又は利用権を行使していた温泉量に相当する源泉〔の……〕受給を受ける権利を有するものであることを確認」〔温泉受給権利証の表面に印刷記載されている文言〕して与えられたものであるから、補償受給権については右のようなことを町が「確認した上で」その譲渡を承認するかしないかを決める、という余地はないのである。町が利用できる温泉の量が不可抗力によって減少した場合には、町はその減少による不足分を、まず、普通受給権者への配給を減らすことによって処理すべきであって、温泉の一定量の配湯を「保証」した補償受給者への配給を減らすという措置は、普通配給全部を犠牲にしてもなお足りないときにはじめてなし得るのだからである。また、仮りにそのような事態が起ったとしたら、それは不可抗力による源泉涸渇に因るものであるから、その場合には、補償配給の不足分をそれぞれの保証量の割合で補償受給者の全員に比例配分して、補償配給の量を減らすべき——且つ、減らすことができる——ことになるが、そのような量の減少は、言わばすべての源泉権(温泉所有権)に本来的に内在するものであって、それを理由として補償受給権の譲渡を承認するとか、承認しないとかを論ずる余地は全くないのである。

要するに、権利証に表象されている権利は、単なる債権ではなくて、町営温泉開発によって侵害される以前の権利(一種の温泉所有権)が型態を変えて町営の源泉に対する物権的利用権となったものと認めなければならないのである。このことはさらに次の事情を合わせ考えるならば、一そう明瞭である。源泉に対する直接支配を内容とする物権的温泉権は、本来、源泉の深掘および強力な動力揚湯をおこなって従前よりも多くの温泉を入手・利用し得る権能を含むのであるのに、町による源泉の開発・管理は、原則的に、本件町営事業開発時における実際の利用量を規準として、源泉権者の権利としての利用量を固定し、右のごとき利用量増加権能を奪って既存の温泉利用権者に永久に犠牲を強いる結果となっているのである。したがって、もしこの町営事業が既存権利者に単なる債権的権利しか与えないものとすれば、それは余りにも大きな犠牲を要求することになるのであり、「既得権を保護することを目的とする」という「条例」の大原則(条例第一条参照)に矛盾することになろう。それゆえ、権利証の表象する権利を単なる債権と解することは、「要綱」および「条例」の解釈として、法律および意思表示の解釈に関する根本原則に反すると言わねばならない。

四　「町営温泉開発事業」への温泉利用権者の同意

前述したように、大鰐における温泉利用権は一種の物権であり、町が源泉を掘さくすることにより既存の源泉を涸渇もしくは減量させることは温泉利用権の侵害となる。したがって、町が源泉掘さくによって源泉を開発するという事業を遂行するには、それによって損害を受ける温泉利用権者の同意を得ることを要する。そこで、大鰐町においてこの同意が得られたかどうか、が問題となる。

昭和三五年に、既存源泉に影響がないと推定されていた・離れた地区で町が遂行した源泉掘さくが、成功の見込みのないものであることが判明したので、町は、既存源泉に影響のあることが確実と見られる地区で源泉を開発する方針を決定し、大鰐温泉保護組合(以下、「保護組合」という)と懇談した結果、保護組合は昭和三六年八月に臨時総会を開いてこの問題を討議し、多数決をもって、町の源泉開発に賛成し協力することを決定した。問題となるのは、この決議によって、町の源泉開発――それによる既存源泉の侵害――についての温泉利用権者の同意が法律上有効に与えられたことになるか、ということである。

結論を先に言うならば、その答は否である。その理由は次のとおりである。保護組合は、「……温泉の保護改善に努め……地方発展に資するを以て目的とする」(保護組合規約第四条)団体であり、この目的を達成するために保護組合が行なうべきものとされている諸種の事業(規約第五条)の中で温泉利用権の管理処分に関係がありそうに見えるものとしては、「既設浴場使用維持のため〔、〕乱掘乱用による温泉湧出量の減少及び流失の防止」(第五条第二号)があるだけである。すなわち、組合員の有する温泉利用権を管理処分することは同組合の目的の範囲外の行為であり、またその目的を達成するために行なうべき事業としても、「温泉湧出量の減少及び流失の防止」という文言からもうかがわれるように、新規掘さくを防止して既存源泉を維持することに協力することが認められているにすぎず、組合員に代ってその温泉利用権を処分することまでもなし得るものとすることは全く予想されていないことは明らかである。したがって、町の新規掘さくによる既存源泉利用権侵害に同意することは、本来、同組合の多数決をもって決定し得べき事項ではないのであり(民法第四三条)、それゆえまた、前記の昭和三六年八月の臨時総会の決議によっては、町の源泉掘さくによる既存利用権の侵害(既存源泉の涸渇もしくは減量)についての既存利用権者の同意は、有効に成立しえない、と言わねばならないのである。

しかし、その後に、町が温泉利用権侵害に対し「保証配湯」ないし「補償供給」の損害賠償をする旨の「念書」ないし「権利証」という文書を、受領することに、温泉利用権者が同意した、という事実がある。この場合には、それらの文書を受領することに同意した利用権者は、そのような形式での損害賠償を受けることに同意することによって、同時に、町の源泉開発により自分の温泉利用権が侵害されることに同意したものと解せらるべきである。しかし、未だそれらの文書を受領していない者、受領することを拒否している者は、そのような同意を与えていないのであるから、それらの者は町に対し、物権たる温泉利用権の妨害ないし侵害を理由として掘さくの停止、揚湯ないし引用のための施設の除去等を請求し得、また損害賠償をも請求し得ることは、言うまでもない。

五 補償供給の法律関係

町は、「要綱」ならびに「条例」によって、源泉管理者として、源泉より引湯利用してきた引湯権者に、一定の引湯利用をさせる義務を負う。その内容について特に問題となる点を論ずると、次のとおりである。

1 補償供給温泉の量

補償供給温泉の量は、基本的には「要綱」によって定められ、さらに各引湯権者について具体的に定められており、それに基いて「権利証」に表示されている。その量は、受給権利者の物権的支配の内容として確定しているものであり、その量を実際に必要とするかどうかということは、権利義務の内容とは関係がない。「実際に必要とする以上の量に対しては受給権利を有しない」との説をなす者があるとのことであるが、それは全く根拠のない暴論である。物権のみならず債権であっても、一定量の温泉の利用権は、実際にそれだけの量を必要とすると否とにかかわらず、その一定量を引湯利用する権利なのであって、このことは法律上自明の原則である。もし町が、実際に必要でないという理由で「権利証」に表示されている量の供給を怠る場合には、権利者はその一定量の供給を請求することができ（必要がある場合には、裁判所に仮処分を求めることができる）、また損害賠償を請求することができる。また、町がこの一定量の供給をしないで、それによって生じた余剰湯を他に売った場合には、横領および背任の犯罪に該当し、刑事上の責任を免れ得ないであろう。

なお、不可抗力によって（人為的にでなく）町有源泉の湧出量が補償供給分に不足するに至った場合の、普通受給者および保証受給者の権利については、前述した。

2　補償供給温泉の温度

前段に述べたところと同様に解すべきである（「条例」第六条参照）。

3　補償供給温泉の質（成分・効用）

町が、補償供給として、受給権者が町営開発事業以前に利用していたのと異る成分・効用をもつ温泉を供給することは、補償供給義務の履行であるか。

思うに、「要綱」による町営開発事業への同意は、既存源泉に近い場所での町営掘さくによって涸渇・減量した源泉について補償を受けることを前提とするものであり、したがって、補償供給される温泉は、成分ないし効用を同じくする近隣の源泉から供給されるということは、両当事者（町と個々の利用権者）において前提されていたものと言うべきである。したがって、町が、従前と成分・効用を同じくする温泉を補償供給することが可能であるにもかかわらず、それをしないで、成分・効用を異にする温泉ないし水を混合して供給することは、当初に当事者が契約した際に前提していたところに反するのであり、受給権者がそのような温泉の供給にも同意していたのだと解することは、法律行為解釈の根本原則に反する。ただし、当事者が補償供給温泉の成分・効用について何らの利益を有せず単に泉温についてのみ利益を有するにすぎない場合には、異る成分・効用の温泉を混合して供給しても、補償供給義務の違反とはならないと解してよいであろう。

六　いわゆる協力費

補償供給を受ける権利者(「受給権利者」)は、補償供給を受けることについて、いわゆる協力費を支払う義務を負うか。

補償供給は、本来は、利用権者が何びとにも対価を支払わないで利用してきた温泉の代替物として、町がおこなう温泉供給なのであるから、補償供給は無償であるのは当然であり、また補償供給施設の維持管理料も、もし町営の源泉開発がなかったとしたら温泉利用権者は支出する必要がなかったはずのものであるから、これまた補償供給についで問題とならないのは当然である。「要綱」が「保証配湯」(「条例」にいわゆる補償供給に該当することは、言うまでもない)を「永久無償」と定めたのは(前述)、そのゆえであり、また「条例」も、「受給権者に対する補償供給分については使用料は徴収しない」と規定し(第二一条但書)、また「受給権者の増量分」についてのみ維持管理料を規定しその補償供給分については何ら規定していないのも(第二三条二号参照)、右の趣旨によるのである。それゆえ、町は権利としては、受給権者から使用料・維持管理料を徴収し得ないことは明白である。

しかし、受給権者が特に同意して使用料または維持管理料を支払うことを約した場合には、町はこれを徴収することができるが、その場合においても、右のごとき「条例」の規定が存する以上、「使用料」とか「維持管理料」とかの名義をもっては徴収し得ず、特約に基く一種の寄附としてのみ、その請求をなし得るものと解しなければならない。いわゆる「協力費」は、「協定書」という形式で受給権者が同意したことに基く私法上の寄附債務である。なお、受給権利者がそのような「寄附」に応ずるか否かは、全く私的自治・契約自由の問題であり、受給権者はこのような寄附の契約に同意しなければならぬ義務——反面から言うなら、町がこのような寄附を要求する権利——は存在しない。「協力費」という異る名称を使いさえすれば「永久無償」の約束に反しないなどという議論は、子供だましの詐術である。

〔あとがき——町と温泉権者との間の紛争は訴訟になり、青森地方裁判所に係属中である。〕

(『大鰐町温泉集中管理調査報告書』一九七〇年)

〔資　料〕

大鰐町温泉事業条例

昭和四十一年十月三十一日　条例第二十八号
改正　昭和四十二年十月二日　条例第三十号
昭和四十二年十二月二十五日　条例三十九号

第一章　総　則

（目　的）

第一条　この条例は温泉法（昭和二十三年法律第百二十五号）にもとづき大鰐町の温泉の適正を図り、公共の福祉増進に寄与するとともに既得権を保護することを目的とする。

（供給区域）

第二条　大鰐町営温泉の供給区域は大鰐町大字大鰐及び大字蔵館とする。
ただし町長が必要と認めたときは、区域を指定して右以外の区域に供給することができる。

（供給種別）

第三条　温泉の供給は次の二種とする。

一、補償供給　町が温泉掘さくした結果、影響を与えた既存温泉の所有者（以下「受給権利者」という）に対して掘さく前、県に於て調査した資料にもとづき、権利者が承諾したものであって、かつ町議会で議決した湯量を供給するものをいう。

二、普通供給　補償供給以外のもの(以下「普通受給者」という)に供給するものをいう。

(使用区分)

第四条　温泉使用の区分は次のとおりとする。

一、営業用　旅館及び簡易宿泊所並に熱源利用業に於て営業の用に供するものをいう。

二、家庭用　普通自家の入浴及び家事の用に供するものをいう。

三、公共用　公共の用に供するものをいう。

第五条　第三条及び第四条の種別及び区分は町長が認定する。

(権利証及び契約)

第六条　受給権利者には権利証を交付し、普通受給者とは契約を締結するものとする。

(受給権の譲渡)

第七条　受給権利者の権利は、これを譲渡することが出来る。

2、権利を譲渡しようとするときは、必要事項を記載した報告書及び関係書類を町長に提出し、その承諾を受けるものとする。

3、権利の譲渡を受けたものは、第十三条の規定により、あらたに申請書を提出しなければならない。この場合承認されたものの取扱いについては、受給権利者に準ずるものとする。

(承　認)

第八条　町長は前条の報告及び申請者の提出があったとき、温泉運営委員会（以下「委員会」という）に諮り湧出量及び引湯の可能性等を検討の上、支障がないと認めたときは承認す〔る〕ものとする。この場合町長は受給にかかわる料金等の未納があるときは完納させなければならない。

（保有温度）

第九条　補償供給は定量供給、普通供給は定量又は従量供給とし、着湯温度はC五五度以上を保有するものとする。ただし、天災地変等により源泉に影響を受け、温度の確保が不能となったときはこの限りでない。

（温泉の開発）

第十条　町長は温泉増量確保のため、あらたに掘さくする場合は場所等について委員会に諮って決定する。

第二章　供給及受給

（装置区分）

第十一条　この条例において供給装置とは、揚湯施設、本管、分湯槽及びこれに附属する器具を以て構成する設備をいい、受給装置とは分湯槽及び本管以降の配管とこれに附属する器具を以て構成する設備をいう。

（供　給）

第十二条　温泉の供給は昼夜不断とする。ただし、天災地変、停電供給装置の破損及びその他避けることが出来ない事故が発生したとき、又は公益上必要があると認めたときは一時温泉の供給を停止し、あるいは供給量、供給時間を制限することが出来る。

2、前項ただし書きの場合町は維持管理料の減額又は損害賠償の責を負わない。

(受給の手続)

第十三条　温泉供給の区域内に居住するもので、あらたに供給を受けようとするもの及び受給権利者で更に増量を受けようとするものは、必要事項を記載した申請書を町長に提出しなければならない。

(許　可)

第十四条　前条の申請があったときは、温泉源の湧出量及び引湯の可能性等を検討の上、支障がないと認めたときは、委員会に諮り町発展に寄与するもの及び受給権利者を優先して町長が決定する。この場合あらたに供給を受けるものの湯量については、原則として一口を限度とし、一口の供給量は毎分四立とする。

(使用目的等の変更)

第十五条　受給者は、使用の目的、場所、数量及び用途並びに名義を変更しようとするときは、その旨を町長に届け出でなければならない。

第三章　費用の負担

(費用の負担)

第十六条　供給装置に要する費用は、町及び受給者の負担とし、受給装置に要する費用は、受給者の負担とする。ただし受給権利者の受給装置費用のうち、分湯槽から既存源泉までの装置費用一箇所分は町の負担とする。

(費用負担の免除)

第十七条　前条の供給費用のうち、受給権利者の補償供給分については、費用の負担を免除する。

（工事の施行）

第十八条　受給装置の工事は町が施工し、町の所有とする。

（工事費の範囲）

第十九条　町が施工する工事の費用は、次に掲げるものの合計額とする。

一、材料費

二、運搬費

三、労力費

四、道路復旧費

五、間接経費

（工事費の予納）

第二十条　施設工事の施工申込者は、設計により算出した工事概算額を予納するものとする。

2、前項の概算額は、工事完成後にこれを精算し、過不足があるときは、これを還付し又は追徴する。

第四章　料金等の徴収

（使用料及び料金等徴収）

第二十一条　使用料及び維持管理料並びに施設負担金を受給者から徴収する。ただし、受給権利者に対する補償供給分については、使用料は徴収しない。

（使用料）

第二十二条　使用料は、次のとおりとする。

一、受給権利者の増量分については、受給期間中の使用料として一口につき二十二万円。

二、受給権利者以外の新規受給量については、受給期間中の使用料として、一口につき四〇〇、〇〇〇円。

（維持管理料）

第二十三条　維持管理料は次のとおりとする。

一、普通受給者については供給量毎分一立あたり一箇月二五〇円。

二、受給権利者の増量分については供給量毎分一立あたり一箇月二五〇円。

（施設負担金）

第二十四条　供給装置施設負担金として、普通供給一口につき、一〇〇、〇〇〇円を供給者から徴収する。

（手数料）

第二十五条　手数料は、次の各号の区分により申請者から徴収する。

一、受給申請手数料　一件につき　五〇〇円

二、名儀〔ママ〕変更手数料　一件につき　二〇〇円

三、証明手数料　一件につき　一〇〇円

ただし、受給権利者の補償供給分については、第二号の手数料を徴収しない。

（料金等の納入期限）

第二十六条　使用料、維持管理料、施設負担金及び手数料等の納入期限は次のとおりとする。
一、使用料　　受給許可の日から一週間以内
二、維持管理料　翌月二十五日まで
三、施設負担金　受給許可の日から一週間以内
四、手数料　　申請のつど
五、工事費　　工事完成後一週間以内

（督促及び督促手数料）
第二十七条　使用料、維持管理料、施設負担金及びその他料金等を納入期限までに納入しない場合には、納入期限後二十日以内に督促状を発する。
2、督促状を発したときは、一通について二十円の督促手数料を徴収する。

第五章　供給量の測定及び検査

（測　定）
第二十八条　町長は、次のとおり供給量を測定するものとする。
一、定期測定　二月、五月、八月、十一月
二、臨時測定　必要と認めたとき

（検　査）

第二十九条　町長は、温泉の管理運営上必要があると認めたときは、受給装置を検査することができる。

第六章　雑　則

（違背処分）

第三十条　受給者で、次の各号の一に該当する行為をした者に対しては、町長の認定により一〇、〇〇〇円以下の過料又は一箇月以内の温泉の供給を停止若しくは供給廃止処分をすることができる。

一、この条例に規定する手続を怠り、又は虚偽の手続をしたとき

二、承認を得ないで温泉の受給権を他人に譲渡したとき

三、維持管理料を三ケ月以上滞納したとき

四、供給装置をみだりに操作し、又は計量器の機能を妨げたとき

五、前各号の外、この条例に違背したとき

（過料の徴収）

第三十一条　前条の過料は、違背者から徴収する。

（連帯責任）

第三十二条　受給者は、その家族及び雇人並びに同居人が、この条例に違背した行為に対しても、その責を免れることができない。

（規則への委任）

第三十三条　この条例の施行について必要な事項は別に町長が規則で定める。

附　則

この条例は、公布の日から施行し、昭和四十二年四月一日から適用する。

附　則(昭和四十二年条例第三十九条)

この条例は、公布の日から施行し、昭和四十二年四月一日から適用する。

大鰐町温泉事業条例施行規則

昭和四十二年七月十五日規則第四号
改正　昭和四十三年二月十三日規則第二号

（目　的）
第一条　この規則は、大鰐町温泉事業条例（昭和四十一年条例第二十八号。以下「条例」という）の施行について、必要事項を定めることを目的とする。
（権利証及び契約）
第二条　条例第六条の規定による受給権利者に交付しようとする権利証は第一号様式によるものとし、普通受給者と締結しようとする契約は、第二号様式によるものとする。
（受給権の譲渡）
第三条　条例第七条第二項の規定による権利を譲渡しようとするときは、第三号様式による報告書に権利証及び譲受人の戸籍抄本並びに住民抄本を添えて提出しなければならない。
（受給の手続）
第四条　条例第十三条の規定による申請書は、第四号様式によるものとし、次の各号に掲げる書類を添えて提出しなければならない。

一、温泉の利用に必要な土地を使用する権利を有することを証する書類
二、温泉利用の施設の平面図
三、工事施行により利害関係を有する土地又は家屋の所有者等の承諾書

（承認及び許可）

第五条　町長は、条例第八条及び第十四条の規定により、譲渡及び受給の諾否を決定したときは、その旨を書面で通知するものとする。

（受給の契約）

第六条　条例第十四条の規定により受給の許可をうけたものは、決定の日から二日以内に、条例第六条の規定による受給契約を締結しなければならない。この場合の契約は規則第二条に規定する様式によるものとする。

（維持料）

第七条　受給権利者の補償供給分に対する維持料は、大鰐町温泉利用協同組合との協定による額とする。

（昭和四三、規則二追加）

（届出書）

第八条　条例第十五条の規定による届け出で及び給湯条件の変更等の届け出では、次の表の上欄に掲げる場合について、それぞれ下欄に掲げる様式によって届け出でなければならない。

一、条例第十五条の規定による届け出で、第五号様式
二、温泉受給権利証の給湯条件の変更をしようとするとき、第六号様式
三、受給装置の使用を開始し、若しくは中止し又は廃止するとき、第七号様式

（昭和四三規則二旧第七条くり下げ）

（工事の申込）

第九条　受給装置工事の申込みは、第八号様式による申込書に受給箇所を明示した建物配置図を添えて申込みをしなければならない。

（昭四三規則二旧第八条くり下げ）

（日割計算）

第十条　温泉の受給を月の中途で開始し又は中止し、若しくは廃止したときの維持管理料の日割計算は、月額の三十分の一の額に当該月の使用した日数を乗じて得た額とする。

（昭四三規則二旧第九条くり下げ）

（証　票）

第十一条　第二条例十九条の規定による受給装置の検査員証票は、第九号様式によるものとする。

（昭四三規則二旧十条くり下げ）

（供給台帳等）

第十二条　町長は、給湯条件及び維推〔持〕管理料等の徴収の適正を保持するため、次の各号に掲げる台帳及び徴収簿を当該各号に定める様式により備えるものとする。

一、源泉台帳　　第十号様式

二、供給台帳　　第十一号様式

三、工事費徴収簿　　第十二号様式

四、使用料徴収簿　　　第十三号様式

五、維持管理料徴収簿　第十四号様式

六、施設負担金徴収簿　第十五号様式

（昭四三規則二旧十一条くり下げ）

附　則

この規則は、公布の日から施行する。

附　則（昭四三年規則第二号）

この規則は公布の日から施行し、昭和四十二年四月一日から適用する。

第1号様式

温泉受給権利証

第　　　号

受給権利者の住所、氏名

受給の条件

1　場　所　　大鰐町大字　　字　　番地　　号

2　量および温度　毎分　　立55°C以上（着湯温度　　°C）

3　使用区分

4　温泉利用目的

上記の受給権利者は、昭和38年大鰐町が町営温泉事業として、町内に温泉試掘を開始する以前に、既に町内に源泉を所有し又は利用権を行使していた既得権利者であって、町が温泉掘さくした結果影響を受けたためその補償として当該受給権利者が従来保有し又は利用権を行使していた温泉量に相当する温泉を上記条件により受給を受ける権利を有するものであることを確認する。

尚この権利証による権利の概要は、裏面記載のとおりである。

昭和　　年　　月　　日

大鰐町長

（裏　面）

1. この権利証は、大鰐町温泉事業の存続する限り有効である。
2. この権利証は、譲渡することができる。ただし、この場合は大鰐町温泉事業条例に定める手続をとらなければならない。
3. 譲渡又は相続により、この権利証の名儀を変更するとき及び受給条件に異動が生じたときは、町長に届け出るとともに本証を提出し、書かえ又は訂正を受けなければならない。
4. 受給権利者は、大鰐町温泉事業条例の規定を遵守しなければならない。
5. 特別に町及び権利者間で取り決めた事項

権利証の異動

譲渡承認年月日	譲渡人氏名印	譲受人氏名印	町長氏名印	備考

温泉開発要綱

一、組織体をどうするか。

「町営」とする。

理　由

温泉開発の目的は、温泉を何らの不安もなく、高度に利用し大鰐町の繁栄を図るものであることは勿論でありますが、それは温泉の維持管理がしっかりしていなければ運営が出来ません。この維持管理をするには一つの組織体が必要となります。

組織体としては中小企業協同組合法に基く事業協同組合、株式会社、協会式のもの、町営等の方法が考えられるが組合或は、協会等の場合は企業としての採算性の問題、加入、脱退の任意性運営機構の人的問題、税金問題等、特に人の和を基として成立しなければならない等諸種懸念される点があります。

このような観点から強力な維持管理が出来、対外的な面でも責任ある運営が可能で、しかも資金面でも比較的弾力性のある「町営」が大鰐温泉開発の組織であるべきだと思います。

二、運営機関はどうなるか。

「温泉運営委員会」仮称を設ける。

町営であれば勿論運営は町条例で定められ其れに基く訳ですが、例えば配湯の方法使用料の問題等が細かに

定められます。〔条例制定には、開発に至る基本要綱が洩れなく記される〕

しかして温泉は、その地域住民の福利増進のために存在する……という考え方からより以上に源泉権利者の意志を反映させられるために源泉権利者や学識経験者及び大鰐町代表者とからなる温泉運営委員会(仮称)を設けて町の付属機関として適正運営を図ることにする。従って町は温泉運営条例内の常務的なものの外新規温泉供給、其の他重要事項については必ずこの委員会に諮問し、町自体で一方的な運営が出来ないようにする。

三、温泉開発に当っての問題点をどうするか。

温泉開発の意議〔義〕と問題点解決の根本理念

大鰐町の各泉源の湧出状況を概観すると、その総湧出量は決して多いものではなく今後一層多量の開発をなし得る可能性はある。

而して開発の位置は、調査亀《〔ママ〕》線上に選ぶべきであって泉源井の規模と構造とによっては多少の相違はあるが二、三井を以って或は一井にして其の目的を達するであろう(昭和三十三年、大鰐温泉調査報告書　酒井先生)要約してこの実現が当町に於ける温泉開発の意義であり、この成功の暁に於ては残存温泉の統合を順次に実施し、一大理想温泉郷を実現せんとするものであります。然して温泉開発実施に当っては現源泉所有者及び熱源利用権利者に一人の不利益者又は犠牲者を出さぬよう、皆んながより良くなるという大原則に立つべきことは勿論であるが、いたずらなる大理想にのみ捉われ町の財政を破局に誘わないよう大鰐町関係業者相互の理解と協力により、大鰐町百年の大計とも思われる本件の解決を計るべきものと思う。

1、源泉所有者及びその権利者はどうなるか。

イ、わきつぼはその儘である。
ロ、不足を来した湯量に対しては其の不足を来した湯量に対し一割を加量し之を大鰐温泉の存続する限りに於て永久無償配湯する。
ハ、直結動力使用権利者はどうなのか。
動力の最高能力書に於ける湧出量をその儘わきつぼの常時湧出量と見做すことは、諸種疑問があるので源泉所有者と促進委員会（開発見通し後に出来る）との話合の上、適当量を定め之を「ロ」の場合と同様永久無償配湯する。
ニ、分湯権利者について。
分湯権利者は、促進委員会と業者との話合によりその分湯量及び料金を決める。
ホ、源泉及び熱源利用施設者はどうなるか。
丸七味噌醤油会社及び之に類以〔似〕の施設者には促進委員会と協議の上その補償程度を決める。
ヘ、モヤシ生産者はどうなるか。
モヤシ生産者に対しては補償する。

熱量を保有せしめるか、配湯補償か、生産補償か（職業温泉管理人にする等の）或いは之等のかみ合せにより促進委員会に於て業者との協議で決定する。
四、源泉の算出基準について。
新たに調査した湧出量を基礎に、過去に於て薬務課で調査してあるものを参考にして決める。温度は五十度を基準に五度増減する毎に一割を増減する。検温は浴槽の落し口とする。（水を割らないもの）

五、保証配湯量と温度について。

1の「ロ」に記載した源泉の不足を来した分量とわきつぼに於ける残量分量とを加算し之を永久無償配湯量とする。この無償配湯証券を各源泉所有者及び権利者に交付する(保証配湯の契約締結に基いて)本証券「契約」は公証契約登記又は登録をするものとする。(法律的な検討を要す)

例　湧出量8升　減量5升　残量3升　温度70度及び45度の場合の保証配湯量

解　70度の場合

〔5升＋5合×{(70度－50度)÷5}〕×$\frac{11}{10}$＝7升7合……温度50度の保証配湯量

{これに残量3升(温度70度)加算した10升7合が自己の持分となる}

45度の場合

〔5升－5合×{(45－50)÷5}〕×$\frac{11}{10}$＝4升9合5勺

{これに残量の3升を加えた7升9合5勺が自己の持分となる}

尚実施に当っての配湯量算出基準の合以下の切捨、切上等の細部については後で決める。

六、其の他の問題点をどうするか。

1、浴槽改装資金等について

温泉開発は本来温泉業者自体の繁栄を図るために自らの力によってなすべきものであるとも考えられるが、大鰐温泉業者の実状は、これを許さないものがあるようにも考えられるので自己資金で浴槽の改装をなし得ない希望者には大鰐町の斡旋により金融機関より融資を受けるよう努力する。

2、温泉開発実施に当っての営業損失(あるとすれば)について

「営業に支障を来さないよう措置について万全を期す」

温泉開発実施に当っての事業行程としてはボーリングの実施と共に基本管の配管を終り例えばボーリング個所に於いて湯の噴出を見た場合に於いても噴口にキャップして噴出を圧える方法を採り例えば業者のわきつぼに一時的に減量を来したとしても、直ちに復元の方法を採り万全を期するものとする。

3、余剰湯の配湯順位

1、現源泉所有者及び熱源利用施設者

2、町営による公共施設

3、運営委員会に於いて適当と認めたる者

解　題

Ⅰ　基礎理論

温泉法学への序説

本稿は、川島武宜・潮見俊隆・渡辺洋三の共同編著による『温泉権の研究』(一九六四年勁草書房)の第一章として同書で発表したものである。一九五五年以来、私は財団法人日本温泉協会の安斎秀夫事務局長に依頼されて同協会の学術部委員となり、温泉に関する法学的研究を担当し、いくつかの研究プロジェクトを企画し、全国の多くの学者——主として私法学者——の協力を得て温泉権に関する「各地方ノ慣習」(民法第二六三条・第二九四条参照)の調査研究を行なってきた。同書は、その時点でのそれらの調査研究の結果をまとめて編集したものであるが、本稿はそれらのプロジェクトのための作業仮説であったもの、ないし、それらのプロジェクトによる調査結果をふまえて構成した作業仮説とを、まとめたものである。

従来、わが国では「温泉に対する権利」についてはまだ基礎的な作業概念すら組織的・計画的には試みられていなかったのであり、本稿で私が試みてみたものは、当時の時点での私の“trial and error”的思考の所産である。温泉権の研究計画はその後順調に進行し、それによって温泉の法学的研究に従事する学者は全国的に見られるようになり、また研究の内容も充実するに至った。その意味で同書はわが国における温泉法学研究の一つの一里塚となったと思われる。全く未開拓の研究分野においてそのような研究を促進して下さった日本温泉協会に対し、この機会に謝意を表したい。

温泉権に関する基礎的諸問題

本稿は、川島ほか編著『温泉権の研究』（一九六四年勁草書房）の刊行より四年たった後に私の編集で刊行された『注釈民法(7)』（一九六八年有斐閣）の中の「後注㈢温泉権」の一部として書かれたもので、著作集に収録するにあたり、右の表題を付することとしたものである。

温泉権をめぐる法律関係は旧来の伝統的な社会秩序の中に織りこまれている場合が多かったのであるが、戦後は温泉をめぐる社会的経済的諸条件の変化がはげしく、伝統的な社会秩序の枠の外部との関係で温泉権にかかわる紛争が多発し、特に日本経済の成長と共にその傾向は一そう加速されて、温泉権をめぐる訴訟事件はますます多くなり、それに伴い裁判所の判決およびそれを機会とする学者の論述も増加し、温泉権をめぐる法律学は著しく進歩した。本稿は、そのような事情を踏まえ、執筆時点までの私の調査研究の結果をまとめたものである。ちなみに、本稿の初校を終えた段階で、温泉権取引の対抗要件にかかわる注目すべき判決があらわれたのであったが、書き改めることができなかったのは遺憾であった。「物権的温泉利用権の設定とその『明認方法』」は、その判決を中心として論じたものであるので、参照されたい。

II　旧慣温泉権

近代法の体系と旧慣による温泉権

本稿は、温泉権——特に旧慣による温泉権——というものに私が興味をもつようになったきっかけとなった論文であって、私にとっては思い出の深いものである。

温泉権というものについては従来ほとんど研究がなかった。それにはそれだけの理由があったのであるが、私が温泉権というものに興味をもつようになったのは、一つには、かねてから私が慣習法ないし「生ける法」の法社会学的側面に興味をもっていたこと、もう一つには、特に社会の中の「慣習上の事実の法的構成」という法律学的な作業に興味をもっていたこと、という二つの事情によるのである。そのような興味から、私はかねてから入会権の研究に興味をもっていたところ、たまたま私が訪れたいくつかの温泉地には古来「共同湯」と呼ばれるものがあり、地元部落住民が共同入浴権——文字どおり、浴場に「入りあう」権利——を有してきたという事実に接し、また城崎の旧慣温泉権というものが入会権と深くかかわっており——すなわち、「部落」(明治以来の裁判所判決の用語としての)という地域住民共同体というものと深くかかわった権利であり——、種々の点で旧慣上の温泉権と入会権との間には深いかかわりがあるのではないか、ということを仮説的に考えるに至ったのである。そこで、まず手はじめに、判決例に現われたところを中心として研究を試みたのが本稿なのであって、最初、『法学協会雑誌』七六巻四号(一九六〇年)に発表したものである。したがって、当初は温泉権そのものについて研究を進める意図はなく、本稿はいわば私の入会権五年)、著作集に収録するにあたり、これを全面的に加筆訂正したのである。

研究の副産物のつもりであった。のち、本稿に加筆したものが同一の題名で日本温泉協会から刊行されたが(一九六

本稿執筆当時、私は、明治以来の社会的・経済的変化に対応して入会権の古典的型態——当時までのすべての民法教科書において入会権一般の特質として描かれていたもの——は広汎に変化してきたという事実——私はそれを「解体」と名づけていた——を発見しておどろき、強く印象づけられていたので、旧慣温泉権も同様の変化——地域共同体所有という古典的型態の解体——をとげてきたであろうという仮説のもとに、城崎の旧慣温泉権に関する判決を仔細に検討したのであったが、まさに旧慣温泉権の解体の有無が争点となったその事件において、神戸地裁豊岡支部判決は「解体」を肯定したのであった。したがって、この判決の結論は、一応私の理論的仮説を実証したことになるはずであったが、当事者の主張のみならず判決理由すらも、私には「解体」消滅を認定するに足る根拠を示しているとは思われなかったのである。その意味では、私の安易な「解体」仮説は維持できないことを知ったわけであるが、同時に、地域共同体による旧慣温泉権というものについて私は一そうつよく知的興味をかきたてられたのであって、その結果、私は入会権研究の「わき道」としてでなく、それと並ぶ研究課題として温泉権を考えるようになったしだいであった。なお、かえりみると、この問題へと私の知的興味が広がったことの背後には、大塚久雄教授の『共同体の理論』(一九五五年岩波書店)によって呼び起された私の理論的関心があったことを、否定できない。

そのようなしだいであったから、本稿以後にも、私は三回にわたって城崎の温泉権を論ずることになった。

補　論

国有林野に天然湧出する温泉の権利関係
——昭和四二年四月一八日林野庁長官通達を中心として——

本稿は、長野県との境に近い所に所在する赤倉温泉(新潟県)の源泉が国有林野にあり、かなり古くから地元赤倉部落はそれを利用してきた(一種の旧慣による温泉権)のであるが、その温泉権者と源泉地盤を管理する行政庁との間に当該の温泉利用権について意見の対立を生じたので、赤倉温泉権者からの依頼を受けて執筆したのが本稿である。当該の見解の対立そのものはその後どのような経過をたどったのかについて、私は報告を受けていないが、広汎な林野が国有地として存在し且つそこに天然湧出する温泉が少なくない現状にかんがみると、ここで論じた問題は、単に一小温泉地の利害に関するだけではなく、広く同様の多くの温泉地にとっても利害を共通にするものであろうと思われるので、著作集に収録したしだいである。

本稿は、一九六八年二月二九日に執筆したもので、当初は赤倉温泉組合に提出した文書であるが、のちに日本温泉協会刊行の機関誌『日本温泉協会誌』第一八号(一九六八年三月、三頁以下)に掲載されたものである。

事例研究

城崎（兵庫県）の旧慣温泉権にかかわる訴訟事件
――その法律上の問題点と実際上の波及効果――

「近代法の体系と旧慣による温泉権」を執筆した後、私は兵庫県の城崎温泉をたずねる機会を得た。そうしてそのとき、同論文で私が当面した法律上の問題の社会的な背景を知り、また判決が出た後の事件の成行きがまことに意外なものであったことを発見し、私の知的好奇心は一挙に城崎の温泉権に集中し、それについて立入った調査をするに至った。その結果の一部が本稿であって、一九六八年に刊行された北條浩編の『城崎温泉史料集』（一九六八年城崎町湯島財産区）に附録として発表した。

本稿には二つの焦点がある。

第一は、昭和一三年（一九三八年）二月七日の神戸地方裁判所豊岡支部判決が紛争の社会的諸事実と対照しつつ検討して述べている「判決理由」は論理的な矛盾に満ちていることを明らかにしたことであり、そうしてそこからの結論として、同判決の結論は少なくともその事件の背景となっている社会的事実には適合しないこと、否むしろ不可解であることを、指摘したことである。この点は、基本的には前記論文「近代法の体系と旧慣による温泉権」で述べたところと異なるところはないのであるが、本稿は、紛争の背景となっている社会的事実を調査することができた結果、言わば前論文で述べたところ、特に、ある程度推測によって述べたところ、を確認したことになるのである。

第二は、前記論文では全く触れていないその後の事件の成行き、すなわち、この紛争事件が控訴審の段階で戦後に大阪高等裁判所で和解によって解決されたこと、および、その後に城崎温泉権をめぐって生じた社会的諸事実とその法律的側面、を論じたということであって、これは右に述べたとおり現地の調査を行なったことによってはじめて可能となったのであり、且つ本稿を前論文のいわば続稿として執筆した主要な目的であった。右の和解は、控訴審における裁判所による調停の結果であるとはいえ、第一審の裁判で勝訴した当事者が敗訴当事者に対し大はばの譲歩をすることによって成り立ったものであって、そのような譲歩によって裁判上の和解が成立したということは、通常はおそらく考えられないところであろうと思われる。それゆえ、何故そのような和解が成立し得たのであろうか、ということが私の最大の関心であった。言うまでもなく、本件については裁判所の判決の結果は当該の争いの解決には影響を与えないで、むしろ事件の背景となっていた社会的事実が事件の終局的な解決に決定的な影響を与えた、という点が、私には特別に興味があったのである。私は、判決後のこのような成行きを全く予測しなかったのであるが、実は私の前論文に対して私が加えた批判がまさに当っていたことを、この事件の成行きは実証したことになるのであって、その点で私は僅かながら知的満足を得たしだいである。そうして、それにしても、どのようにしてそのような事件の成行きが可能であったのか、またその和解はその後の城崎温泉の法律関係にどのような変化をもたらしたのか、を調査した結果が本稿なのである。

III　温泉権の変動と明認方法

温泉権の譲渡および担保

本稿も、前掲の『温泉権の研究』(一九六四年勁草書房)の発刊に際して書き下したもので、同書に収められている諸々のプロジェクトの調査に際して私が行なった調査を資料として温泉権の処分(譲渡および担保)の法律関係を論じたものである。

従来、温泉権についての法律学的研究はきわめて少なく、特にその処分については判決——特に上告審の判決——に現われた問題について論じられるにすぎなかった。しかし実際には、温泉権の財産的価値が増加し、それに伴って温泉権の取引——すなわち、売買および担保——も増加してきたにかかわらず、その法律関係は必ずしも明らかでなく、特に温泉権の処分の対抗要件が何であるかが明らかでなかった。その結果、温泉権を担保にすることは危険をともなうので、銀行等の金融機関は温泉権を担保とする金融をしないのを常とし、したがってわれわれの調査に際してもその事例を見出すことが困難であったくらいである(このような事情は今日でも根本的には変っていないように思われる)。そのような実情を視野に入れて温泉権取引の実情とその法実務上の問題点を論じたのが本稿である。

物権的温泉利用権の設定とその「明認方法」
——葉山温泉(山形県)事件を中心として——

本稿は、山形地方裁判所昭和三七年(ワ)第一七七号、国家公務員共済組合連合会対葉山温泉株式会社の温泉配当請求事件で争点となっていた「温泉利用権の設定とその明認方法」に関する問題を、山形地方裁判所から命ぜられた私の鑑定の報告書と同事件の判決(『下民集』一九巻一一・一二号七三一頁以下)とを中心として論じたものである。この判決の内容は温泉利用権について理論上も実務上も興味のあるものであり、地方裁判所の判決であるとはいえ、その内容を論ずる必要があると考えて、『続温泉権の研究』(一九八〇年勁草書房)の刊行に際して本稿を執筆したのである。

いわゆる「温泉分譲」をめぐる右事件の紛争と同様の経過は、おそらく多くの温泉地においても起っているのではないか、そうして温泉利用権の性質(物権的または債権的)を深く考えることなく分譲が行なわれているのではないか、と思われ、また温泉利用権の設定や譲渡の対抗要件についてはまだ上告審の判例によって明確にされていないので、当事者は多くの場合に不安を抱きつつ温泉利用権の取引を行なってきているように思われる。かねてから私は、社会学的法律学の見地から、登記制度の利用ができない権利にかかわる取引についての、「明認方法」とよばれる慣習上の実務とその法律上の効果とについて、興味を持っていたので、特に裁判例が少ない温泉権の取引の明認方法についても興味を持ち、機会あるごとに取引の実情を調査してきたのであった。たまたま本件について裁判所から鑑定を依頼されたので、私は現地におもむき、取引の実情――この種の取引は事実上どのような過程を経て行なわれるのか、取引当事者の通常の考え方はどうであるのか――を調査し、土地から分離されない状態における立木・みかん・桑葉等の取引についての明認方法について考えていたところを押し進めて、この事件についての私の法律学的見解をまとめる機会を得たのであった。なお私は、その際には、葉山温泉に近接する上《かみ》の山《やま》温泉についても明認方法に関する実情を調査したことは、本文中に述べたとおりである。

私は『注釈民法(7)』(右判決が言渡されたのと同じ一九六八年に刊行された)の中の温泉権取引の明認方法に関する部分の初校を終えた段階で、本件判決が言渡されたので、同書ではこの判決に言及することができず、私はただ自分の見解として述べるに留まったことを深く遺憾としていたのであったが、本稿を『続温泉権の研究』(前掲)に発表する機会を得たのを幸いとしたのであった。

私はこの鑑定をとおして、いくつかの教訓を得たのであるが、特にこの鑑定について裁判所で両当事者の代理人から尋問をうけた経験は、私にはまことに興味深く且つ有益なものであった。被告側の代理人は、地元では証人尋問の巧みな弁護士として令名があった由であるが、その代理人の質問に対する私の答を要約して私の確認を求められたところ、何となく私が答えた内容があいまいになっているところがあるように思われたので、その「要約」を重ねて述べて頂いたところ、重要な部分が欠落していることがわかり、私はその点を補正したのであった。それ故、その後は、各質問ごとに私は注意深くその「要約」を訂正することができた。証人の証言を弁護士が要約するということは、証言の速記がなく、裁判所書記官が「要約調書」を作成するのを原則としていた法廷においては、普通のことであったようであるが、ともかくもそのような尋問の技術を直接に体験したことが、弁護士の法廷技術というものについて私が興味をもつ端緒となったのである。ただし、私はそのような「法廷技術」を弁護士として駆使する勇気も自信もないので、今日まで試みたことはないのであるが、法廷に証人として証言する者は自分の発言に周到な注意をする必要があることを、その機会に痛感したしだいである。

IV　温泉の集中管理

温泉の集中管理
――その法的側面と社会工学的＝法的処理の必要性――

本稿は、第九回(一九六九年)の「温泉経営管理研修会」(日本温泉協会・中央温泉研究所・温泉工学会の共催による)において、「温泉権の実態とその整理統合に関する法律上の諸問題」と題して行なった講演をもとにして、「集中管理面からみた温泉に関する権利の法制的研究」と題する「昭和四四年(一九六九年)度厚生科学研究」の報告書(厚生省国立公園部管理課による謄写版刷の部内刊行物)の「総論」(同報告書一頁以下)として執筆したものであり、のちに、私が中心となって行なった前記の集中管理調査の結果をまとめて『続温泉権の研究』(一九八〇年勁草書房)を編集するにあたり、全面的に加筆して同書の一部として収録したものである。

かねて私は全国の学者の協力を得て、各地の温泉集中管理をその法的側面に焦点をおいて調査してきたのであったが、温泉の集中管理については、関係する温泉権者の不満が生じたり、さらに紛争にまで至る事例が見られたので、そのような不幸な事態が発生したり、それが原因となって集中管理の実行が阻害されたりすることを防止したい、と考えて、右の講演を行なったのであった。

私が知り得たかぎりでは、集中管理に対する不満や争いの原因は、多くの場合に、集中管理を促進した人々において温泉権についての関心も正しい知識も稀薄であって、もっぱら物理的ないし工学的側面での温泉の集中管理を急いだことに在ったように見受けられたので、いわゆる「温泉の集中管理」は、ほとんどすべての場合に温泉に関する権利の集中管理なくしてはあり得ないことについて関係者の注意を喚起し、温泉の集中管理は、温泉権の処分という法律上の問題の正しく且つ適切な処理を必要とする、ということを訴えたい、と考えたのである。このように本稿は、法律家にとっては当然自明の事理でしかないことを強調することを、当面の目的としたのであったが、温泉権というものがどのような権利であるのかということが、学説上も判例上も必ずしも明確でなかったのであり、さらにまた、集中管理のための法的処理の具体的方式は実際には多種多様であって、専門の法律家にとっても必ずしも容易な問題ではなかったのである。それゆえ、そのような状況を当面の視野の中においていたため、本稿は、専門法律家にとっては当然自明のことがらをも解説しているのであるが、最近に至るまで集中管理はその法的側面での適切な処理なしに行なわれた事例が見られるので、全国の関係者に問題を訴え、また、今後その処理を依頼されることが多くなると予測される専門法律家に問題の所在を知っておいてもらいたい、と考えて、本稿を著作集に収録することとしたしだいである。

事例研究　1

城崎温泉(兵庫県)の集中管理(意見書)

城崎の温泉権については長年にわたる紛争が和解によって解決され、それに基いて城崎温泉財産区が温泉の集中管理を発足させたことは著作集に収録した「温泉の集中管理の法的側面にかかわる実務上の諸問題」の中で述べたとおりである。その後、城崎温泉財産区は、新源泉の掘さくにより従来よりも多量の温泉を入手して集中管理の規模を拡大することを企画するに至ったが、それに着手するにあたりきわめて慎重に実行したのであった。すなわち、同財産区の新源泉掘さくにより既存源泉の温泉量の減少ないし泉温の低下をきたして既存源泉権を侵害する結果となることが予測されたので、そのような権利侵害にはどのように対処すべきであるかについて関係者は憂慮し、私に法律上の意見を求められたのであった。私は、かねてから、地域共同体の高度の集団規制に服してきた城崎温泉権についての歴史的背景、および、城崎温泉の町をあげての温泉権をめぐる法的紛争——一九三〇年(昭和五年)の仮処分、その取消を求める行政訴訟にはじまる——、一九三三年(昭和八年)にはじまる民事訴訟の判決とそれに基く和解について研究していたので(本書に収録した「近代法の体系と旧慣による温泉権」参照)、この依頼に応じ、その時点での新源泉掘さくにかかわる法律上の問題を研究して本稿を執筆したのである。

そもそも城崎温泉は、地域共同体が源泉権に対して強い規制をして今日に至っているという点できわめてユニークな温泉地であり、したがって一般の温泉地に比べ、個々の温泉権の私有財産的側面については関心が低く、むしろ地域共同体の圧力で私有温泉権の抵抗を押さえて集中管理を敢行することも可能ではなかったか、という感想を外部者はもったのではないかと思われ、私自身もそういう可能性を全く信じないわけではなかった。ところが、事実はそうではなくて、財産区は、既存温泉権との間に権利関係の争いを生ずるおそれがないように配慮して集中管理を実行する方針を立てたのであって、まことに興味深いところである。思うに、城崎では二〇年に及ぶ大訴訟を経験し、且つ裁判所の調停による和解によって地域共同体および既存源泉権者の権利が明確に規定された結果、当事者は他の温泉地と異り、相互に相手方の権利を意識するに至っていたからではないであろうか。もしそうだとすると、「訴訟および和解（特に裁判所の調停による和解）というものが前＝権利義務的社会にとって果たす機能」という点で、城崎温泉はきわめて興味ある事例というべきであり、また興味ある問題を提起していることになるであろう。この意見書を著作集に収録することにしたのは、その内容が、集中管理の法技術的側面に関する具体的事例を示すだけでなく、右のような理論的含意をもつ事例をも示すと考えたからである。

城崎温泉財産区の議会では、この意見書の内容に対し党派を越えて賛意を表され、温泉配給に関する新しい条例を制定して、新源泉による温泉の新しい配給方式を樹立し、今日に至っているとのことであり、他事ながらうれしく思ったしだいである。

事例研究　2
大鰐温泉（青森県）の集中管理

大鰐温泉では集中管理が地方公共団体たる大鰐町によって行なわれたのであるが、その際に既存の温泉権に対する配慮が欠けたために、町をあげての紛争となり、きわめて不幸な事態に発展したのであって、温泉の集中管理の法的側面がいかに重要であるかを示す好適例であると言うことができる。たまたま私は、その紛争がかなり尖鋭化した段階で現地におもむき、集中管理にともなう法律問題の調査を行なったのであったが、町当局および温泉権者の双方に面接して調査をしているうちに、事態がきわめて深刻になっていることに気付いたので、紛争が破局的な様相を呈するに至る前に何らか話しあいによって合理的解決に至ることを期待して、医療効果で知られる温泉の質を保全し且つ温泉権を保護することを念願して、本稿のもととなった「調査意見書」を作成して、手交したのである。

率直に言うなら、私はあのように既存の温泉権を無視しまた成分を異にする種々の温泉を全部集中混合しそれに川の水を加えて加熱した上で配湯するという集中方式は、法的側面においても、配湯技術的側面においても、さらにまた——そうして、特に重要な——医療的側面においても、あまりにも無思慮なものであることに驚きの念を禁ずることができなかったのである。

紛争は、その後、悪化の一路をたどり、遂に訴訟にまで発展した。一九七〇年(昭和四五年)一二月一四日には、特殊の医療効果で知られる「熱の湯」を湧出する「樋田源泉」の利用権を有する者四名が、町に対し、青森地方裁判所に訴えを提起し、被告町は「水又は他の源泉の温水を混ずる等その泉質を変更することなく、……所謂樋田源泉……より湧出せる温泉水をそのまま原告等に配湯せよ」という判決を求めた(同地裁昭和四五年(ワ)三八四号)が、さらに一九七二年(昭和四七年)二月二二日には、補償配湯を受ける権利を有する引湯権者および地熱利用権者三五名が、温泉給湯の現状の変更を禁止する仮処分を申請して、その仮処分命令を得た上、同年四月三日に町に対し、同裁判所に訴えを提起し、被告町は補償温泉の無償供給と、その補償給湯に「水等を混入」することの禁止と、を求めるに至った(同地裁昭和四七年(ワ)八一号)。右いずれの事件についても判決に至らず和解が成立した。すなわち、まず右の後者の事件については、町は基本的には原告の主張する補償配給の権利を承認し、それぞれの権利量の無償配給を約束したが、原告はその余の請求を放棄することによって裁判上の和解が成立した(一九八〇年(昭和五五年)一〇月一五日)。(したがって、配給される温泉に、川の水等の温泉以外の水や、成分の異なる温泉を混合することを承認したことになるのであろう。)

しかし、右の前者の事件においては、原告らの従来の利用温泉の成分が旅館営業にとって決定的に重要であり、その変更は致命的な打撃を与えることになるので、原告らの権利主張はきわめて強硬であったとのことで、同事件の和解(一九八一年(昭和五六年)六月五日成立)は、町が原告らの請求を全部承認し、当該の源泉のみについて別個のポンプを設置し、且つ配給温泉の成分を変更しないことを約した、とのことである(右の後者の訴訟の原告代理人からの情報による)。ちなみに、このような温泉を町営で配給することに、どのような実質的意味があるのか、私には理解できないが、何かの事情があるのであろうと思われる。

川島武宜の温泉権論について

渡辺洋三

一　前提としての慣習法論の整理・要約

川島の入会権論・温泉権論を理解するために、その前提として、慣習法に関する川島の理解のしかたについて、その特色を整理すると、次の点に要約される。

その第一は、慣習法と言う場合に、裁判規範としての慣習法と、社会生活における行為規範としての慣習法と、この二つを区別することである。前者は実用法学の課題であり、後者は法社会学の課題である。この二つを区別した上で、その相互の関係を考えるというのが、川島の慣習法研究の出発点であった。

その第二は、行為規範としての慣習法研究について実態調査研究をするにあたっては、理論的道具の整理が必要である、ということである。この点では、川島理論の軌跡は「法社会学における法の存在構造」から始まって、最後まで思考の模索(発展)が続いていたと言えよう。特に「生ける法」レベルにおいて、なぜ慣習法が「法」であるのかという理論問題は、「法」の定義とも関連して、学界で、いろいろな議論が行われたことは周知の通りである。この場合、ひとびとが「法」と呼び、また観念してきたところの現象(「現象としての法」の問題)と、分析の道具としてわれわれが「法」という言葉にどのような意味内容をもたせるべきであるかという問題(「道具概念としての法」の問題)と、この二つの異なる問題を混同して論じてはならない、ということが川島理論の立脚点であった。このことを知っておかないと、川島の入会権論・温泉権論も分からないことを注意しておこう。

その第三は、行為規範としての慣習法の法的性質については、権利義務規範としての性質とサンクションの特徴としての性質に焦点をあてていることである。前者は、社会の権利秩序としての慣習法であり、政治権力による保障というサンクションを伴う後者とは一応区別される。川島は、これまでわが国では、右の二つの性質を区別しないで「慣習法」という言葉を使ってきたことを批判している。すなわち、前者の「権利秩序」としての慣習法概念は、西ヨーロッパ的伝統の流れとむすびつくものであり、後者の「政治権力の強制力」としての慣習法概念は、日本の伝統的法観念に由来すると指摘している。

その第四は、慣習規範のカテゴリーは流動的ないし相対的であるということである。川島は、慣習にもとづくひとびとの行動様式は、究極において連続線をなすものであることを明確に把握しなければならないことを強調している。たとえば慣習とKonventionとの境界線も流動的であるし、Konventionと、いわゆる「慣習法」との境界線も流動的である。従来の法律学者の間でも、この流動性についての認識がないため、「慣習法は法であるかどうか」という議論、慣習法と「事実たる慣習」との区別に関する法律論など、それぞれが、あたかも自己完結的な領域をもつ現象があるかのような見解が見られるとして通説を批判する。

その第五は、ある慣習法の存在、その発展ないし変化の態様、サンクションの社会構造などの認識の重要性ということである。慣習規範は、制定法と異なり、たえず変化の過程にある。その変化がひとびとの外見的行動にあらわれる場合には、その観察は、調査により比較的容易である。これに対し、そうでなく、その外見的行動に先行する心理過程(動機づけ)は、慣習法の変化を予見するための鍵である。川島は、この研究を重視し、従来、「規範意識」ないし「法意識」と呼ばれてきた人間の行動決定過程について分析しているが、その整理は省略する。ここでは、入会・

温泉のような日本の農村の伝統的慣習規範を理解するためには、この分析が不可欠であるとの川島の問題提起を紹介するにとどめる。

以上が川島・慣習法論の要約である。もとよりこの整理は、入会権・温泉権に関する川島理論を理解する上での前提にとどまるので、川島・慣習法論の一部の紹介でしかないことを、おことわりしておく。さて、本稿における私の課題は、この慣習法論が法社会学に与えた影響についての考察ではなく、それが法律学(川島のいわゆる「実用法学」)に与えた貢献について語ることである。しかも、入会権と温泉権にテーマをしぼることが適当である。というのは、この二つの権利は、ともに慣習上の権利であり、慣習法が同時に法律学上の「法源」であり、社会的事実としての慣習法の有無やその内容が、裁判規範として裁判官を拘束することになっているからである。

裁判の実務の上では、訴訟当事者が、これらの権利を主張ないし反論する場合には、どのような慣習法上の事実を立証し提示して要件事実を法律論として構成すればよいのか、また裁判官は、当事者の提示する要件事実の中から、どのような基準にもとづいて判決を書かなければならないのか、ということが、ここでの問題である。このような観点から見た場合、これまでの裁判判決や実務の法律構成が、法律論としていかにまちがっているか、さらに慣習法上の事実を知らない法律学者の学説理論がいかに不十分であるかを、実態調査と事例研究および判例研究にもとづいて理論的に解明したのが、川島の入会権論・温泉権論であった。

そして、この場合の実践的法学者としての川島の立場は、一貫して、入会権・温泉権を侵害される権利者の立場に立って、その権利を擁護するという価値判断を根底に持っていたことも忘れてはなるまい。

二　川島・温泉権論の整理・要約

温泉権は、民法をはじめ制定法の条文で保障されていない権利であるため、これまで民法学者の研究は、入会権と比較しても、さらにいっそう立ちおくれていた。川島以前には、温泉権に関する本格的研究はなきに等しいといっても過言ではあるまい。その意味で、川島(入会権の場合と同様、川島をリーダーとする温泉権研究グループ)は、温泉権研究について、文字通りの開拓者であった。とくに川島は、晩年の二〇年間、東大を定年退職したあと、入会権以上に温泉権の研究に心血を注いでいた。*

*　参考文献としては、川島・潮見・渡辺編『温泉権の研究』・『続温泉権の研究』(いずれも勁草書房)、『注釈民法七巻・物権(2)』(有斐閣)の中の温泉権の項目、『川島著作集第九巻』(岩波書店)等参照。

そこで以下、川島・温泉権論が明らかにした問題点を整理してみよう。

(1)　第一は、温泉権の類型を、明治以前から存在している旧慣温泉権と、主に近代になってから新しく成立した近代的温泉権とに区別し、その社会的性質の差異に応じて、異なった法的処理をすべきであるということである。

(イ)　旧慣温泉権は、自然涌出泉に対する村落共同体の総有的支配であるという点では、ほぼ入会権類似の権利である。自然に地下から涌出する湯は、共同体構成員のみなの物という伝統的考え方に由来し、その権利関係は、村落集団の慣習法上のおきてにしたがう。各地域の慣習法は、国家法上のサンクションと別のレベルのサンクションによって維持されている。城崎温泉の事例に典型的に見られるように、土地の所有権はその土地の上下に及ぶという民法の規定にかかわらず、慣習法上は、個人が自己の土地を自由に掘って温泉を取得することは許されていない。現在でも、各温泉地に見られる共同浴場は、おおむね総有的支配に属する。また、旧本家筋の合有的支配と見られる事例も見られる。これらについては、旧慣のおきてが法源となる。

(ロ) これに対し、近代的温泉権は、主として資本を投下して土地を掘さくすることにより人工的に取得した温泉に対する支配権である。この温泉権は、総有的支配と異なり、個人の私有財産権としての性格が強い。現在では、この種の近代的温泉権の方が多い、という点が入会権と異なる。ここでは旧慣上の総有的おきてが存在しない。他方、この権利関係および契約関係を規律する法令もない。それゆえ、ここでも、各地域の温泉取引の慣行が法源となる。

(2) 第二は、温泉権の法的性質に関する類型化ないし定義について区別して考察するという問題である。

(イ) まず前提問題として、温泉権は、憲法の保障する私有財産権であることを明確にすること。温泉権の法的性質について、古くから今日に至るまで、とくに国の掘さく許可にかかわる制度上の権利(公権)とする見解が、一部の行政法学者や行政庁の間で採用されていることへの徹底的批判が川島・温泉権論の出発点であった。

(ロ) 温泉権という用語が多義的であるために、これを整理すること。

① 源泉権ないし湯口権。これは、地下の泉脈から湯が地上に噴出する場所(源泉、湯口)において、この場を支配する権利である。これを第一次温泉権ないし温泉所有権とも呼ぶ。この支配権は、源泉から涌出する湯に対する包括的支配権(使用・収益・管理・処分)のことである。

② 分湯権ないし引湯権。これは、源泉権者ないし温泉所有権者との間の温泉供給契約によって一定の湯を分湯して貫い、これを利用する権利のことである。温泉利用権ないし第二次温泉権とも呼ぶ。

右の両者を区別しないで漠然と温泉権という用語を使うのは、分析の道具概念としては不適切である、というのが川島の提唱であった。

(3) 第三は、温泉権の法的性質・効果の内容についての理解の問題である。

(イ) 源泉権は温泉所有権であるから、物権法定主義(民法第一七五条)のわくの中にある。従来、裁判実務でも学説でも、その物権的性格を認めつつも、これを物権と明示した制定法上の根拠がないために、物権(用益権)に準ずるとか、特殊な不動産所有権であるとか、物権法定主義の例外であるとか、慣習法も法であるなど、苦しい説明をしてきた。しかし、川島は、源泉権の実体が所有権であり、また法例第二条の「法令ニ規定ナキ事項」に該当し、したがって慣習がある場合には、その慣習が「法律ト同一ノ効力ヲ有ス」るから、民法第一七五条と矛盾しないことを正面から認めるべきであると訴えてきた。ただし、旧慣温泉権については、処分の自由等が慣習により制限されるが、近代的温泉権についてはその制限がないという差異がある(なお、対抗要件については後述)。

(ロ) 分湯権ないし温泉利用権については、温泉供給契約にもとづく権利であるから、債権的契約であるというのが従来の見解であった。これに対して川島は異論を唱える。概念法学的には、物権と債権とに区別されるが、前述のごとく慣習法論からすれば、この区別は相対的に連続性をもっている。分湯権についても、各地域の実態調査によれば、きわめて物権的性格の強い分湯権から、逆に債権的性格の強い分湯権に至るまで、さまざまな形態における分湯権が存在する。したがって、各地の取引慣行や温泉供給契約の実態調査にもとづいて、それぞれの法的効力を検討する以外にない、というのが川島の見解である。

一般的には、供給される温泉の量と質(とくに温度)、契約の存続期間、温泉利用権の処分の可否、温泉供給停止あるいは解約の要件、利用権者の負担や責任の度合い等が考慮すべきファクターである。そして共有、組合契約の場合、利用権の処分の自由が認められているもの、永久分湯のような無期限なもの、温泉施設の維持管理の共同負担責任を負っているもの、施設物に対する占有があるものなどについては、物権的性格が認められる、とする。

(4) 第四は、源泉権と源泉地所有権との関係についての問題である。

(イ)　源泉権は、その湯口の源泉地盤所有権から独立した別個な物権である。このことは、すでに過去の判例や学説についても大体認められてきたところであるから、かならずしも川島説の独創的見解ではない。しかし、こういう一般論はあるとしても、具体的事例では、この原則が貫徹しているわけではない。川島は具体的事例研究をつうじて、その批判的検討をしている。とくに源泉地所有権が、財産区有・市町村有・国有など私人でない場合には、土地所有権者により源泉権が否定される例が少なくないことに注目し、注意を喚起した。国有については、河川敷地の温泉、雑種財産(旧国有財産法)に所在する温泉、旧御料地温泉など、問題は多岐にわたっている。

(ロ)　私人が源泉地所有者の場合、源泉権者との間の契約が必要となる。近時、源泉権の価格が上昇するに伴い、源泉地所有権の地価が上昇し、源泉権者と土地所有権との間の紛争が増大している。また土地所有権のみの譲渡が行われた場合の源泉権者の法的地位についても新しい問題が生じ、これについての事例研究もあるが、ここでは省略する。

(5)　第五は、温泉の譲渡などの取引と対抗要件についての問題である。

当事者が、源泉権および上述の物権的分湯権(温泉利用権)が物権であると主張する場合、その第三者対抗要件をどう構成するかということは、裁判実務上の重要な課題である。川島・温泉権論においては、とくに晩年になってから、この点についての研究がきわめて重視されていたように私には思われる。対抗要件についての主張・立証が明らかにされないかぎり、温泉権の物権的効力を裁判官に認めさせることは困難である。

この問題について、古い判決には売買契約書で足りるとか、特別の公示方法を必要としない旨の判決もあるが、昭和一五年九月一八日の大審院判決以降、少なくとも旧慣源泉権の取引にいて明認方法がなければ第三者に対抗しえない、という判例理論への道が開かれた。この理論は、単に旧慣源泉権についてのみならず、近代的温泉権一般にも先例として妥当することは、学説の上でも支持されてきた。

しかし、どういう事実があれば、これをもって法律上の明認方法とみなしてよいのか、という具体的判断基準については、かならずしも明確でなかった。川島理論はこの点に疑問をいだき、その理論的深化に努めた。従来、公示方法のめやすとされてきた地方庁(県)の温泉台帳への登録については、これを権利変動の公示としては不十分であると批判する。また山林取引の公示方法とされている立札・標識とか、立木取引の公示方法とされている製炭用の設備などの判例法上の明認方法を参照にしつつ、根本的には現場確認第一主義の観点に立脚すべきであるとの方向を明確にした。

そして、現場確認の理論的基準として、継続的な温泉支配の事実に到達した。さらに、いかなる社会的事実があれば対抗要件たりうるかということを、実態調査にもとづいて検証しようと努力した。温泉掘さくの態様、源泉施設および引湯施設の維持管理の態様、費用負担、使用・収益・処分の実態等を現場において第三者が確認できる状況にあれば、法律上の「対抗要件」として認めるべきである、というのが、その到達した結論であった。

川島は、この「継続的支配事実」論を、さらに展開する意図を持っていた。もともと物権たる入会権も登記なくして第三者に対抗できるということも、この「継続的支配事実」論で説明できる。また、山林・未分離果実の取引における判例法上の対抗要件も同様に説明できる。そうであるとすれば、判例法上、明認方法を対抗要件とする従来の解釈論と、継続的支配事実を伴う温泉権には、それ以外の対抗要件を必要としないという古い判例とは矛盾しないと理解して、これを統一的に把握すべきであるとの新しい解釈論を示唆した。しかし、キーワードともいうべき「継続」とは何なのか、山林や未分離果実の場合と温泉の場合とは、「継続」の意味が異なるのでないか等の深い分析は未完のままで終わった。私たち後輩研究者に残された今後の重要な課題であろう。

(6) 第六は、温泉の集中管理についての問題である。近時、温泉利用が大衆化し増大するに伴ない、資源が枯渇化しつつある。限られた資源を有効に利用する手段として、各個人の温泉利用を制限し、団体が統一的に管理するという、「集中管理」の方式が、ますます注目されている。ところが、この場合の集中管理の法的主体と、各温泉権者との権利義務関係は、きわめて複雑であるにかかわらず、その法律学的研究は、これまでほとんどなされてこなかった。川島は、この問題にいち早く取り組み「集中管理」の実態を調査し、これに関する法理論的問題を提起し、温泉業界に大きな影響を与えた。この問題に関する川島の研究も、その温泉権論の重要な側面であり、他の追随を許さないものであった。この開拓者としての川島の業績を、いっそう発展させることも、今後の課題であろう。

(7) 最後に、一点だけ、追加しておく。それは、川島が立法論の重要性について熱心に訴えたことである。これまでのべてきたように、裁判実務上の解釈論について多彩な意見を展開したが、川島は、やはり温泉権について全く制定法上の根拠がないことの限界をも感じて、温泉権者が安心して自己の権利を行使できるように、温泉権に関する立法措置を提案した。しかし、この立法は、川島の生前において、ついに実現しなかったし、現在でも実現していない。私も、この機会に、全国の民法学者や実務家が関心を持つよう問題を提起しておく。

(本稿は、もともと法律時報『川島法学の軌跡と展開』(通巻七九六号)所収の「川島法学と入会権・温泉権論」の一部として書かれたものであるが、若干の修正と追加をおこなった。)

■岩波オンデマンドブックス■

温泉権

1994年 1月21日　第1刷発行
2019年 4月10日　オンデマンド版発行

著　者　川島武宜《かわしまたけよし》

発行者　岡本　厚

発行所　株式会社　岩波書店
〒101-8002　東京都千代田区一ツ橋 2-5-5
電話案内　03-5210-4000
http://www.iwanami.co.jp/

印刷／製本・法令印刷

ISBN 978-4-00-730865-9　　Printed in Japan